萌动的种子

关于种业管理和投资的思考

吕小明 王 欢 等◎著

上海交通大学出版社
SHANGHAI JIAO TONG UNIVERSITY PRESS

内容提要

本书是作者多年从事种业工作的经验积累和心路历程的结晶。作者结合自己参与行业管理和开展投资研究的工作经历,从大局着眼、小处着手,对我国种业发展进行了全方位、多角度的调研和思考。书中部分文章已在期刊和网络媒体等平台发表,并获各界良好反馈,本书将这些文章结集成册并分类整理。本书划分为企业与市场、种质资源开发与知识产权保护、种业投资、种业开放、生物育种产业、主要作物、思考与建议共七个专题,以便读者查阅。本书资料翔实、视角新颖、文笔简练,可作为种业行业主管部门、科研教学单位、生产经营企业、农业投资机构等相关从业人员的参考资料,亦可作为希望了解种业人群的入门和科普读物。

图书在版编目(CIP)数据

萌动的种子:关于种业管理和投资的思考／ 吕小明
等著. —上海:上海交通大学出版社,2023.4
ISBN 978 - 7 - 313 - 27887 - 6

Ⅰ.①萌… Ⅱ.①吕… Ⅲ.①种子-农业产业-产业
发展-研究-中国②种子-农业产业-农业投资-研究-
中国 Ⅳ.①F326.1

中国版本图书馆 CIP 数据核字(2022)第 208114 号

萌动的种子
——关于种业管理和投资的思考
MENGDONG DE ZHONGZI——GUANYU ZHONGYE GUANLI HE TOUZI DE SIKAO

著　者:吕小明　王　欢

出版发行:上海交通大学出版社　　　　　地　　址:上海市番禺路 951 号
邮政编码:200030　　　　　　　　　　电　　话:021 - 64071208
印　制:常熟市文化印刷有限公司　　　　经　　销:全国新华书店
开　本:710 mm×1000 mm　1/ 16　　　印　　张:22.5
字　数:343 千字
版　次:2023 年 4 月第 1 版　　　　　　印　　次:2023 年 4 月第 1 次印刷
书　号:ISBN 978 - 7 - 313 - 27887 - 6
定　价:98.00 元

本书编委会

主要编写人员

吕小明　王　欢　罗凯世　张子非

参与编写人员（按姓氏笔画排序）

马文慧　马　帅　马志刚　王赫扬　王　薇

刘　军　刘国庆　孙晨钟　李军民　李建华

李　嘉　邱　军　何利成　宋　敏　张　涛

赵　威　崔大庆　崔鸿发　解小平　霍玉刚

《萌动的种子》，多么富有诗意！见书名，就引人入胜；开卷后，更爱不释手。

书中既有对种业基本数据资料的收集整理，也有对现状问题的洞察分析，更有对发展趋势的预测判断，具有较高的参考价值。得益于吕小明同志和王欢同志深厚的行业积累，书中所集诸文既洞悉行业管理要求和政策导向，又贴近企业、贴近市场，是不可多得的行业第一手资料。

吕小明同志用经济学的市场结构理论，考察中国种子市场，划分出四种市场结构模型，有一定的学术理论性；他对种质资源开发利用和农作物品种权价值评估及授权转让的分析，揭示种子"卡脖子"问题的节点，有思考的前瞻战略性；他从金融、资本、投资、税收、上市等方面进行研究，提出建议，希望促进企业兼并重组、做大做强，有实际的可行性；他通过周密的调研，提出种子法律法规建设和植物新品种权行政保护的建议，有积极的探索创新性；他借助大数据，积累采集的数据并制成表格，图文并茂，翔实可信，有可贵的资料性。

小明同志善于思考，勇于探索，勤于动笔，其精神可嘉可赞。

以上所感，不足为序。

农业农村部种植业管理司原司长　崔世安

　　我 2009 年开始从事种子管理工作，较多地接触到行业管理的宏观政策，以及行业内不同层级的管理人员和长期从事种子生产经营的企业家，经过十余年的经验积累，开始慢慢对种子行业管理措施有了一些思考。

　　2016 年，我被中华人民共和国农业部派往现代种业发展基金有限公司（简称"种业基金"）任专职董事、北京先农投资管理有限公司投资决策委员会委员，有更多机会通过种子企业了解行业发展的实际情况。中共中央、国务院高度重视种业发展，当时很多投资机构和社会资本纷纷投资种业，但我国种子企业真正市场化发展的时间很短，多数种子企业缺少融资能力，多数投资机构缺乏行业知识，而农业部种子管理局等行业主管部门积累了大量行业管理数据。此外，种业基金有很多朝气蓬勃、学历高、研究功底较好的年轻人，如罗凯世、张子非、王赫扬、李嘉、孙晨钟、王巍、解小平等，我决定结合在农业部种子管理局的管理基础和种业基金的投资优势，与种业基金的年轻人一起，做一些种业投资的基础性研究工作，以期能够更好地发挥种业基金的行业引导作用。这些研究工作主要体现在《我国农作物种子企业兼并重组基本情况和特点》《小麦种业分析及加快小麦种业投资布局的建议》《农业类政府投资基金发展现状研究》等文章中。

　　2020 年元月，我回到农业农村部种业管理司工作，恰遇新冠肺炎疫情，我在居家办公期间，应国科农研院（国科现代农业产业科技创新研究院）微信公众号的负责人田冰川先生邀约，就转基因管理、品种管理、种业知识产权保护等问题发表了一些看法，有些文章阅读量较大，而且还引起了一些业内反响。于是一发不可收拾，基本达到了一周一篇的写作频率，主要作品有《玉米转基因产业化的可能契机》《种业的合资与合作》《品种管理的"两条线"及其融合》等。此后,不断有朋友希望我能将这些文章以及以前在期刊中发表过的文章进行修改,并且提炼精华,按不同的专题汇编成一本书,可以作为种业管理和投资方面的参考和指南。

王欢先生是我多年的朋友,现任中农集团种业控股有限公司(简称中农种业)总经理,曾担任中种迪卡种子有限公司东北区经理。中农集团种业控股有限公司是国有企业,中种迪卡种子有限公司是中外合资公司,王欢在种业管理和投资方面有着丰富的实践经验。我多次就种业合资、知识产权保护问题与王欢交流,他给我带来很多启发,我们合作编写了多篇文章,在此表示感谢。

在我写作的过程中,原农业部种植业管理司、种子管理局,农业农村部种业管理司、科技教育司,全国农业技术推广服务中心,中国种子协会,现代种业发展基金有限公司以及北京先农投资管理有限公司的领导和同仁们给予了我很多指导和帮助,在此表示感谢。此外,崔大庆、邱军、康广华、李军民、张涛、马文慧等很多种子行业老朋友的鼓励,也是我坚持思考和写作的动力,在此一并感谢。非常感激上海交通大学农业与生物学院的黄丹枫老师,给我推荐了上海交通大学出版社。上海交通大学出版社的黄灵老师专业性强、认真负责,从每一个标题、每一行文字出发,认真审核,为本书的出版提供了很多指导、帮助和建议,在此致谢!

吕小明

Contents 目录

专题一

企业与市场

种子市场结构分析及启示

吕小明

对于企业而言,明确企业所处的市场结构,并充分利用该市场结构理论指导企业的实践,对企业的发展十分重要。同时,对政府而言,了解种子市场结构的特点,有利于行业政策的制定和科学地开展行业指导。

一 西方经济学的市场结构理论

(一) 四种市场结构模型

通常,根据市场表现出来的特点,将市场中同类企业的集中程度、所生产产品之间的差别程度、企业对产品价格的控制程度及外部企业进入该市场的难易程度作为市场结构状况的 4 个关键评判指标。根据这些指标,市场可划分为完全竞争、垄断竞争、寡头竞争和完全垄断市场(见表 1-1)。

表 1-1 市场结构类型

市场类型	市场集中度	产品差别程度	对价格控制程度	进入壁垒
完全竞争	很低	无差别	无控制能力	无
垄断竞争	较低	有差别	稍能控制	较低
寡头竞争	高	差别程度小或没有	有控制能力	相当高
完全垄断	独占	独特,没有相似替代品	能控制	很高

市场集中度指标反映大企业对市场的控制程度,而厂商控制市场的程度取决于它们产品差异化策略的成功程度,这两个指标是市场结构的主要要素。企业对价格的控制程度是前两个指标的必然结果,第四个指标是第一个指标的延伸。

完全竞争市场是一种理想模型,在这种市场类型中,买卖人数众多,买者和卖者是价格的被动接受者,资源可自由流动,信息具有完全性,一些农产品市场接近完全竞争市场。完全垄断市场是一种与完全竞争市场相对立的极端形式的市场类型,即某一个企业控制了一个产品的全部市场供给,如供水、供电等公共事业。完全竞争市场和完全垄断市场在现实生活中都属特例,大部分市场属于垄断竞争市场和寡头竞争市场。

(二)垄断竞争是常态

垄断竞争是一种既有竞争又有垄断,且偏向于完全竞争的市场类型。它的核心是竞争,企业在同类型竞争的基础上存在一定的差别优势。进入市场和退出市场较为自由,个别企业的进入和退出也并不能对整个行业造成很大影响。这将导致市场中存在较多同类企业,市场集中度较低;市场中的竞争者生产同类型的产品,各自的产品之间存在一定差别,从而在一定程度上表现出产品之间不能完全替代的特性;由于产品之间的差异性,部分消费者可能追随这种差异,企业从而可以垄断这部分消费者,具备一定的定价能力和垄断能力。包括垄断竞争理论鼻祖张伯伦在内的大多数学者认为,由于处于该市场结构中的优势企业追求垄断地位,相比于完全竞争市场,垄断竞争会产生"超额生产能力"。

(三)寡头竞争是发展结果

在垄断竞争市场的发展过程中,大部分企业因安于现状、能力限制、政策影响或其他因素,停留在与其他企业差异较小的垄断竞争阶段;但同时,少数企业通过一定时间的努力和积累,在某一行业中形成了与其他大部分企业较大的差异,对这一市场形成垄断,控制了这一行业较大比例的产品生产及总供给。少数企业虽然存在不同形式的竞争,但都对市场的份额和定价起到举足轻重的作用。从世界经济发达的美国、欧洲、日本等国家和地区的产业组织情况来看,某个行业达到成熟阶段通常呈现寡头竞争的市场结构,特别是钢铁、汽车、石油、飞机制造及机械等重要行业,少数几家公司的产量占全行业的七成以上。

二 我国和美国种子市场结构对比分析

(一) 市场集中度

目前,我国种子企业经过第一轮的兼并重组浪潮,种子企业数量已经减少一半左右,但仍然有 4 300 多家,这还不包括大多数的种苗企业。市场上虽然出现袁隆平农业高科技股份有限公司(简称"隆平高科")、山东登海种业股份有限公司(简称"登海")等龙头企业,但市场集中度仍然偏低。据《中国种业发展报告》,2016 年我国前十位企业商品种子销售额为 98.89 亿元,仅占全国的 15.19%,而美国种业前十强占国内种业市值的 70% 以上。

(二) 产品差别

不同作物种子间的差异是显而易见的,同一作物不同品种之间也存在一定的差异,有些还非常明显,品种差异是产品差别的基础。品种间的差异首先表现为不同品种的地域适应性不同,其次为植株外形的差异,还有抗虫、抗逆等生理性状以及产量之间的差异。行业内判断同一作物品种间的差异性,通行的规则是 DUS 测试[对品种进行特异性(distinctness)、一致性(uniformity)和稳定性(stability)的栽培鉴定试验或室内分析测试]。随着技术进步,SSR(简单重复分子序列)等分子检测技术越来越广泛地应用于不同品种差异性的分析判断。目前,我国杂交稻、杂交玉米品种同质化问题较为严重,企业间产品差别不明显。美国由于执行严格的植物新品种保护和基因专利保护等原因,种业巨头之间的种质资源和基因具有公司特征性,因此差异较明显。

(三) 价格控制

由于同一地区产品(品种)的多样性,产品(品种)之间可替代性较强,再加上种子生产成本较透明,种子企业对价格的控制能力较弱。局部地区由于品种的短期稀缺,阶段性的价格控制还是可能的。例如 2010 年前后东北的"德美亚"和"先玉 335"玉米品种,西北部分进口食葵品种,南方的少数超级两系杂交稻品种,福建的"坂田七寸"萝卜品种等,由于亲本控制和进口期错配等原因,造成事实上的"价格控制"。但这些都由于"产品(品种)模仿"等失去价格控制地位,并不影响种子企业对价格的控制能力较弱的总体态势。而美国孟山都、先锋等少数企业因明显的行业优势地位,对价格具有较强的控制能力。

(四) 进入壁垒

实际情况中,存在政策和市场两种壁垒。国家为保护农民利益,对种子生产经营许可设定了条件,对主要农作物品种实行审定制度,这属于政策壁垒。2011年,农业部修订《农作物种子生产经营许可管理办法》并提高品种审定标准,提高了政策壁垒。2015年《中华人民共和国种子法》修订,简化种子生产经营许可流程,建立多元化的品种管理制度,实际上降低了政策壁垒。目前,政策已在实际上不构成种子市场的进入壁垒。市场壁垒主要是优势企业对行业核心技术的掌控,在种业上表现为对核心自交系等种质资源的掌控。我国的大部分种质资源集中在教学科研单位,这些单位具有公益属性,因此从理论上说,企业获取种质资源的机会是均等的,所以种子行业的市场壁垒也不明显。在美国等发达国家,育种核心资源掌握在孟山都、先锋、拜耳等少数企业手中,市场的进入壁垒明显。

总体上看,我国种子市场属于典型的"垄断竞争"市场。而在美国、欧洲等发达国家和地区,种子市场已经跨越"垄断竞争"阶段,进入相对成熟的"寡头竞争"市场阶段(见表1-2)。

表1-2　中美种子市场结构对比

国别	市场集中度	产品差别程度	对价格的控制程度	进入壁垒	市场类型
中国	很低。前十企业的销售额占国内市值的15.19%	有差别。企业之间品种的差别总体不明显	控制能力弱	较低	垄断竞争
美国	较高。前十企业的销售额占国内总市值的70%以上	有差别。种业巨头之间品种和基因差别较明显	稍能控制	相当高	寡头竞争

三　启示和建议

（一）杂交玉米种子市场监管难的主要原因是产品（品种）差别不明显

从 2010 年农业部"全国种子执法年"首次抽查品种真实性开始，我国种子市场监管的重点已逐步由种子质量转向品种真实性。杂交玉米和杂交稻是我国种子市场最重要的两个作物，2016 年两者占全国种子总市值的 34%。但杂交玉米种子市场的品种真实性问题远比杂交稻严重，玉米种子企业也不像杂交稻种子企业一样进入差别化竞争阶段。其主要原因就是杂交玉米和杂交稻政策壁垒类似，但杂交稻种子企业由于持续的技术进步，隆平高科等龙头企业形成了对"华占""丝苗"等核心自交系的事实垄断，形成了市场壁垒；而玉米种子企业自"郑单 958"（2000 年审定）和"先玉 335"（2004 年审定）品种审定，至今没有突破性的新品种。企业为了生存，模仿育种，形成同质化竞争，因此向"完全竞争"市场转变。这种无差别的同质化竞争是市场监管难的根本原因。

（二）种子企业应协调好产品多样化与规模经济的关系

市场结构决定市场行为，种子企业应更加重视以经济学的思维指导经营决策。规模经济可通过生产较少种类的产品，获得较多的产品数量，但是由于产品种类的减少，部分消费者的偏好无法满足。种子企业应凭借自身优势，在产品、市场和服务上进行差异化竞争。同时，要积极处理好规模经济与产品多样化的关系，保障持续健康发展。

（三）政府部门应处理好垄断竞争市场"超额生产能力"问题，促进品种差异化

多数学者认为，垄断竞争将产生"超额生产能力"，这在玉米种子市场中表现得尤为突出。一方面，种子企业库存过高；另一方面，相关企业玉米穗烘干等生产加工线、生产加工能力已严重过剩。根据中国种业大数据平台

的数据,全国共有杂交玉米种子企业 1 100 家,以最低办证许可条件 10 吨/小时的加工能力计,杂交玉米种子总加工能力达到 11 000 吨/小时。2016 年,全国玉米种子总需求量为 1 155 190 吨。若全国种子企业全部开工,则仅需 105 小时就可生产完全年所需种子。由此推断,玉米种子"超额生产能力"突出。政府部门应高度重视,调整国家支持方向,化解产能过剩压力。同时,促进产品差异化竞争是解决目前种子市场突出问题的根本,应提高品种 DUS 测试、审定和认定门槛,加强原创品种保护,促进行业健康发展。

本文内容发表于《中国种业》2018 年第 7 期

参考文献

[1]高鸿业.西方经济学:微观部分[M].5 版.北京:中国人民大学出版社,2010:186-192.

[2]农业部种子管理局,全国农业技术推广服务中心.2017 年中国种业发展报告[M].北京:中国农业出版社,2018:65-75.

[3]祝永胜.SCP 视角下我国沥青行业市场结构分析[J].市场研究,2013(6):21-23.

[4]吕小明,马文慧.我国农作物种子企业兼并重组基本情况和特点[J].中国种业,2018(2):17-19.

[5]农业农村部种业管理局.中国种业大数据平台[DB/OL].[2018-04-17].http://202.127.42.145/bigdataNew/.

从桃花源农业看湖南种业发展

吕小明　王赫扬　孙晨钟　何利成

为进一步增强行业了解与研究,深掘投资与合作机会,更好地服务种业发展,在"了解种业、做好基金——走进种业企业系列活动"的基础上,种业基金开展了"从企业看种业发展"专题调研活动,于2018年8月赴种业大省——湖南,对桃花源农业科技股份有限公司(简称桃花源农业)和湖南省种业发展情况进行调研。调研组实地走访了桃花源农业在常德、长沙的育种基地、加工车间、仓储设施等,并与桃花源农业、隆平高科和湖南种子管理站的有关领导、科研人员进行了座谈。通过从点到面的调研,调研组不仅对桃花源农业有了深入了解,而且对于桃花源农业在湖南种业的地位以及湖南种业行业的发展也有了清晰的判断。调研组认为,以桃花源农业为代表的湖南种业企业存在较好的投资机会,种业基金与湖南在种业领域的合作前景广阔。现将有关情况报告如下。

一　桃花源农业即将步入快速成长期

桃花源农业的前身是湖南金健种业有限责任公司,2001年由常德市农科所和金健米业共同出资组建金健种业。在起步发展阶段,金健种业在优质杂交稻"金23"系列产品开发中形成了较强的市场影响力。2011年,金健种业引入社会资本——"金盛创投",开启了混合所有制发展阶段。2015年,金健种业整体变更为桃花源农业,并于次年成功登陆新三板市场。桃花源农业在引进湘江产业投资、常德市现代工业发展基金等资本的同时,先后投资设立湖南志和、安徽桃花源、郑州哈维等公司,进入资本助力快速发展阶段。

综观桃花源农业发展历史和未来战略，桃花源农业始终做到了三个坚持：**一是坚持稳健发展。**十七年的发展历程中，桃花源农业从纯国有到民营化，再到混合所有制，映射了我国种业市场化发展的整个历程。桃花源农业始终坚持稳健发展的理念，规范运营，在种子供需关系大起大落的十年间始终保持合理的资产结构和较为充裕的现金流。2011—2015 年，桃花源农业在引入民营资本、冲刺资本市场的过程中，集中精力搭建研发平台，不盲目扩张，实现了内部自主变革推动的螺旋式提升。**二是坚持科技引领。**桃花源农业敏锐地发现市场对优质稻的需求苗头，提前布局优质稻的研发，到2017 年已初现成果；其投入巨资研发的"一种利用雌性不育的杂交稻机械化制种方法"极大降低了制种成本；前瞻性地与河南农科院粮作所专家合作，储备玉米转基因技术，打造持续发展动能。**三是坚持筑巢引凤。**桃花源农业搭建了三大科研平台支持体系：建立袁隆平院士专家工作站，聘请袁隆平院士担任公司首席科学家，组建了超级优质杂交水稻选育攻关团队；建立湖南桃花源农业科学院的徐秋生科研创新团队；与华大基因、国家杂交水稻研究中心、中国水稻所、广东水稻所等各科研院所建立了较完善的科技合作网络体系。

另据了解，桃花源农业先后承担了国家"863"课题等重大课题 19 项，培育出 40 多个长江中下游稻区主推品种。当前，桃花源农业所拥有的优质稻品种储备较为丰富且市场需求旺盛，一体化订单生产经营模式初具雏形，已进入生产应用阶段的杂交稻不育系育种将有效降低制种成本。2015—2017 年，桃花源农业种子年销售额由 6 370 万元增长至 9 275 万元，年均增长率逾 20%。2018 年桃花源农业销售收入突破 1 亿元，未来或将进入业绩快速增长期。

二 湖南省种子企业已形成"1＋4＋38"发展格局

桃花源农业是湖南省种业发展的缩影。湖南种子公司在 2010 年前后达到 150 多家，后经兼并重组、优胜劣汰，目前只剩下 43 家，形成了"1＋4＋38"的发展格局。其中，"1＋4"是国家级"育繁推一体化"企业。"1"是隆平高科，中国种业的领跑者；"4"为桃花源农业、希望种业、奥谱隆和科裕隆四家企业，是湖南省种业行业发展的第二梯队；"38"为区域型、专业型的中小型种子企业,是湖南种业行业发展的后备军。

(一) 领跑者——隆平高科

隆平高科是国内排名第一、国际排名前十的大型种业集团。它依托国家杂交水稻工程技术研究中心(湖南杂交水稻研究中心)的科研优势,一直是我国杂交稻种业的领先企业。2015 年引入中信集团后,先后并购国内优势蔬菜、向日葵和玉米业务,积极参与国际竞争,成为跨国种业巨头和中国种业的代表企业。现代种业发展基金有限公司(简称"种业基金")在 2015 年和中信集团一起参与了隆平高科的定向增发,与隆平高科建立了良好的合作关系。下一步,种业基金将与隆平高科在小麦、蔬菜、中草药、热带作物等方面不断深化投资合作。

(二) 第二梯队——桃花源农业、希望种业、奥谱隆和科裕隆

这 4 家企业都有较强的科研育种和市场开拓能力,目前种子年销售量基本在 300 万~400 万公斤,年销售额为 1 亿元左右。这些企业的品种研发大多依托科研单位,企业自身培养了一些中青年商业化育种人才。这 4 家企业除奥谱隆外,都引入了社会资本。桃花源农业引入深圳金盛创投和湘江产业投资,希望种业引入九鼎投资,科裕隆引入重庆农投种业有限公司。湖南省种子管理服务站站长李稳香介绍,因隆平高科优势较为明显,这 4 家企业的销售量都很难突破 400 万公斤。

(三) 后备军——38 家中小型种子企业

在这 38 家企业中,除湖南北大荒种业、湖南金稻种业、湖南活力种业、湖南金源种业、湖南金色农华种业较有竞争力之外,其他企业体量均较小。这些企业的年均种子销售量为 200 万公斤,年销售额为 4 000 万元左右。

另据湖南省种子管理服务站站长李稳香介绍,湖南省种子企业已经过了兼并重组的高潮期,目前已基本稳定。下一步,如无大资本介入,湖南省种子企业间的兼并重组将会是一个漫长的过程。

三 湖南省种业发展条件优越

湖南是中国种业的代表省份,有享誉世界的三张"种业名片":一位

领军人物——袁隆平院士；一家领头企业——隆平高科；一个领先品种——杂交水稻。因此，湖南种业发展对建设现代种业强国有着非常重要的影响。从调研情况看，湖南省种业的市场化程度较高，多数企业资本运作意识较强。大部分种子公司脱胎于国家或地方科研院所，高度重视科研投入，自身的商业化育种能力正在快速发展。隆平高科近年来每年科研投入3亿元左右，占年销售额10％左右。同时，湖南省还有9个国家级杂交水稻制种基地，常年制种面积为40万亩①左右，年产良种8 000万公斤，每年向省外境外供种约4 000万公斤，是全国杂交水稻种子产销第一大省。目前，湖南省正在打造全球"种业硅谷"，湖南杂交水稻在全球有着十分重要的影响。湖南省种业发展保持全国领先，主要体现在以下三方面。

（一）产业基础得天独厚

湖南素有"鱼米之乡"的美誉，早在明清时期就有"湖广熟、天下足"之说。湖南省气候类型多样，熟期多，全省实有耕地总资源为878万公顷，农产品品类十分丰富，为农作物品种研发提供了天然的"试验场"。特别是水稻，早、中、晚类型都有，播种面积达400万公顷②，居全国首位。瓜菜品类丰富，辣椒年种植面积近200万亩，居全国前三。随着农业供给侧结构性改革推进，湖南农业发展为种业升级提供了良好的产业基础。

（二）育种科研优势明显

目前全省拥有国家级种业重点科研机构6个，以杂交水稻之父袁隆平院士领衔的科研育种人员3 900余名，培育了湘早籼45号、Y两优1号、Y两优900和岳优9113等一批在全国大面积推广应用的优良水稻品种。全国推广面积最大的早、中、晚稻品种都出自湖南，目前第五期超级稻攻关项目也已取得重大突破。湖南的辣椒品种选育与产业化开发一直引领全国科技进步，"双低"油菜、西甜瓜品种开发在全国也处于领先水平。

---

① 1亩＝666.6平方米。
② 1公顷＝10⁴平方米。

（三）管理体制机制顺畅

湖南种业一直是破除体制障碍的先行者，明确提出将传统种业大省打造成现代种业强省，并出台了一系列政策深化体制改革：**一是政事分离。**2015年率先将种子管理和技术服务分离，省农委直接设立种子管理处，将原种子管理局改为种子管理服务站。**二是经费保障。**省财政将种业管理经费纳入本级预算，2018年安排品种展示示范和跟踪评价等5个专项7 780万元种业管理专项经费，保障水平是全国最高的。**三是人才流动。**省政府出台一系列保障措施，引导科技人才通过留职、兼职、辞职和本职服务等模式，到企业从事育种相关工作。隆平高科的廖翠猛、彭光剑、杨远柱等多名高管，桃花源农业院士工作站站长、总经理和科研人员都来自湖南省杂交稻工程中心等单位。

四　种业基金与湖南种业合作前景广阔

种业基金已有五年多的投资管理经验，2018年再次被评为国内农业基金十强。截至2018年8月，二期新增资金10亿元已经到位，在支持我国现代种业发展和实施乡村振兴战略的进程中大有可为。通过此次调研，调研组认为，湖南省农业基础深厚，种业优势突出，投资机会丰富，未来种业基金与湖南种业在水稻产业发展方面的合作前景广阔。

下一步，种业基金将重点做好两方面的工作。**一方面，**充分发挥种业基金优势，主动与有关部门沟通，积极倡议并支持湖南设立种业发展基金，特别是水稻产业发展基金。**另一方面，**充分整合各种优势资源，积极服务湖南种业发展：**一是**尽快完成桃花源农业投资立项前的相关工作；**二是**牵头完成爱种网为桃花源农业等湖南种业企业进行品牌宣传及订单服务的宣传工作；**三是**尽力协调河南秋乐种业与桃花源农业在玉米种子研发上的合作；**四是**积极促进桃花源农业与隆平高科开展品种合作乃至兼并重组事宜。

五　政策建议

在调研中，调研组发现了一些问题并提出了相应的政策建议，恳请相关部门给予重视和解决。

（一）调整品种管理制度，促进原始创新

近年来，品种审定制度改革带来了品种的"爆发"，但品种同质化问题愈见突出，原始创新不足。桃花源农业科学院院长徐秋生（原为杂优中心科研处处长）说："湖南省以前一年审定二三十个品种，现在加上引种，快要突破100个了！"他建议："以前的品种管理，实质上有利于模仿，我们现在已经过了这个阶段，是时候该提高品种的审定标准，鼓励原始创新了！"

（二）调整许可条件，鼓励种业专业化服务公司发展

桃花源农业介绍，因为杂交稻品种适应性等问题，市场上品种数量多，竞争激烈，单个品种很难成量，大型成套加工设备难以有效利用。我们现场调研发现，桃花源农业放着10吨/小时的设备不用，而另外购置与生产适应性更强的6套小型单机来满足生产制种之需。与此同时，随着产业成熟度的提升，部分优势明显的种业专业化服务公司（如华智、亚华和部分专业化的制种、加工和营销服务公司等）不断涌现，这在一定程度上改变了原有的育种繁育的格局，为此建议相关部门适时放宽有关规定，因地制宜地促进种业企业专业化发展。

（三）统筹各项政策，形成支持合力

2011年至今，国家和地方出台了很多种业支持政策，对促进种业行业发展起到了积极作用。但这些政策涉及科研育种、产业扶持、税收金融等各个方面，分别由财政、发改、农业、科技、金融（银行）等多个部门管理，很多种业企业不了解政策，不清楚资金申请渠道，很容易形成攀比和"酸葡萄"心理。因此，建议相关部门以此次机构调整为契机，全面梳理整合种业支持政策，形成支持种业产业发展的合力。

（四）推动设立发展基金，促进由种业大省向种业强省转变

湖南是我国水稻第一大省，但缺乏有广泛影响力的稻米品牌，加之公众对镉超标、转基因等问题的担忧，湖南水稻产业亟待升级。为此我们建议，

湖南应充分利用杂交稻的国际优势和创建国际"种业硅谷"的契机,充分利用"领头羊"——隆平高科的优势资源,设立湖南水稻产业发展基金,促进水稻科研育种、种子生产加工、规模化生产、稻米品牌化营销等全产业链的改造升级,打造我国优质稻产区,实现湖南由种业大省向种业强省的转变。种业基金将主动向有关部门表达意愿并积极推动和参与该基金的设立和运营,全力支持湖南为国家粮食安全和乡村振兴做出更大贡献。

本文写于 2018 年 8 月

中美种业兼并重组对比分析

吕小明　罗凯世　赵　威　解小平

美国种业自 1970 年至今,经历了四次兼并重组浪潮(见表 1-3)。科学技术、品种保护制度和大量资本进入是核心主导因素,目前形成了科技领先、产业集中度高、资源整合持续进行的行业特征。我国种业经过市场化培育阶段,自 2013 年至今,进入了第一次兼并重组浪潮,企业数量减少一半,形成了部分龙头企业。对比和分析中美种业兼并重组浪潮,对我国种业发展具有重要的意义。

表 1-3　美国种业四次兼并重组浪潮

兼并重组浪潮	时　间	性　质	主要推动力量	代表企业	结　果
第一次	1970—1996 年	横向兼并重组	植物新品种保护、专利等法律制度	先锋	国内种子市场垄断格局基本形成
第二次	1997—2000 年	纵向兼并重组	转基因技术应用	孟山都	农化与种子企业融合
第三次	2004—2008 年	混合兼并重组	作物之间互补	孟山都	农化和种子跨国格局形成
第四次	2015 年至今	跨国超级兼并重组	跨国金融资本	拜尔、中国化工	超级农化与种子巨头形成

一　美国种业兼并重组的四次浪潮

种业发展的三大动力是技术突破、知识产权保护和兼并重组。杂交技术、生物技术的突破使得卖种子有利可图,促进了行业的形成。以植物新品种权为核心的知识产权保护制度,健全了市场规则,有效控制了无序和过度竞争,维护了种子企业的合法权益,促进了种子企业的原始积累。而兼并重组促进了行业的集中,种业与农化行业相互促进,快速发展。与宏观经济发展形势相适应,以美国为代表的世界种业历史上出现了四次兼并重组浪潮。

(一)第一次浪潮(1970—1996 年) 横向兼并重组

本次浪潮的主要推动力量是植物新品种权保护。1970 年,美国颁布《植物品种保护法》。植物新品种保护公约版本的提高与保护的加强,以及专利法在植物育种领域的不断延伸,促进了种子企业之间的兼并重组。结果形成了大多数小公司消失的国内垄断格局。20 世纪 70 年代,先锋杂交玉米公司更名为先锋杂交玉米国际有限公司(简称"先锋"),成为一家公开的上市公司。先锋通过收购 Peterson、Agri-Corn of Idaho 等公司,不断扩大市场份额,占据了北美种业市场主导地位。先锋在美国玉米种子的市场份额由 1973 年的23.8% 增长至 1994 年的 45%,稳居行业第一,并将业务扩展到中南美洲、欧洲和亚洲。

(二)第二次浪潮(1997—2000 年) 纵向兼并重组

第二次浪潮以孟山都(Monsanto)公司为代表,主要是大型化工(特别是农化)集团对种业的并购整合,主要驱动因素是转基因抗除草剂大豆、抗虫抗除草剂玉米和抗虫棉等科技进步成果的应用,要求种子与专用农药结合。

1996 年起,以农业化学和食品为主业的孟山都公司,斥资近百亿美元收购了以培育玉米、大豆种子为主业的迪卡(Dekalb)公司和霍登(Holden)公司,重组嘉吉(Cargill)公司和阿斯尧(Asgrow)公司,通过兼并收购重组不断扩大规模,逐渐成长为全球最大的种子公司。同一时期,以生物化学为主业的杜邦(Dupont)公司完成了对先锋的兼并,迅速跻身全球种业公司前列;诺华公司将其农业技术部门与阿斯特拉捷尼康(AstraZeneca)农药公司联手,创建了先正达(Syngenta)农业有限公司,成为世界第三大种业巨头。

（三）第三次浪潮(2004—2008 年)　混合兼并重组

第三次浪潮的并购标的由玉米、大豆种企向棉花、蔬菜水果等种企扩展。进入 21 世纪,在消费者逐渐接受转基因农产品后,国际种业又掀起了新一轮兼并重组浪潮:2004 年,孟山都成立美国种子公司(ASI),控股大部分的玉米和大豆种子产品,收购 Channel Bio 和它的三个种子品牌;2005 年,孟山都以 1.4 亿美元收购了全球领先的蔬菜和水果种子公司圣尼斯(Seminis),并加大棉花上的布局,收购紧急遗传学(Emergent)、NexGen 棉花品牌和 Stoneville 公司的棉花业务;2007 年用 1.5 亿美元完成岱字棉(Delta & Pine Land)公司的收购整合;2008 年以 5.46 亿欧元收购荷兰迪瑞特种子公司。此外,杜邦也做了小规模的并购,先正达完成了其另外一半的并购,拜耳、巴斯夫和陶氏分别做了一些生物技术和种子公司的并购。此时,世界种业格局形成了由孟山都、杜邦、先正达、拜耳、陶氏、巴斯夫等农化集团主导的态势,独立的大型国际种子公司仅有德国的 KWS 和法国的利马格兰等屈指可数的几家。

（四）第四次浪潮(2015 年至今)　跨国超级兼并重组

这一时期主要表现为国际大型农化集团间的超大型并购重组,主要由跨国资本推动。2015 年 9 月,杜邦公司和陶氏化学公司宣布平等合并,成立陶氏杜邦公司(DowDuPont),未来将拆分为专注于农业、材料科学、特种产品的三家独立上市公司。宣布合并时,两公司总市值约为 1 300 亿美元;2017 年,陶氏杜邦农业业务板块的模拟收入超过 140 亿美元。中国化工集团公司(简称中化)于 2016 年 2 月与先正达签署收购协议,2017 年完成交割,交易金额为 430 亿美元。孟山都也在 2016 年 9 月接受拜耳 660 亿美元的现金收购,目前已获巴西、澳大利亚、欧盟、美国等主要经济体批准。全球种子行业集中度进一步提高,正形成"拜耳-孟山都""中化-先正达""陶氏杜邦"三巨头争霸的格局。

二　我国种业自 2013 年进入第一次兼并重组浪潮

2000 年《中华人民共和国种子法》(简称《种子法》)实施,我国种子市场化进程起步。2000—2010 年前后为种业市场培育阶段,我国种子企业数量持续增加,在此期间,兼并重组事件虽有发生,但总体上并不是行业发展的主流。2010 年,全国种子企业发展到 8 700 家,达到数量上的顶峰(见表1-4)。据现代种业发展基金统计分析,2013 年至今,我国种子企业进入了第一次兼并重组浪潮。同期,全国种子企业数量持续减少。

表1-4 公开披露的种业并购事件数量和交易金额

年份	2010	2011	2012	2013	2014	2015	2016	2017
事件数量/起	6	9	5	17	14	22	26	15
交易金额/万元	18 832	42 361	49 004	206 915	142 477	190 679	98 699	164 927
全国种子企业数量/家	8 700	6 991	6 600	5 848	5 200	4 660	4 316	4 000

(一) 我国种业第一次兼并重组浪潮的特点

第一,以种业内部横向兼并重组为主,也有纵向并购和混合并购。例如,中农发投资以 12.6 亿元并购山西潞玉等 8 家种子企业,实现了其在种业市场的快速布局,横向并购是其对外兼并重组的主要内容;2014 年,该企业又投资 3.79 亿元并购河南颖泰,进行了向农化领域延伸的纵向并购尝试。第二,我国种业的兼并重组在作物间发展不平衡。杂交稻最活跃,企业已分层发展。杂交玉米早期活跃,后来停滞不前。主营其他作物的企业并购活动较少。第三,我国种业的兼并重组处在一个开放的环境中,参与了国际并购。近年来,隆平高科、荃银高科、农发种业等纷纷在东南亚、非洲、南美洲等地区设立种子公司,种业"走出去"步伐加快;2014 年,中粮集团以 12 亿美元控股荷兰尼德拉,开创中国企业并购国外优势种企的先河;2017 年,中国化工以 430 亿美元并购先正达,创中国企业海外单笔收购金额最高纪录。第四,因缺少生物技术的纽带,我国种业与农化业的结合鲜有成功的案例。

（二）促进我国种业第一次兼并重组浪潮发生的因素

第一，种子企业扩大规模、降低成本的内在需要。我国种业市场化始于《种子法》的颁布实施，经过十多年的发展，涌现出一批具备一定经营规模和资本实力的种子企业，处于事业上升阶段和快速扩张期，迫切渴望通过兼并重组实现自身的跨越式发展。第二，资本市场快速发育，为兼并重组提供了条件。2004年中小板设立，2009年创业板设立，2013年全国股转系统揭牌运营，资本市场在近十年来得到快速的发展和完善，为种子企业的融资并购等资本运作提供了良好的市场条件。第三，法制环境不断优化。1997年，《中华人民共和国植物新品种保护条例》（简称《植物新品种保护条例》）实施。2000年，《种子法》实施，此后农业部种子管理局成立，市场监管和植物新品种权保护协调统一，有利于知识产权保护。同年，作为种子执法年，开始杂交稻、杂交玉米品种真实性抽查，起到了保护知识产权的作用。2015年，种子法修订，更加强调知识产权保护。我国种业知识产权保护力度一直在加强。第四，国家支持种企做大做强。《国务院关于加快推进现代农作物种业发展的意见》（国发〔2011〕8号）、《全国现代农作物种业发展规划（2012—2020年）》（国办发〔2012〕59号）、《国务院办公厅关于深化种业体制改革提高创新能力的意见》（国办发〔2013〕109号）等政策文件相继发布实施。2013年，现代种业发展基金设立，有力地支持了种子企业做大做强。第五，地方保护破除，公路、铁路网络健全，信息传播迅速，全国统一的种子大市场逐步建立。

（三）我国种业第一次兼并重组浪潮或将持续

据中国种业发展报告，2016年我国前5位主导企业的商品种子销售额占全国总销售额的比例为10.71%。2017年我国最大的种子企业隆平高科的水稻种子销售额为19.42亿元，约占我国水稻种子市场份额的9.97%。而美国在第一次种业兼并重组浪潮结束时，先锋公司一家占美国玉米种子市场份额的比例即高达45%。可见，我国种业的行业集中度仍有进一步提升的空间。从目前情况看，我国第一次种业兼并重组浪潮或将持续，但势头可能放缓。2017年公开披露的种业并购事件减少。其直接原因是受粮食收储制度改革和农业供给侧结构性改革等国家政策变动影响，玉米、水稻等种植面积减小,种企效益下降。其根本原因是种业股权投资市场上优质并购标的减少。更深层次的原因是我国对知识产权的保护层次有待进一步提高,对原始创新的激励机制有待进一步完善。

三　结论和政策建议

综上判断,2013 年以来我国种业进入第一次兼并重组浪潮,且与美国种业第一次兼并重组浪潮有很多相似之处。经过第一次兼并重组浪潮,我国种子企业数量减少一半,形成了隆平高科、登海种业等龙头企业,但国内种业垄断格局并不明显,我国种业发展与美国相比尚有很大差距。知识产权、科技创新和金融资本是种业兼并重组的三大推动力量。我们应充分借鉴美国等发达国家的种业发展经验,利用后发优势,力争早日实现种业现代化。

(一)"做好自己",进一步净化种子市场,创造尊重知识产权、公平竞争的市场环境

进一步贯彻实施《种子法》,夯实种业发展基础,提升种业自主创新能力,加强基层监管能力建设和知识产权保护。一方面,全力净化种子市场,维护公平竞争的市场环境,进一步加强种子市场监管,持续开展打击侵犯品种权和制售假劣种子行为专项行动,推动种子市场秩序实现根本性好转,切实保护品种创新积极性。另一方面,逐步建立与国际接轨的植物新品种保护制度,切实保护原始创新。

(二)科技创新,有序推进转基因技术商业化,积极研发基因编辑技术

每一次产业升级都伴随着制度或技术的进步,美国种业的第二次发展浪潮正是以转基因技术作为主要推动力。我国种业发展已经错失生物技术的拉动,应积极消除公众疑虑,有序推动转基因技术商业化。同时,加大基因编辑技术研发力度,简化基因编辑技术管理,力争实现基因编辑技术的跨越式发展。

（三）国际合作，利用资本市场和国际市场，开展种质资源、技术和人才引进

孟山都公司早期并不被传统种子企业认可，在种业方面的发展并不顺利，直到麦肯锡帮助制定了全新的战略，通过资本市场运作大规模并购种业企业，其种子业务才步入发展快车道。而我国种业属于传统行业，市场化程度与美国相比尚有差距，种企在资本运作方面的经验和能力有待积累和提升。这就需要我国政府加强引导和扶持，通过设立产业基金等方式吸引社会资本投入种业，加快金融资本与种业的融合；支持种子企业"走出去"和兼并重组，开展先进技术的引进、消化、吸收和再创新，从而缩短技术研发时间，尽快占领种业技术高地。

本文内容发表于《中国种业》2018 年第 10 期

参考文献

［1］刘石.种业的大并购浪潮［J］.农经,2017(9)：76－79.

［2］农业部种子管理局,全国农业技术推广服务中心,农业部科技发展中心.2017 年中国种业发展报告［M］.北京：中国农业出版社,2018：65－75.

［3］吕小明,马文慧.我国农作物种子企业兼并重组基本情况和特点［J］.中国种业,2018(2)：17－19.

三个种业小故事

吕小明

习近平总书记多次强调,要运用辩证思维正确认识政府与市场的关系,"在市场作用和政府作用的问题上,要讲辩证法、两点论,'看不见的手'和'看得见的手'都要用好,努力形成市场作用和政府作用有机统一、相互补充、相互协调、相互促进的格局,推动经济社会持续健康发展"。结合本职工作,延伸思考种业管理中政府与市场关系问题,不由回想起本人亲身经历的3个种业小故事,恰好作为习近平总书记谆谆教导的例证。

一 西瓜品种审定

2015 年前后正值《种子法》修订的关键时期,关于主要农作物品种审定制度去留的争论非常激烈。在一次品种管理小型座谈会上,蔬菜种业界的"大咖"——北京市农林科学院蔬菜中心主任、北京市京研益农种业有限公司董事长许勇举了一个例子:"河南和山东都是农业大省、西瓜生产大省。不同的是,河南省对西瓜品种进行审定,而山东省则不审定。从 2001 年到现在,山东西瓜生产形成了明显的区域性主导品种,而河南的西瓜品种却越来越多,没有形成区域性主导品种。"

实际情况到底怎样? 我查阅了有关数据资料,表明许勇老师所言非虚。我进一步收集了 2001—2016 年的数据,分析结果表明,山东省西瓜品种虽无审定,但集中度逐步提高。而河南省的情况恰恰相反,2001 年,河南省西瓜品种集中度高于山东,但后来品种集中度逐步下降。到 2016 年,河南省种植面积最大的西瓜品种"郑抗无籽 8 号"当年的推广面积只有 13 万亩,而山东省种植面积最大的西瓜品种"京欣1号"当年的推广面积竟高达72万亩！从图1-1中可以清晰地看到这种趋势。

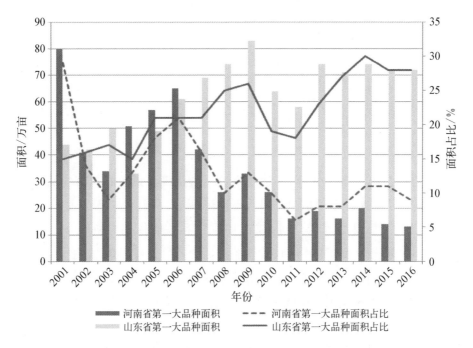

图1-1　河南和山东两省西瓜第一大品种面积及面积占比

2001年,山东和河南两省都按照《种子法》的规定,确定了对本省除国家规定的7种主要农作物之外的2种农作物进行品种审定,山东确定了白菜和花生,河南确定了西瓜和花生。当年,两省都有比较明显的主导品种。两省处于同一生态区,耕作方式类似,生产条件类似,经过16年的发展,却形成了两种截然不同的生产局面。其中固然有技术服务、市场推广等多方面原因,但品种管理应是重要因素。

二 6台种子加工单机

2018年,现代种业发展基金开展了"从企业看种业发展"专题调研活动。7月底至8月初,何利成董事长带队赴种业大省——湖南,对桃花源农业和湖南省种业发展情况进行调研。我们实地走访了桃花源农业在常德和长沙的育种基地、加工车间和仓储设施。

参观桃花源农业在常德市的种子加工车间时，调查组注意到，该公司不仅有加工能力达到 10 吨/小时的种子成套加工先进设备，还有 6 台加工能力很小的单机。经询问才知，根据农业农村部《农作物种子生产经营许可管理办法》，办理杂交稻"育繁推一体化"种子生产经营许可证，必须有 10 吨/小时的成套种子加工设备，但杂交稻品种区域性强，单个品种推广面积有限，不需要那么大的加工设备，企业只好在配齐办证必需的成套设备后，再购置一些小型单机。一套种子成套加工设备动辄几十万甚至上百万，买回来以后成为摆设，真的让人心疼。

我曾参与过《农作物种子生产经营许可管理办法》的两次修订工作。在办法修订的过程中，也有人对种子加工设备的要求提出疑义，但当时并未深入研究。

全行业种子加工设备的闲置浪费究竟有多严重？我和种业基金公司的同事根据公开数据进行了初步测算。备货量以需种量的 120% 计算，实际加工能力按照理论加工能力的 60% 计算，两者相除，得到加工用时。常规作物小麦、常规稻和大豆三种主要农作物种子全国常年用种量加工用时分别为 39 天、42.3 天和 28 天，考虑到种子加工的季节性，这三种作物种子的加工产能可能并不过剩。但棉花、杂交稻、杂交玉米种子全国常年用种量加工用时仅为 2.6 天、5.2 天和 7.3 天，产能严重过剩。当然，这仅仅是一个粗糙的估算，但我们希望能够"抛砖引玉"，引起各方面的关注和研讨。

三 种子编成绳卖

2018 年 8 月，我到张北、沽源农牧交错带调研，沿途看到成片的胡萝卜、圆白菜、白菜花和向日葵，行平垄直，排列得整整齐齐，一股农业从事者的自豪感油然而生。但当时有个疑问，胡萝卜为什么能够种得那么整齐？

之后不久，与从事胡萝卜种子进出口贸易的朋友谈及此事，他笑着说："那是因为种子编绳了！"原来，以前种胡萝卜都是条播后间苗。如果想点播，就会面临种子太小且不规则的问题。后来有一些种子经销商从国外引进种子丸粒化、编绳技术。先用填充剂把种子变大、变规则。再用静电把种子吸附在齿轮上,通过齿轮转动,将种子固定在绳子上。通过不同的齿轮调节种子间隔,可以实现精量定距播种,既节省了种子,又节省了间苗的人工,出苗整齐划一,成品胡萝卜大小也比较一致,一亩地节本增收至少500元。这一技术已扩展到白萝卜、甜菜、白菜等不需移苗的高效经济作物上。编绳机只需2万~3万元一台,真是种子经销商和菜农的好帮手。

四　启示

市场是配置资源的决定性力量,政府这只"看得见的手"如何与市场这只"看不见的手"协同配合,共同促进种业发展,在今后的工作中还需要更加深入研究和探索。

山东和河南西瓜种子市场形成了鲜明对比,山东虽不审定,但并未出现品种"多、乱、杂"现象。目前,山东省包括西瓜在内的瓜菜产业已经领先全国。品种审定是品种管理的重要制度,2015年新修订的《种子法》对品种审定制度进行了改革。但从山东和河南这个例子看,品种管理制度的改革应是一个长期持续的过程,我们应有长期改革的准备。

政府对办理种子生产经营许可证设定一定的门槛和条件,在产业发展初期是必要的,当时确实抑制了部分非理性投资,也有助于防止"皮包公司"出现,有利于保护农民利益。但随着产业的快速发展,今天种业内部已经出现专业化分工趋势,形成了一些专业化的分子检测、品种测试、种子生产和加工包装企业,再要求企业背负太高的固定资产,就不利于行业的发展,因此应该适当调整,充分发挥市场这只"看不见"的手的作用。

种子丸粒化和编绳等技术,虽非"高精尖"技术,但解决了生产中的实际问题。农业技术不求多先进,只求管用、好用。这些技术是市场这只"看不见的手"发挥作用的结果。管理部门应该深化"放管服"改革,及时制定标准,引导采用环保、可降解的填充剂和绳子,防止白色污染等问题出现。

本文写于2019年1月7日

对于种业是"朝阳行业"的认识

吕小明　罗凯世　马　帅

一　三大农资与现代农业

工业革命之前,传统农业有两大制约因素:一是重度依赖人工;二是农作物缺乏以氮元素为主的营养。工业革命的到来,农业机械和化学肥料的出现,逐步解决了以上两个问题,农作物单产大幅提升,农业生产规模化程度也随之提高。但农业发展中种植结构单一、农田生态系统变化、病虫草害加重和需要提升劳动生产率等问题随之而来,这些问题推动人类研发出化学农药。第二次世界大战之后,主要农作物品种实现了矮化抗倒伏、抗主要病虫害、品质改进等三个方面的突破,种子又成为推动农业进步的主要力量,农作物良种研发应用,技术促成的种药结合模式,与农业微生物育种和应用相关的生物农药、生物肥料等产品,都为农业提供了可行的、成本效益高的解决方案。

在现代农业中,化肥、农药和种子三大农资相互配合,缺一不可。专家测算,"绿色革命"以来,世界粮食产量的30%～50%归功于化肥的使用,许多国家因品种改良产生的累计粮食增产效应都在30%以上,而农药的使用则使全世界每年可避免农作物总产量30%～40%的损失。

二　三大农资市值徘徊不前

我国自改革开放、包产到户之后,农业生产才真正开始工业化、现代化的道路,很快就解决了温饱问题。化肥、农药和种子等农资供应逐步市场化,市值(市场规模)也稳步增长。据行业统计和行业专家预测数据,至2015年,三大农资种植者应用端的总市值如下:农用化肥约为9 000亿元、农用农药约为750亿元(农药行业销售总收入为3 000亿元左右,包括出口部分、卫生用药,用在农业生产上的约为750亿元)、农作物种子约为1 170亿元。

转折点发生在2015年。随着粮食连续12年增产,粮食库存高企,资源环境压力加大。特别是化肥和农药过量施用、利用率低,造成严重的资源浪费,影响农产品质量安全,甚至影响整体生态环境安全。2015年,中央农村工作会议提出了"农业供给侧结构性改革"这一新表述。随后,国家取消玉米临时收储,调减玉米种植面积,农业部也提出了化肥和农药"零增长"的目标。这也直接导致农资需求降低,三大农资市值徘徊不前。

从主要粮食作物的三大农资投入情况来看,2004—2017年,每亩种子、农药的投入呈持续增长的趋势,而化肥投入在2012—2013年达到峰值后开始下降(见表1-5和图1-2)。

表1-5 三种粮食(水稻、小麦、玉米)每亩主要农资费用

年 份	种子费/元	化肥费/元	农药费/元
2004	21.06	71.44	11.55
2005	24.90	84.31	14.38
2006	26.29	86.81	16.15
2007	27.57	90.80	18.17
2008	30.58	118.49	20.61
2009	33.58	117.55	20.66
2010	39.74	110.94	22.39
2011	46.45	128.27	23.39
2012	52.05	143.40	26.21

续　表

年　份	种子费/元	化肥费/元	农药费/元
2013	55.37	143.31	26.97
2014	57.82	132.42	27.56
2015	59.43	132.03	29.15
2016	60.73	128.93	29.48
2017	62.43	130.90	30.68

数据来源：Wind 资讯。

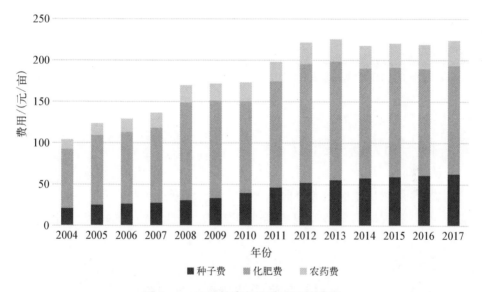

图 1-2　三种粮食每亩主要农资费用

　　因化肥和农药在农业应用端的市值缺乏行业统计资料，这里以行业专家估测的 2015 年化肥和农药应用端市值分别为 9 000 亿元和 750 亿元作为基准，采用国家统计局公布的施用量和价格指数来推测市值的变化。种子市值采用《2018 年中国种业发展报告》的有关数据。通过测算，2015—2018 年，化肥、农药市值均呈现略下降趋势，而种子市值年均增长为 0.95％（见表 1-6）。

表1-6 化肥、农药和种子市值

年 份	2015	2016	2017	2018
农用化肥施用折纯量/万吨	6 023	5 984	5 859	5 653
化学肥料生产资料价格指数（上一年＝100）	100.6	96.9	102.1	107.4
农药使用量/万吨	178	174	178	150
农药及农药械生产资料价格指数(上一年＝100)	100.5	99.9	101.0	104.8
化肥市值估计/亿元	9 000	8 665	8 662	8 976
农药市值估计/亿元	750	686	684	668
种子市值/亿元	1 170	1 230	1 222	1 202

注：化肥农药的市值测算方法是以2015年为基期，乘以价格、用量相对于2015年的变动百分比，估算得出该年度市值。

三 种子市场未来潜力

目前，虽然化肥应用端市值显著高于种子市值，但从5～10年的发展趋势看，化肥和农药市场空间已经接近天花板，但种子市值仍有很大的增长空间。

（一）农用化学肥料和化学农药用量将持续降低

1. 化肥

一方面，我国化肥利用率仍然偏低。2017年我国水稻、玉米、小麦三大粮食作物化肥利用率为37.8％，比2015年提高2.6％。同期，美国主要粮食作物化肥利用率为50％左右，欧洲主要粮食作物化肥利用率为65％左右。在化肥提高利用率、减量施用方面，我国还有很大的空间。**另一方面，**有机肥替代将成为发展趋势。目前，全国畜禽粪污综合利用率为70％，根据环保要求，未来3年要达到100％。2011年机械化秸秆还田面积占粮食作物播种面积的比例(全国均值)只有 16.89%。随着环保力度的加大,相当一部分畜禽粪污和秸秆将成为有机肥,预计化学肥料的用量将减少 30% 以上。即使价格上升,将来的市值也不会有大幅提高。

2. 农药

首先,与化肥类似,我国农药利用率偏低。2017 年,我国农药利用率为38.8%,而发达国家的农药利用率已经达到了 50%~60%,差距明显。其次,随着新时期乡村振兴和农业供给侧结构性改革的推进,对农药生态、绿色、环保的要求进一步提升,必然助推生物农药的普及和对化学农药的替代,农药市场面貌将发生大的转变。最后,抗虫、抗病的转基因种子若投入使用,也将在一定程度上减少农药用量。

(二)种子市值将持续提高

世界种粮价比平均水平为 20∶1~25∶1,美国为 30∶1,而中国为3∶1~5∶1,约为美国的 1/10。美国种子成本占种植业产值的比例为 6%,而中国仅为 1.5%,是美国的 1/4,差距巨大。目前,我国种业已经市场化,但种子价格并未完全反映本身的价值。主要原因是我国种业的科研与生产经营是分离的。国家科研院所和高等院校是育种的主体,国家每年投入巨资支持品种研发。企业是产业化的主体,但商业化育种总体上处于起步阶段,大部分种业企业只是科研院所的品种转化平台。虽然科研院所的品种在转让时有一定的转让费用,但并未把人员、设施、种质资源等费用折算在品种转让费中。

未来,我国种业市场空间至少还有四方面的提高空间:**一是**转基因等生物技术的推广应用,可提高种子产品的科技附加值,将种子价格提高一倍以上。**二是**随着科研体制改革的推进,育种研发费用逐步由企业承担,预计种子价格会提高 30%~50%。**三是**知识产权保护体系逐步健全,常规作物自留种现象减少,以及小麦、常规稻等作物用种商品化率提高,将释放相关作物 20%~50% 的市场空间。**四是**种苗商品化将提升种业附加值。目前我国蔬菜集约化育苗量约占全年蔬菜种植总需苗量的 30%,剩余的蔬菜商品苗仍然依靠传统的育苗方式完成。而在 20 世纪 90 年代,发达国家 50%以上的蔬菜花卉已由种苗公司提供商品苗。对比可见,我国商品种苗市场仍有很大的发展空间,由此会带动种业市值的进一步增长。

结论:虽然现在我国种子的市值仅有 1 200 亿元,但未来完全有希望达到其至超过 2 000 亿元。种业是朝阳产业,这不仅仅是一个口号,而是代表种业市场巨大的发展空间。当前,受种植业结构调整和粮食进口冲击等影响,我国种子行业处于"严冬期",化肥和农药等农资行业也面临着相似的情况。化学肥料、化学农药的市值已经见顶,而种子的市值还有 1~2 倍的发展空间。困难是暂时的,前途是光明的。熬过严冬,终将迎来春天。

本文写于 2019 年 12 月 7 日

参考文献

[1] 国家发展和改革委员会价格司.全国农产品成本收益资料汇编 2018[M].北京:中国统计出版社,2018.

推动农资市场监管制度的统一

吕小明

一 农资综合服务是发展趋势

家庭农业时期，农资需求分散，孕育了庞大的农资市场，诞生了众多的农资生产企业和各层级农资经销商。据中国农药应用协会的资料，2015年，我国有农资流通企业近万家，工商登记的农资经营户达45.3万家，但没有一家的市场占有率超过5%。

随着土地流转速度的加快，各种专业合作社、家庭农场不断涌现，农业生产上各类种植业大户越来越多。农药、化肥和种子等农资产品已经由零碎的需求向农资的批发、团购转变。除了农资需求外，规模化经营主体还需要农机、人工、土地流转和管理等服务。部分农资经销商适应这种变化，已经或正在从单纯的销售农资产品向提供技术服务、操作服务、托管服务、信贷服务、产后（信息）服务等方面转变，成为农业综合服务商。

除了部分农资经销商转型为农业综合服务商外，农资生产商和社会资本也纷纷探索农业综合服务新模式。例如，种业界知名人士刘石曾经创立"美莱农业"，致力于农业生产托管服务。2014年，国内11家种子公司和现代种业发展基金共同投资并设立"爱种网"，本意是从事种子电商服务行业，目前该平台已转型为农资综合电商平台。中国中化集团有限公司是农药、化肥和种子生产企业，于2018年推出了"MAP（modern agriculture platform）"综合解决方案，可为农民提供不局限于农资的农业全产业链服务。

未来,农资供应可能出现三个趋势:**一是**专业化的农资经销企业将凭借专业化服务和资本的推动,成为区域性农业生产的综合服务平台。它们有渠道优势,整合上游农药、种子和化肥生产企业的产品,为农业生产提供综合性的农资产品。**二是**优势农资生产商为深耕市场,成立直营店,配套提供其他农资产品。例如,隆平高科成立了农业服务板块;荃银高科与安徽辉隆农资集团合作,为农场主和种植大户提供农业社会化服务。**三是**数据化、电子化、智能化将成为农资综合服务的重要手段和依托。

二 基层农资销售和管理已经趋于统一

基层农资经销点很少经销单一品种。对于农业生产,种子、农药和化肥缺一不可,这些产品的经销,天然具有互补性。经销点为了增加销量,往往采用综合经营。在河南农村,种子和农药经销点规模较小,一般情况下兼营种子和农药,同时销售一些水溶肥等新型化肥。而化肥经销资金量大,不卖种子和农药。最近几年,随着农药和化肥"零增长"计划的实施,化肥经销利润下降,很多化肥经销点也开始卖种子和农药。

地方监管部门已经走向综合。20世纪90年代前,乡镇"七站八所",各县农技站、种子站、土肥站配置较为齐全。随着农资生产经营的市场化推进,基层农技服务业逐步走向市场化,管理部门加快整合。在2018年开始的新一轮机构改革中,多数县市级农业农村部门已经考虑将种子、农药和化肥统一管理。很多地方设立了农业综合执法部门,有了统一进行农资监管工作的基础。

"上面千条线,底下一根针。"根据春耕期间各地开展农资市场监管工作的新闻报道,虽然针对不同品种的农资,上级管理工作有着不同的部署,但到了县市一级,农业农村部门多数会联合市场管理、公安等部门,对农资市场开展统一的管理活动。

三 优化农资市场监管制度,适应农资供应新模式转变

在国家层面,种子、农药和化肥具有不同的监管办法。种子管理围绕

《种子法》和《植物新品种保护条例》展开。农药的管理以《农药管理条例》为基本依据。种子和农药的主要管理部门是农业农村部。对于化肥的管理，相关法律法规尚不健全，涉及农业、质监、工信、工商等多个部门，实行分段管理，责任主体尚不明晰。

虽然根据相关法律法规，农业农村部对种子和农药等农资的市场准入条件、产品登记审定有不同的办法，但在市场监管方面的方法是类似的。对比农业农村部《2020年农药管理工作要点》与《2020年种业市场监管工作方案》，两者在市场监管方面有诸多相似之处，都要开展生产企业和市场质量监督抽查，都强调部门协作，都在压实属地责任。这两个文件最后的落实，大部分工作都在县市级农业农村部门。作为农业农村部门，有必要在制度层面和工作部署层面，统一安排种子和农药等主要农产品。

2020年，受新型冠状病毒肺炎（简称"新冠肺炎"）疫情影响，农资供应传统模式受到挑战，网络销售等不接触销售模式活跃。种子、农药和化肥等主要农资品种的管理制度对网络销售等新型模式没有明确规定，处于"默许"状态。疫情防控新形势下，湖北等高风险地区为保障农资供应，鼓励采用不接触的新型销售方式，间接承认了新型销售方式的合法性。2020年3月1日起施行的《广东省种子条例》已经率先明确网络销售种子的备案要求。

笔者建议农业农村部等管理部门适应农资综合服务趋势，抓住农资网上销售模式的转变，根据基层农资销售和管理的实际情况，制定统一的农资市场监管办法，考虑设立统一的农资监管部门，加强部门协同，为农业生产保驾护航。

本文写于2020年4月21日

参考文献

[1] 农业农村部种业管理司,农业农村部管理干部学院.种业法律法规汇编(2019年版)
[M].北京：法律出版社,2019.

种子企业税收优惠的总额估算、政策分析与调整建议

吕小明　刘国庆　罗凯世

一　增值税

（一）进口环节

1996 年，财政部、国家税务总局下发《关于进口种子（苗）种畜（禽）鱼种（苗）和非营利性种用野生动植物种源税收问题的通知》（财税字〔1996〕30号）。通知要求，对 1997 年底之前进口的种子（苗）、种畜（禽）、鱼种（苗）和非营利性种用野生动植物种源（以下简称种子）免征进口环节增值税。

进口免税种子的单位，需事先向农、林等主管部门提出进口计划，经主管部门审核后，汇总上报财政部、国家税务总局审批。海关总署在财政部、国家税务总局核准的品种、数量范围内，逐项办理免税手续。1998 年至今，国家税务总局每年或在每个五年计划之前，都会下发类似通知，操作流程基本未变。该项政策一直延续至今。

2018 年，中国农作物种子进口总量为 7.27 万吨，进口额为 4.75 亿美元，以 13% 的进口环节增值税计，免税额度为 0.62 亿美元，以同期汇率折合人民币 4.32 亿元。

（二）销售环节

2001 年，财政部、国家税务总局下发的《关于农业生产资料免征增值税政策的通知》（财税〔2001〕113 号）要求，对批发和零售的种子、种苗、化肥、农药、农机免征增值税。仅从事种子销售活动的种子经销商和零售商，也可

以享受免征增值税优惠。

2018 年,我国种子生产经营企业的种子销售收入为 692 亿元。以种子生产经营企业收购种子费用占销售收入的 60%、增值税率为 10% 计,种子生产经营企业种子销售环节免税额度为 $692÷(1+10\%)×10\%-692×60\%×10\%=21.39$ 亿元。

2018 年,我国种子终端零售额为 1 200 亿元,因大部分种子经销商为小规模纳税人,按照 3% 的增值税率计,种子经销商销售环节免税额度为 $1\ 200÷(1+3\%)×3\%=34.95$ 亿元。

估计全国种子销售环节免税总额为 56.34 亿元。

(三) 制种环节

国家税务总局公告 2010 年第 17 号《国家税务总局关于制种行业增值税有关问题的公告》规定,制种企业利用自有土地或承租土地,雇佣农户或雇工进行种子繁育,再经烘干、脱粒、风筛等深加工后销售种子,以及制种企业提供亲本种子委托农户繁育并从农户手中收回,再经烘干、脱粒、风筛等深加工后销售种子,均免征增值税。

这说明,种子生产及销售企业要享受免征增值税,必须是自产或以"公司+农户"的方式生产,若委托制种公司进行制种,则不能免税,而受委托的制种公司可以享受免税优惠。但北京屯玉("育繁推一体化"企业)、甘肃金象(专业化制种企业)等企业介绍,在实际操作中,委托方和被委托方均免税。

2018 年,我国种子生产经营企业种子销售收入为 692 亿元,以种子生产经营企业收购种子费用占销售收入的 60% 计,制种产业总规模为 415.2 亿元。大部分制种商为小规模纳税人,以增值税率 3% 计,估计制种环节免税额为 $415.2÷(1+3\%)×3\%=12.09$ 亿元。

二 所得税

2007 年通过的《中华人民共和国企业所得税法》(简称《企业所得税法》)第二十七条第(一)项规定,从事农林牧渔业项目的所得,可以免征、减征企业所得税。同年,《中华人民共和国企业所得税法实施条例》(简称《实施条例》)进一步明确,企业所得税法第二十七条第(一)项规定的企业从事农林牧渔业项目的所得,可以免征、减征企业所得税,是指企业从事下列项目的所得,免征企业所得税:……2. 农作物新品种的选育……

《企业所得税法》及《实施条例》明确对企业从事农作物新品种选育免征企业所得税。因国内专业化育种企业较少,大部分品种转让方为国家科研院所,院所对外转让品种,要缴纳所得税。

2011 年 4 月 10 日,《国务院关于加快推进现代农作物种业发展的意见》(国发〔2011〕8 号)明确要求,"对符合条件的'育繁推一体化'种子企业的种子生产经营所得,免征企业所得税"。

为落实国务院文件要求,2011 年 9 月 13 日,《国家税务总局关于实施农林牧渔业项目企业所得税优惠问题的公告》(国家税务总局公告 2011 年第 48 号)对《中华人民共和国企业所得税法实施条例》"企业从事农作物新品种选育的免税所得"进一步解释为"企业从事农作物新品种选育的免税所得,是指企业对农作物进行品种和育种材料选育形成的成果,以及由这些成果形成的种子(苗)等繁殖材料的生产、初加工、销售一体化取得的所得"。

国家税务总局 2011 年第 48 号公告对企业从事农作物新品种选育的免税所得的解释,比国务院 8 号文件"育繁推一体化"种子企业免税,范围更宽。中小种子企业、自主研发品种、自主生产销售种子的所得,均可免交企业所得税。

因此,企业从事新品种选育环节及生产经营自有品种所得免征企业所得税,而代理品种所得应缴纳企业所得税。据了解,在实际操作中,多数注册资本为 1 亿元或以上的"育繁推一体化"种子企业免除了企业所得税。对于注册资本低于 1 亿元的"育繁推一体化"种子企业,对自主生产销售种子的所得,免企业所得税,对代理品种不免。另外,经认定的高新技术种子企业享受 10% 的所得税优惠。

根据中国种业发展报告,2018 年,全国种子企业实现保本盈利的有 4 485 家,实现利润总额 72.61 亿元。以种子销售利润占 90%、销售本企业种子利润占 70%、企业所得税率为 25% 计,估计免税总额为 72.61×90%×70%×25%=11.44 亿元。

除增值税和企业所得税之外，种子企业还涉及印花税、水利基金、残保金等税费，与其他企业类似。对种子企业兼并重组涉及的资产评估增值、债务重组收益和土地房屋权属转移等，按照国家有关规定给予一定税收优惠，这属于非经常性项目，这里不对免税额度进行估计。

三 结论与建议

（一）免税总额

经粗略估计，2018 年，全国种子行业免税总额为 84.19 亿元。其中，增值税为 72.75 亿元（制种环节为 12.09 亿元，销售环节为 56.34 亿元，进口环节为 4.32 亿元），企业所得税为 11.44 亿元（见表 1-7）。免税额度高于行业利润。可见，种子企业盈利能力弱，是一个弱势行业，亟需国家政策扶持。

需要指出的是，因为种子生产经营的特殊性，实际免税额度可能远远没有达到 80 亿元，可能仅有一半，即 40 亿元左右，与中国种子企业年度种子销售净利润相当。

表 1-7 全国种子企业免税总金额估算表

增值税/亿元			企业所得税/亿元	免税总额/亿元
制种环节	销售环节	进口环节		
12.09	56.34	4.32	11.44	84.19

（二）政策评述

增值税政策属于临时性政策，特别是进口环节免税，每年都需要更新文件。而企业所得税减免政策既有国务院文件的规定，又有国家税务总局对《企业所得税法》有关条文的解释，属于相对稳定的政策。

与种子产业从制种加工到销售和进口环节相反，税收优惠政策先从进口免税（1996 年）开始，又延伸到销售环节（2001 年）和制种环节（2010 年），最后明确企业所得税优惠政策（2011 年），政策脉络越来越清晰，国家对种业的支持力度也越来越大，政策导向是鼓励企业原始创新，即自主选育、自主生产、自主销售,"育繁推一体化"发展。

(三) 相关建议

(1)逐步调整进口免税政策。进口免税为引进国外良种发挥了重要作用。随着国内种业的发展进步,国内外品种差异逐步缩小。进口种子价格高,销售链条比较长,免税效果被层层经销商抵消,农民也难以感受到政策优点。从长期看,建议逐步调整该项政策。

(2)调整销售环节增值税。销售环节增值税全免,容易滋生多层的经销环节。对不进行生产、纯粹销售的企业,建议逐步取消增值税优惠,刺激种子企业自建营销网络。

(3)保持制种环节增值税和企业所得税免税政策稳定。制种"靠天吃饭",收入不稳定,却是西北等地农民脱贫的重要收入。多数制种单位是专业合作社、家庭农场和小微企业,建议给予更多的支持与保护。目前的企业所得税免税政策有助于"育繁推一体化",应保持政策的稳定性。

本文写于 2019 年 12 月 26 日

参考文献

[1] 农业农村部种业管理司,全国农业技术推广服务中心,农业农村部科技发展中心.2018年中国种业发展报告[M].北京:中国农业科学技术出版社,2019.

[2] 章洁溶.浅析种子企业相关税收优惠政策[J].企业导报,2015(22):5-6.

捋捋"国字头"种子公司

吕小明　王　欢

2011年,国务院8号文件《国务院关于加快推进现代农作物种业发展的意见》将种业列为国家基础性、战略性核心产业,社会资本开始重视并投资种业,中国种子集团有限公司、中农发种业集团股份有限公司等国有资本纷纷通过并购等方式扩大种业规模,我国种业出现"国进民退"现象。2016年农业供给侧结构性改革后,玉米面积调减,种业投资遇冷,"国字头"种子企业重归平静。本文通过公开资料,对这些农作物种子企业进行介绍,供大家参考。

一 中国林木种子有限公司(中林种子)

中林种子是农作物种子行业的"资深新兵"。

"资深"是因中林种子早在1966年1月12日就在石家庄成立,后撤销。1979年,国家林业局恢复林木种子公司,与原林业部种苗局合署办公;1983年撤销种苗局,单称中国林木种子公司;1998年与国家林业局脱钩,与当时部直属的9家公司合并为中国国际合作集团公司(现为中国林业集团有限公司),归中央企业工委(现国资委)管理至今;2020年更名为中国林木种子集团有限公司。

"新兵"是指中林种子2014年之前主要经营林木种子种苗培育,种子种苗、花卉、种球、花种草籽的进出口贸易,农林机械和相关林副产品等的进出口贸易以及项目投资等业务。2014年,国资委将张掖金象种业公司划拨给中国林业集团有限公司,公司名称变更为中林集团张掖金象种业公司,由中林种子实际管理。由于金象种业从事玉米制种产业,中林种子开始介入农作物种子行业。之后,中林集团通过资本运作,先后成为江苏中江种业股份有限公司和北京屯玉种业有限公司第一大股东,开始在水稻、玉米等主粮农作物种业方面崭露头角。

2019年中国种子协会评定的57家中国种业信用骨干企业中,江苏中江排名第35位,北京屯玉排名第45位。江苏中江为新三板挂牌企业,2018年营业收入是3.23亿元。

除上述3家农作物种子企业外,中林种子还有中林集团国林生态环境江苏有限公司和中林(宁波)林业有限公司2家子公司。中国林业集团有限公司是国家国资委直属企业,在97家央企中排名第77位。

二 中农集团种业控股有限公司(中农种业)

中农种业是供销合作总社执行国家种业战略的重要载体。

《国务院关于加快推进现代农作物种业发展的意见》成文于2011年4月18日发布。2012年4月9日,中农种业成立,距离国务院8号文件发布不到1年。

中农种业的注册资金为2亿元,是中国农业生产资料集团公司全资子公司,是中农集团种子业务的主体和平台,农业投入品板块的主要成员。而中农集团的唯一股东是中国供销集团有限公司,中国供销集团有限公司是中华全国供销合作总社出资的11家企业之一。中华全国供销合作总社由国务院直接领导,设理事会、监事会,实行理事会主席负责制。

2012年,中农种业和山东汇德丰种业有限公司共同出资成立了股份制高科技种业企业——山东中农汇德丰种业科技有限公司。公司坐落于聊城开发区现代农业示范园内,注册资金为6 000万元。

2012年,内蒙古中农种子科技有限公司成立,这是中农种业在整个北方玉米春播市场的第一家全资子公司,注册资金为3 000万元,公司位于内蒙古自治区通辽市开发区。

2013年,中农种业成功控股江西现代种业股份有限公司。江西现代种业股份有限公司是一家以水稻及经济作物良种为主,兼营其他农作物良种,集育、繁、推为一体的高科技种业企业,拥有全国种子经营权,注册资金为

10 000万元。

三 中农发种业集团股份有限公司(农发种业)

农发种业是以种为"名"的唯一"国字头"上市公司。

农发种业前身为中农资源,成立于1999年,2001年在上海证券交易所挂牌上市交易。2014年1月21日起,"中农资源"变更为"农发种业",主业逐步转向农作物种业。2011年起,农发种业先后并购河南黄泛区地神种业有限公司、广西格霖农业科技发展有限公司、湖北省种子集团有限公司、山西潞玉种业股份有限公司、江苏金土地种业有限公司、山东中农天泰种业有限公司,目前拥有控参股企业12家,业务涵盖玉米、小麦、水稻三大粮食作物等农作物种业、农药、肥料以及农业综合服务业务。农发种业已于2015年实现了小麦种业全国第一、水稻种业全国第六、玉米种业全国第九的阶段性目标,综合实力位居中国种业第四位,已成为推动中国现代种业发展的重要力量。

2019年中国种子协会评定的57家中国种业信用骨干企业中,湖北省种子集团有限公司排名第28位,山东中农天泰种业有限公司排名第48位,河南黄泛区地神种业有限公司排名第50位。

根据2019年报,农发种业2019年种子业务实现营业收入6.05亿元,其中销售小麦种子8.96万吨,营业收入为2.95亿元。

农发种业实际控制人为中国农业发展集团有限公司(简称"中国农发集团")。中国农发集团是国务院国资委直接管理的唯一一家大型综合性农业类中央企业,在97家央企中排名第76位,业务涵盖农业、畜牧业、渔业,拥有现代种业、远洋渔业、畜牧制药、海外农业、农业机械、农业保险、绿色食品7大核心产业,拥有全资及控股子公司17家,包括农发种业、中牧股份、中水渔业3家上市公司,在世界40多个国家建立有分支机构或海外基地、海外农场,业务遍及全国及世界80多个国家和地区。

四 中国种子集团有限公司(中种集团)

中种集团是我国农作物种业的"领头羊"。

1978年国务院批准在原农林部种子局的基础上成立中国种子公司,这是我国改革开放后的第一家种子企业。当时的供种模式如下:每个县成立国有种子公司,负责县内供种;市、省种子公司负责区域内用种调剂,中种公司负责全国用种的余缺调剂并开展种子进出口业务。2007年,中种公司并入中国中化集团有限公司。2020年,中国中化集团有限公司和中国化工集团有限公司"两化"农业资产整合,中种集团股东变更为先正达集团股份有限公司,最终控制人仍然是国务院国资委。中种集团种子业务涵盖玉米、水稻、小麦、蔬菜和花卉种子,发展呈现以下三个特点。

(一)高度重视国际合作

凭借"国字头"、进出口以及杂交玉米种子业务的优势,中种集团于1987年与日本三宝乐啤酒株式会社、日本加商株式会社合资成立华乐种苗有限公司,开展蝴蝶兰克隆苗的研究、开发与生产;1996年与荷兰纽内姆合资成立纽内姆(北京)种子有限公司,专注于蔬菜种子业务;2000年与美国孟山都合资成立专营玉米种子的中种迪卡种子有限公司,2009年公司名称变更为中种国际有限公司。

(二)高起点开展生物技术研发

2011年,中种集团启动武汉种子生命科学技术中心建设,拟投资50亿元,建立与国际接轨的"高技术、大通量、流水线、工厂化"的商业化育种平台。中心已建成并投入使用18 800平方米的实验大楼,配备了高标准的基因功能研究实验室及高效的温室设施。中心拥有一支由院士、专家、海内外高层次人才组成的研发团队,获批建设"博士后科研工作站"。目前,中种集团已经形成以武汉生命中心为核心的水稻育种研发基地,以中种国际为核心的玉米技术研究和引进基地。

(三)以并购方式扩大水稻和小麦种子业务

从2010年开始,中种集团实施并购战略,先后投资四川省农科院水稻高粱研究所下属的四川川种种业有限公司、广东省农科院水稻研究所下属的广东省金稻种业有限公司、湖南省岳阳市农科所下属的湖南洞庭高科种业股份有限公司,与安徽农垦集团共同发起并成立了安徽皖垦种业股份有限公司,投资控股河南联丰中种小麦种业公司,与北京市农林科学院共同投资建立了中种杂交小麦种业(北京)有限公司,与湖北省恩施州农业科学院共同投资建立湖北中种武陵种业有限公司,与现代种业发展基金携手投资山东农科院下属的山东鲁研农业良种有限公司,投资控股四川省宜宾市宜字头种业有限责任公司,实现了在杂交稻和小麦种子产业上的布局。

2019 年中国种子协会评定的 57 家中国种业信用骨干企业中,中种集团位列第六位。根据《2020 年中国农作物种业发展报告》,2018 年种子销售收入前 10 名企业中,中种集团排名第六,销售收入约为 8 亿元。

五 四大"国字头"种子企业的特点

(一)实力雄厚

从 4 家企业的注册资本可以看出其财力雄厚。农发种业、中种集团、中林种子和中农种业的注册资本分别为 10.82 亿元、9.44 亿元、8.84 亿元和 2 亿元。

(二)农资产业链齐全

除了中林种子外,其他 3 家都有集团内其他农资板块的产业协作。中种集团是"两化"农业板块的一环,中国中化和中国化工还有庞大的农化、化肥板块。农发种业本身就有化肥和农药企业。中农种业的实际控制人供销合作总社有着强大的化肥和农药的全国配送网络。

(三)管理上有渊源

中种集团为我国种业输送了许多优秀的管理人才。中林种子董事长周卫华先生、农发种业总经理陈章瑞先生都曾任中种集团副总经理。新加盟中农种业的王欢先生曾经任职中种集团控股的中种国际。

(四)销售总额

除农发种业外,其他 3 家为非上市公司,无法获取财务数据。据中国种业发展报告等资料,4家"国字头"种子公司2019年的种子销售总额为23亿元左右,约占全国种子企业总销售额720亿元(终端销售额1 200亿元×0.6)的3.2%。

遗憾的是,因体制机制创新力度不足等原因,4家"国字头"种子公司在商业化育种体系建设方面起步较晚,市场持续开发能力不足。要想获得长久发展,必须补上科研育种短板。

本文写于2020年5月21日

种业的国有力量有多强？

吕小明

1978 年改革开放之后，我国农作物的供种模式为"四化一供"，每个县建立国有种子公司，以县为单位统一供种。各市、省种子公司负责区域内用种调剂，农业部直接设立中国种子公司负责种子进出口和全国用种调剂。2000 年出台的《种子法》确定了市场化的供种体制，国有种子公司逐步开始改制。《捋捋"国字头"种子公司》一文介绍了中种集团、农发种业、中农种业、中林种子 4 大种子公司。但种子企业的国有力量仅限于此吗？本文简单分析了 2019 年中国种子协会评选的 57 家信用骨干企业和 20 家蔬菜信用骨干企业的国有股份，供读者参考。

一 45％的信用骨干企业实际控制人（第一大股东）为国有单位

根据"天眼查"和国家企业信用信息公示系统，截至 5 月 23 日，57 家信用骨干企业中，26 家企业的实际控制人或第一大股东为国家级或省级的国资委、财政部门或农科院，占信用骨干企业数量的 45％（见表 1-8）。

其中，排名前 10 的信用骨干明星企业中有 6 家的实际控制人（第一大股东）为国有单位，占 60％。排名 11 至 57 位的 47 家信用骨干企业中有 20 家的实际控制人为国有单位，占 42％。20 家蔬菜种业信用骨干企业中有 4 家及 20％的企业的实际控制人为国有单位（见表 1-9）。

表 1-8   中国种业信用骨干企业国有股情况

序号	企业名称	种子销售收入/亿元	大股东	实际控制人	国有股比例/%
中国种业信用明星企业名单					
1	袁隆平农业高科技股份有限公司	25.73	中信农业	—	30
2	北大荒垦丰种业股份有限公司	13.8	北大荒集团	财政部	52
3	山东登海种业股份有限公司	—	—	—	—
4	江苏省大华种业集团有限公司	12	苏垦农发	江苏农垦集团	60
5	安徽荃银高科种业股份有限公司	9.1	中国中化	—	21
6	中国种子集团有限公司	(8)	中国中化	国资委	100
7	辽宁东亚种业有限公司	—	—	—	—
8	北京联创种业有限公司	(5)	隆平高科	中国中信	27
9	北京金色农华种业科技股份有限公司	—	—	—	—
10	九圣禾种业股份有限公司	—	—	—	—
中国种业信用骨干企业名单					
11	合肥丰乐种业股份有限公司	4	合肥城投	合肥市国资委	30
12	江苏明天种业科技股份有限公司	—	—	—	—
13	德农种业股份公司	—	—	—	—
14	齐齐哈尔市富尔农艺有限公司	—	—	—	—

续　表

序号	企业名称	种子销售收入/亿元	大股东	实际控制人	国有股比例/%
15	雪川农业发展股份有限公司	—	—	—	—
16	吉林省鸿翔农业集团鸿翔种业有限公司	—	—	—	—
17	山东圣丰种业科技有限公司	—	—	—	—
18	山西强盛种业有限公司	—	—	—	—
19	河南秋乐种业科技股份有限公司	3.26	河南农业高新技术集团有限公司	河南省国资委	65
20	河南省豫玉种业股份有限公司	—	—	—	—
21	四川国豪种业股份有限公司	3	绵阳市农业科学院	绵阳市农业科学院	26
22	北京华农伟业种子科技有限公司	—	—	—	—
23	河间市国欣农村技术服务总会	—	—	—	—
24	四川同路农业科技有限责任公司	(2)	丰乐种业	合肥市国资委	30
25	河北巡天农业科技有限公司	(2)	隆平高科	中国中信	27
26	湖南希望种业科技股份有限公司	—	—	—	—
27	湖南奥谱隆科技股份有限公司	—	—	—	—

续 表

序号	企业名称	种子销售收入/亿元	大股东	实际控制人	国有股比例/%
28	湖北省种子集团有限公司	（2）	农发种业	国资委	52
29	天禾农业科技集团股份有限公司	（2）	安徽辉隆农资集团	安徽省国资委	80
30	襄阳正大农业开发有限公司	—	—	—	—
31	江苏神农大丰种业科技有限公司	—	—	—	—
32	三北种业有限公司	（2）	中国化工	国资委	100
33	河南金博士种业股份有限公司	—	—	—	—
34	甘肃省敦煌种业集团股份有限公司	3.4	酒泉地区现代农业有限责任公司	酒泉市国资委	20
35	江苏中江种业股份有限公司	2	中林种子	国资委	73
36	湖北康农种业股份有限公司	—	—	—	—
37	仲衍种业股份有限公司	—	—	—	—
38	江西天涯种业有限公司	—	—	—	—
39	江苏红旗种业股份有限公司	（1.5）	泰州现代农业发展集团有限公司	泰州市国资委	90
40	浙江勿忘农种业股份有限公司	（1.5）	勿忘农集团	浙江省农业农村厅	100
41	江西科源种业有限公司	（1.5）	广西恒茂	隆平高科	24

序号	企业名称	种子销售收入/亿元	大股东	实际控制人	国有股比例/%
42	湖南科裕隆种业有限公司	(1.5)	重庆市农业投资集团有限公司	重庆市国资委	51
43	武汉武大天源生物科技股份有限公司	—	—	—	—
44	江苏瑞华农业科技有限公司	—	—	—	—
45	北京屯玉种业有限责任公司	(1.5)	中林种子	国资委	38
46	安徽皖垦种业股份有限公司	(1.5)	安徽省农垦集团有限公司	安徽省国资委	100
47	山东鑫丰种业股份有限公司	—	—	—	—
48	山东中农天泰种业有限公司	(1.5)	中林种子	国资委	55
49	江苏金土地种业有限公司	(1.5)	农发种业	国资委	80
50	河南黄泛区地神种业有限公司	(1.5)	农发种业	国资委	50
51	莱州市金海种业有限公司	—	—	—	—
52	甘肃金源种业股份有限公司	—	—	—	—
53	河南滑丰种业科技有限公司	—	—	—	—
54	安徽华韵生物科技有限公司	—	—	—	—
55	江西兴安种业有限公司	—	—	—	—

续　表

序号	企业名称	种子销售收入/亿元	大股东	实际控制人	国有股比例/%
56	山西潞玉种业股份有限公司	(1)	农发种业	国资委	51
57	广西万川种业有限公司	—	—	—	—
合计	—	(113.79)	—	—	—
说明	1. 中国种子协会排名时,采用 2018 年的销售收入等指标; 2. 这里的销售收入为 2019 年的数据,无括号的数字来自公开年报,括号内的数字为估计值; 3. 国有股比例进行了穿透; 4. 隆平高科和荃银高科股权较为分散,无明确的实际控制人。				

表 1-9　中国蔬菜种业信用骨干企业国有股情况

序号	企　业　名　称	大　股　东	实际控制人	国有股比例/%
1	广东省良种引进服务公司	—	—	—
2	农友种苗(中国)有限公司	—	—	—
3	山东省华盛农业股份有限公司	—	—	—
4	宁波微萌种业有限公司	—	—	—
5	绵阳市全兴种业有限公司	—	—	—
6	京研益农(北京)种业科技有限公司	北京市农林科学院	北京市农林科学院	40
7	天津德瑞特种业有限公司	隆平高科	隆平高科	24
8	重庆科光种苗有限公司	重庆农科集团有限公司	重庆市农科院	49
9	青岛金妈妈农业科技有限公司	—	—	—

序号	企 业 名 称	大 股 东	实际控制人	国有股比例/%
10	安徽江淮园艺种业股份有限公司	—	—	—
11	济源市绿茵种苗有限责任公司	—	—	—
12	湖南湘研种业有限公司	隆平高科	隆平高科	24
13	德州市德高蔬菜种苗研究所	—	—	—
14	厦门中厦蔬菜种籽有限公司	—	—	—
15	南宁市桂福园农业有限公司	—	—	—
16	北京华耐农业发展有限公司	—	—	—
17	福建金品农业科技股份有限公司	—	—	—
18	镇江市镇研种业有限公司	—	—	—
19	上海惠和种业有限公司	—	—	—
20	南京绿领种业有限公司	—	—	—

二 估计国有力量可以控制全国 20% 的种子市场份额

根据中国种业发展报告,2018 年我国种子销售额前 50 强集中度为 35.8%;全国种子终端市场销售额为 1 200 亿元左右,根据行业经验,种子生产经营企业销售额占终端市值的 60%,为 720 亿元左右。在表 1-8 中,相关企业种子销售收入为 2019 年数据。2019 年,实际控制人(第一大股东)为国有单位的骨干企业种子销售总收入为 113.79 亿元。因为销售额前 50 强企业基本与信用骨干企业重合,以 2019 年 57 家信用骨干企业市场集中度为 37% 计算,2019 年实际控制人(第一大股东)为国有单位的骨干企业种子销售总收入占全国种子生产经营企业销售总收入的 15%,占 57 家骨干企业销售收入的 43%。

考虑到不在骨干企业名单中的国有力量,保守估计,全国范围内实际控制人(第一大股东)为国有单位的农作物种子生产经营企业,可以控制全国种子生产经营企业市场份额的 20% 以上。蔬菜种子方面,国有力量较弱,估计可以控制全国蔬菜种子生产经营企业市场份额的 10%。

三 相关讨论

对骨干种业企业国有股份的简单分析表明,与我们的日常印象不同,我国种业的国有力量是相当雄厚的。在非骨干种业企业中,实际控制人(第一大股东)为国有单位的企业比例不会像骨干企业的比例这么高。对于全国 5 000 多家持证种子公司,实际控制人(第一大股东)为国有单位的不会超过 10%。实际控制人(第一大股东)为国有单位的企业数量虽少,但资本雄厚,资源丰富,已经发挥了重要的先导性作用。在国家对种业的影响力方面,我国高于欧美等种业发达地区。形成这一特殊现象的原因有以下三个方面:

(1) 改革开放至《种子法》出台期间,"四化一供"的供种模式培育了一大批国有种子公司,后来虽然经过国家强有力的改制和"脱钩",但还有部分力量被保存了下来。

(2) 2011 年《国务院关于加快推进现代农作物种业发展的意见》(国发〔2011〕8 号)把种业列为国家战略性基础性核心产业。2013 年前后,国家设立现代种业发展基金、现代农业发展基金等,各省纷纷设立农业投资基金和投资公司,加大了种业的投资力度。中国中信、中国中化、中林集团、供销合作总社等央企以及地方国资部门落实国家意志,通过并购等方式加快种业布局。

(3) 我国是人口和农业大国,国家高度重视三农工作,建立了完备的国家农业科研体系,主要的育种资源集中在国家科研院所,并成立了相应的成果转化公司。

值得关注的是,与"四化一供"时期国有种子公司集体所有、政企不分的体制不同,目前,我国种业的国有力量均已建立了现代企业制度,并且多数采取了混合所有制的形式,发挥了国有资本"四两拨千斤"的作用。种业是农业的命脉,种业安全是农业安全的基础。希望国有力量进一步整合育种资源,更好地发挥引领作用,为国家农业安全做出更大贡献。

本文写于 2020 年 5 月 25 日

参考文献

［1］中国种子协会.关于 2019 年中国种业信用骨干企业和中国蔬菜种业信用骨干企业认定结果的公示［EB/OL］.［2020 - 5 - 25］.http://www.seedchina.com.cn/news/des?id＝bb25b396-fa92-4d1a-af48-409d714f9453&CategoryId＝.

警惕种业"内卷化"

吕小明

20世纪60年代末,一位名为利福德·盖尔茨的美国人类文化学家在爪哇岛生活。他无心观赏诗画般的景致,而是潜心研究当地的农耕生活,著有《农业内卷化——印度尼西亚的生态变化过程》一书并提出"内卷化"的概念。"内卷化"本指在殖民地时代和后殖民地时代的爪哇,农业生产长期以来未曾发展,只是不断地重复简单再生产,不能提高单位人均产值。"内卷化"概念的引申是指一种社会或文化模式在某一发展阶段达到一种确定的形式后,便停滞不前或无法转化为另一种高级模式的现象。2020年,这一概念便广泛应用到了政治、经济、社会、文化及其他领域。大到一个社会,小到一个组织,微观到一个人,一旦陷入这种状态,就如同车入泥潭,原地踏步,裹足不前,无谓地耗费着有限的资源,重复着简单的动作。

一 种业存在"内卷化"风险

中国共产党第十八次全国代表大会以来,各地各有关部门认真贯彻中共中央、国务院决策部署,现代种业发展取得明显成效。以海南、甘肃、四川三大国家级基地为核心、152个制种基地县为骨干的种业"国家队",保障了70%以上农作物用种。目前,农作物良种覆盖率在96%以上,自主选育品种面积占比超过95%。良种对粮食增产的贡献率达到45%。但用"内卷化"这一时髦定义来考察,我们发现种业也存在类似的风险。

（一）市值持续下降

根据《2020 年中国农作物种业发展报告》，2019 年度全国农作物种子市值为 1 187.55 亿元，同比下降 1%。自 2016 年全国农作物种子市值达到 1 230 亿元的高峰后，连续 4 年下降（见图 1 - 3）。

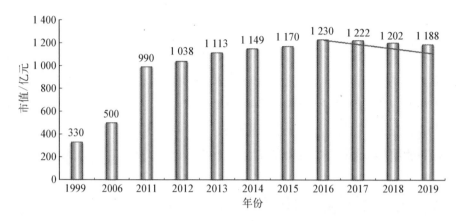

图 1 - 3　1999—2019 年中国农作物种子市值变化情况

（二）种子企业数量增加

2019 年末，全国农作物种子有 6 393 家，同比增加 13%。2009—2019 年，全国种子企业数量于 2016 年达最低值 4 516 家。2016—2019 年，全国种子企业数量已维持四年持续增加（见图 1 - 4）。

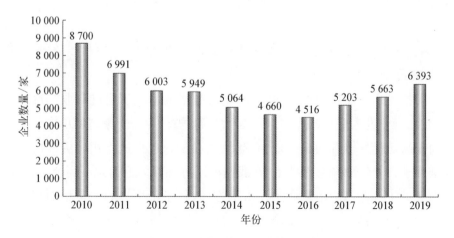

图 1 - 4　2010—2019 年全国持有效经营许可证的种子企业数量变化

（三）品种数量"井喷"

2019 年,通过国家和省两级审定的主要农作物品种有 4 103 个,同比增长 23.77%。其中,通过国家审定的主要农作物品种为 1 033 个,与 2018 年相比增加 131 个;通过省级审定的主要农作物品种为 3 070 个,与 2018 年相比增加 657 个。2019 年,全国引种备案主要农作物品种共 4 322 个,全国登记非主要农作物品种共 5 152 个。

市值下降意味着竞争空间变小,同时,企业数量增多,品种量"井喷",其背后必然是企业间剧烈的竞争。根据《2020 年中国农作物种业发展报告》,2019 年前五位玉米品种种植集中度为 19.30%,比 2018 年降低 0.9%。郑单 958 和先玉 335 已经占据玉米品种推广面积前两位 15 年以上,其他品种迟迟不能超越,这是一个危险的信号。

二 种业"内卷化"原因分析

（一）种业"内卷化"的直接原因是产业结构调整

2016 年以来,国家推进农业供给侧结构性改革,种植业结构调整,玉米种植面积缩减,种业行业的大头——玉米种业受到直接影响,其他作物种业受到波及。玉米是播种面积最大的作物,调减玉米和粮食作物的播种面积,势必增加蔬菜、瓜果等非粮作物。农产品消费弹性很小,蔬菜瓜果等农产品播种面积的上升,带来产品"卖难"问题,影响农民投入积极性。

（二）种业"内卷化"的根本原因是种业发展科技"引擎"在一定程度上失灵

科技是产业发展的根本驱动,高精尖技术的应用能促进产业"分层"发展,起到行业进入壁垒的作用。在玉米方面,被行业寄予厚望的单多倍体技术由于缺乏优异资源的输入,没有起到明显的行业促进作用。国外已经商业推广了几十年的转基因技术,在我国由于种种原因迟迟得不到合法批准,反而成就了一些违法小企业。在水稻方面,种子价格高的杂交稻面积持续缩减,种子价格较低的常规稻面积增加。同时,基因编辑技术逐步走向成熟,但我国还没有出台基因编辑品种的监管原则制度。

（三）现行的知识产权保护制度加重种业"内卷化"问题

目前，我国种子质量明显提升，"劣种子"坑农问题少了，但是"仿种子"问题相对突出。很多"仿种子"是对主推优良品种或其亲本进行简单修饰而培育出的"新品种"。产业发展初期的模仿有利于优良品种的推广，但到了目前较高的发展阶段，这一行为一方面造成品种同质化问题，另一方面伤害了原始创新的积极性。

三 抓住机遇破解种业"内卷化"风险

从当前粮食生产形势和国家政策层面分析，"十四五"期间，破解种业"内卷化"风险迎来了难得的机遇。

（一）玉米等粮食作物面积将增加

在新冠肺炎疫情冲击、各种自然灾害、部分国家限制粮食出口等多重因素影响下，我国粮食价格持续上涨，引起国务院、农业农村部及社会高度关注。2020年，国家已经采取强有力的措施保障粮食生产面积，早稻面积实现恢复性增长，粮食生产克服各种压力实现丰收，为打赢新冠肺炎疫情防控阻击战提供了重要支撑。当前，玉米等粮食价格已经达到历史新高，国家势必出台新的粮食生产支持政策，玉米、水稻、小麦等作物种业将迎来发展机遇，其他作物面积适当缩小有利于相应产品价格提高，最终刺激种业发展。

（二）植物新品种权保护水平将提升

中共中央、国务院高度重视知识产权保护。2020年11月30日，中共中央政治局就加强我国知识产权保护工作举行第二十五次集体学习。习近平总书记强调，知识产权保护工作关系国家治理体系和治理能力现代化，关系高质量发展，关系人民生活幸福，关系国家对外开放大局，关系国家安全。习近平总书记还强调，保护知识产权就是保护创新。植物新品种权是知识产权的重要组成部分。12月17日，农业农村部在北京召开全国种业创新工作推进会，会议提出，"十四五"期间种业市场监管的重点将转移到知识产权保护。

（三）转基因产业化迎来曙光

中央经济工作会议于 2020 年 12 月 16 日至 18 日在北京举行。会议确定，明年要抓好八大重点任务，"解决好种子和耕地问题"被列为其中之一。会议提出，解决好种子和耕地问题，保障粮食安全，关键在于落实"藏粮于地、藏粮于技"战略。要加强种质资源保护和利用，加强种子库建设。要尊重科学、严格监管，有序推进生物育种产业化应用。这是中共中央首次部署转基因产业化，也为多年来的转基因产业化争论画上句号。

参考文献

［1］农业农村部种业管理司，全国农业技术推广服务中心，农业农村部科技发展中心.2020 年中国农作物种业发展报告［M］.北京：中国农业科学技术出版社，2021.

对种子企业数量的思考

吕小明

企业数量是产业发展状况的重要指标之一。根据《2020 年中国农作物种业发展报告》,2019 年末,全国农作物种子企业为 6 393 家,同比增加 13%,与 2015 年相比增加 1 733 家,已连续 4 年增长。如何看待种子企业数量增长?作者对此问题抛砖引玉,供大家讨论。

一 2010 年前后种子企业数量达到顶峰,主要原因是 "放水养鱼"

2000 年《种子法》实施,打开了我国种业市场化发展的大门。一方面是国家鼓励,另一方面是成立种子企业的门槛较低,办理常规种子经营许可证的注册资本为 100 万元,办理杂交种子生产经营许可证的注册资本为 500 万元,种业发展进入黄金期。一些农业管理部门干部、国家教学科研单位育种家和经营较好的个体工商户纷纷开办种子公司,外资企业也看好中国种子市场,纷纷来华投资,种子企业数量迅速增长。2010 年前后,全国共有注册的种子生产经营企业 8 700 多家,培育出了丰乐种业、隆平高科、登海种业等上市公司和一批"育繁推一体化"的种子企业。

二 2011—2015 年种子企业数量持续减少,提高门槛、加强监管、促进兼并重组是重要原因

鉴于"放水养鱼"发展过程中积累的种子市场准入门槛低、企业数量多、

企业规模小、企业研发能力弱等问题,2011 年国务院发布划时代的 8 号文件,即《国务院关于加快推进现代农作物种业发展的意见》(国发〔2011〕8号),明确提出"推动种子企业兼并重组"的任务。要求在企业注册资金、固定资产、研发能力和技术水平等方面大幅提高市场准入门槛,优化市场机制,调整企业布局。支持大型企业通过并购、参股等方式进入农作物种业;鼓励种子企业间的兼并重组,尤其是鼓励大型优势种子企业整合农作物种业资源,优化资源配置,培育具有核心竞争力和较强国际竞争力的"育繁推一体化"种子企业。

2011 年,农业部修订《农作物种子生产经营许可管理办法》,将常规作物种子经营许可证的最低注册资本由 100 万元提高到 500 万元;将非"两杂"主要农作物种子生产经营许可证注册资本提高至 500 万元,将"两杂"种子生产经营许可证注册资本提高至 3 000 万元。同时,对企业固定资产、晒场、仓储、实验室和品种都提出了明确要求。这一时期也是种子企业兼并重组较为活跃的时期,隆平高科、中种集团、农发种业等龙头企业均大规模开展兼并重组。在产业政策和资本市场的双重努力下,种子企业数量减少。

三　2016—2020 年种子企业数量持续增长,源于农业供给侧结构性改革和"放管服"等

首先,2016 年开始,国家对农业实行供给侧结构性改革,各地纷纷调减粮食面积,蔬菜瓜果等非主要农作物播种面积增长,相应种子需求增加。全国加强非主要农作物种子市场监管,重点地区制定了种苗企业登记办法,一大批蔬菜等非主要农作物种子生产经营企业和种苗企业申领种子生产经营许可证。**其次**,2016 年新修订的《种子法》实施,《农作物种子生产经营许可管理办法》进一步修改,取消了申请生产经营许可时的注册资金和先证后照等要求,实行"两证合一"。**最后**,农业部按照国务院"放管服"改革要求,取消和下放了一批行政许可事项,特别是将全国范围内经营的"育繁推一体化"种子企业经营许可证下放到省级发放,进一步释放企业发展活力。由于拓宽主要农作物品种试验渠道,实行非主要农作物品种登记,种业告别"品种荒",生产经营积极性上升。中国种业大数据平台逐步完善,种子生产经

营许可网上统一办理,生产经营许可信息统计更加精准,以前部分基层管理部门许可信息统计不完善的问题基本解决。

随着国家对种苗、中药材、食用菌、种薯等新型种子管理的加强以及非主要农作物新品种保护的加强,预计"十四五"期间种子企业数量仍将增长。2016年至今,新增企业以制繁种企业和销售型企业为主,预计"十四五"期间新增的企业将以非主要农作物种子企业为主。

本文写于 2020 年 12 月 26 日

参考文献

[1] 农业农村部种业管理司,全国农业技术推广服务中心,农业农村部科技发展中心.2020年中国农作物种业发展报告[M].北京:中国农业科学技术出版社,2021.

[2] 农业农村部种业管理司,农业农村部管理干部学院.种业法律法规汇编(2019年版)[M].北京:法律出版社,2019.

专题二

种质资源开发与知识产权保护

利用社会资本加快国家种质资源开发利用可行性分析

吕小明　李军民　罗凯世　张子非　霍玉刚

种质资源是推动现代种业创新的物质基础、推进农业高质量发展的"芯片",是保障国家粮食安全、建设生态文明、维护生物多样性的战略性资源。保护好、利用好种质资源,对实施乡村振兴战略、推动农业供给侧结构性改革意义重大。

我国是种质资源大国,但不是资源强国,种质资源开发利用严重滞后。一方面,国家种质资源保护由中央与地方共同事权,50%以上的资源保护、90%的资源普查收集由地方单位承担,但地方积极性不高,大多数省没有专项经费支持。另一方面,基础研究与育种应用脱节的现象较严重,优异种质资源的积累尚无法支撑种业的创新发展。目前,隆平高科、大北农等龙头企业已建立高通量的商业化育种体系,具备较强的资金实力和融资能力,亟需大量种质资源作为支撑,以提升企业的商业化育种水平。利用社会资本加快国家种质资源开发利用的条件已基本具备。

一　我国种质资源开放利用现状

(一) 种质资源保护成效显著

我国已建立以国家作物种质长期库与复份库为核心、10座中期库和43个种质圃为支撑的国家级作物种质资源保护体系,长期保存作物资源接近50万份;种质资源长期保存量仅次于美国,位居世界第二。目前正在开展的第三次全国农作物种质资源普查与收集行动,已启动18个省区市的普查和系统调查。我国利用优异种质资源培育了一批突破性新品种,提升了种业科技创新能力,有力支撑了扶贫攻坚与乡村振兴,产生了良好的社会经济效益。

(二) 开发利用进展缓慢

我国作物种质资源通过精准鉴定,应用于育种的不到 10%,种质资源表型精准鉴定、全基因组水平通基因型鉴定以及新基因发掘不够,难以满足品种选育对优异新种质和新基因的需求,难以应对激烈的种业国际竞争以及城乡居民消费升级对种业的新要求。我国农作物种质资源保护与利用工作面临着特有种质资源消失风险加剧、优异资源和基因资源发掘利用严重滞后、种质资源保护与鉴定设施不完善、种质资源有效交流与共享不够等新挑战。

(三) 国家财政支持在短期内难有大幅提高

我国在农作物优异资源和基因资源发掘利用方面严重滞后,种质资源有效交流与共享不够。一方面,我国种质资源研究工作绩效评价机制不科学、共享机制不健全、人才队伍不稳定,优异种质资源难以有效利用;另一方面,对于种质资源的发掘和利用的财政资金不够。2015 年,我国启动了第三次全国农作物种质资源普查与收集行动,但其中资源精准鉴定的资金相当有限。目前正在实施的七大农作物育种试点专项以培育新品种为主,对种质资源的精准鉴定支持较少。按照目前的财政支持规模,我们还需要 50年才能对已存种质资源全部进行深度鉴定。

二 利用社会资本加快国家种质资源开发利用已经具备基本条件

(一) 龙头企业已具备较强的资金实力和融资能力

金融服务是推动现代种业发展及农业科技创新的重要引擎。美国多元化的金融支持模式、日本以银行支持为主导的模式、以色列以政策性金融为主导的模式等多种农业科技创新模式,为中国知识产权证券化融资模式提供了成功的实践经验。当前,我国种业发展已经进入产业化相对成熟的阶段,孕育了 10 家社会化募资能力较强的上市公司、60 多家新三板挂牌企业、80 多家"育繁推一体化"企业。截至 2019 年 5 月,沪深两市上市的 10 家种业公司自上市以来直接融资规模达到 285 亿元,其中万向德农、登海种业、荃银高科、神农基因、苏垦农发 5 家公司自首次公开募股(IPO)后尚未进行过定向增发等直接融资行为。这说明,资金已非我国种子企业发展的主要制约因素,如何利用已募集的资金,快速提高企业的科研育种核心竞争力是持续发展的关键。

(二)部分企业建立了较为完备的商业化育种体系

我国种子企业不断加大科研投入,已经成为种业科研投入的主导力量。据《2018 年中国种业发展报告》中的数据,2017 年全国规模企业科研投入总额达到 34.51 亿元,占商品种子销售额的 6.7%;商品种子销售额前五强企业的研发投入为 6.22 亿元,占比为 9.63%。隆平高科、大北农、登海种业等企业建立了较为完备的商业化育种体系。

(三)商业化育种体系迫切需要海量的种质资源作为支撑

《国务院关于加快推进现代农作物种业发展的意见》(国发〔2011〕8 号)明确提出,国家将逐步建立以企业为主体的商业化育种新机制。种质资源搜集、保护、鉴定等属于基础性、公益性研究,而种质资源发掘利用属于企业商业化育种体系的一部分。在美国和欧洲等种业先进的国家和地区,科研院所和种子企业在种质资源方面也有类似分工。与传统育种模式相比,商业化育种体系需要海量的种质资源作为支撑。例如隆平高科旗下的亚华种业有限公司,有每年组配和鉴定数万份杂交稻自交系的能力,亟需新种质资源的注入,有效解决资源鉴定和利用脱节的问题。

与跨国种业巨头相比,我国已建立的商业化育种体系"先天不足"。**一方面**,我国企业自主育种历史很短,有意识地搜集种质资源的历史更短;且我国种质资源进出口体制不畅,与国外同行的交流少,遗传资源狭窄。**另一方面**,我国依靠国家财政支持搜集的种质资源集中在中国农科院作物所等科研院所,分发利用规模不大。根据《农业农村部办公厅关于印发农业种质遗传资源保护与利用三年行动方案的通知》(农办种〔2019〕15 号),2019—

2021 年的目标是分发种质资源 4 万份,每年平均 1.33 万份。我国有 5 800 家种子企业,平均每年每家企业不到 3 份。

三 加强国家种质资源开发利用的几点建议

(一) 完善相关法律法规

以惠益共享为出发点,农业农村部、海关总署和国家市场监督管理总局等部门协调一致,加快修订《农作物种质资源管理办法》《进出口农作物种子(苗)管理暂行办法》和《进境植物繁殖材料检疫管理办法》等部门规章,建立顺畅的资源进出口通道,促进种质资源国际交流合作。建议在《农作物种质资源管理办法》或相关文件中,明确社会资本开发国家种质资源的合法性。

(二) 加强种子企业在种质资源国际交流中的作用

加强制度创新,促进核心种质资源国家主权的落实,避免"种中国种、侵海外权"问题出现。创造条件,尽快加入《国际植物新品种保护公约》(1991年文本)。在《农作物种质资源管理办法》或相关文件中明确,国家鼓励单位和个人从事农作物种质资源研究和创新。创设项目,支持种子企业和科研院校与拉丁美洲、南亚等地区的农业资源大国开展种质资源交换、技术创新、人才培养,对重要种质资源和产品合理进行知识产权海外布局。

(三) 社会资本参与国家种质资源开发利用的初步设想

我国是水稻原产地,水稻资源丰富,超过 8 万份[①]。建议以水稻种质资源为试点品种,对于利用社会资本进行种质资源开发利用的试点工作,有如下建议:一是对所需资金总量(田间鉴定、分子鉴定费用)进行匡算,将试点资源分成 3～5 个标段,公开招标承担单位;二是以中标单位自筹资金为主,现代种业发展基金等政府引导基金予以支持,配合科技项目,中标单位按照国家规范开展种质资源开发利用,田间鉴定与分子鉴定同步进行;三是坚持

[①] 每一份的量为能够代表这一品种的特性,并能满足长期安全保存的量,一般为 500 克。

谁出资、谁优先和共享利用相结合的原则,相关成果由中标单位优先利用一年,一年后全社会共享;四是中标单位与资源保存单位有效对接,通过激励机制,激发资源保存单位参与资源开发利用的积极性。

本文内容发表于《中国种业》2019 年第 9 期

参考文献

［1］刘旭,李立会,黎裕,等.作物种质资源研究回顾与发展趋势[J].农学学报,2018,8(1):1-6.

［2］农业部,国家发展改革委,科技部.关于印发《全国农作物种质资源保护与利用中长期发展规划(2015—2030 年)》的通知[EB/OL].(2015-04-28)[2019-05-28].http://www.moa.gov.cn/nybgb/2015/si/201711/t20171129_6134098.htm.

［3］张国志.种业发展的金融服务模式研究[M].北京:中国金融出版社,2017.

［4］农业农村部种业管理司,全国农业技术推广服务中心,农业农村部科技发展中心.2018年中国种业发展报告[M].北京:中国农业科技出版社,2019.

关于农作物品种权价值评估及授权转让的思考

吕小明　李军民　张子非

目前,我国种业的育种资源和人才仍高度集中在中国农业科学院、中国农业大学等科研单位和高等院校以及隆平高科、先正达等少数种业龙头企业,品种授权转让成为业内常态。但品种授权转让等交易行为尚处于自发、无序的状况,缺乏行业内公认的运作模式。本文对农作物品种权价值评估和交易转让进行初步探讨,供行业内人员参考。

一　对品种权进行合理的估价并选择合适的交易方式,是影响企业(单位)发展走向甚至决定其生死存亡的关键

根据中国种业大数据平台统计数据,2001 年至今,玉米品种"郑单 958"累计推广面积超过 7.5 亿亩,为国家粮食安全做出了突出贡献,也成就了北京德农种业有限公司(简称"德农")、河南秋乐种业科技股份有限公司(简称"秋乐")、河南金娃娃种业有限公司(简称"金娃娃")、河南金博士种业股份有限公司(简称"金博士")四家龙头企业。2002 年品种刚通过审定时,"郑单 958"品种权对外授权第一阶段总价为 800 万元;2010 年第一阶段授权到期后,德农和中种各出资 2 000 万元才获得"郑单 958"销售权,期限至 2016 年。虽然"郑单 958"2002 年的初始转让价格太低,但采取了"9＋6"分段授权的方式,最终于 2010 年获得了一定的补偿,给金博士、德农和中种等种业企业带来了高额收益。

某玉米品种于 2011 年通过国家审定,当时品种审定制度尚未改革,玉

米种业正处于活跃期,企业急需优良品种。为了转化成果,北京、山东等4家企业共同开发,支付了较高的"入门费",但很快品种遇到"瓶颈"问题,4家企业都没能收回成本。在这个案例里,品种权人得到了利益而相关企业却未能达到理想的开发效果。

以上是较为典型的案例,因品种对外授权或转让涉及企业内部商业秘密,很多教训不为外界所知。经过多年的探索,多数企业都深有体会。

二　关于品种权价值评估及授权转让的思考

(一) 高度重视授权或转让的法律文本,防范法律风险

我们在种业基金的投资管理以及调研过程中发现,很多种业企业和科研单位不重视品种权授权或转让的法律文本,协议条款存在漏洞,在执行过程中发现问题时才追悔莫及。

例如2018年中国法院十大知识产权案件之一的"郑单958"植物新品种侵权纠纷案。"郑单958"玉米杂交品种是由母本"郑58"与已属于公有领域的父本"昌7-2"自交系品种杂交而成的。"郑58"和"郑单958"的植物新品种权人分别为金博士和河南省农业科学院。"郑单958"品种2010年第二轮授权时,"郑单958"与"郑58"两个品种权人签订交叉许可协议,双方互相使用己方品种,不构成侵权,但是否有权许可第三人使用未明确约定。这使相关权利人(德农)对是否有权利用"郑58"重复生产"郑单958"理解不一致,成为双方争议的焦点。从合同规范的角度,这是一个重大瑕疵,该重复使用被法院认为需要品种权的许可,合同(交叉许可协议)的相对性不给予第三方,否则视为侵权。这也是2018年北京德农败诉,赔偿"郑58"品种权人金博士5 800万元巨款的主要原因。

再如某省农科院对外授权一省审小麦品种,签订合同时该品种只经过山东省审定,但通篇的合同文本并未提到该品种如果经过其他省审定或国审时,除山东省外其他区域的授权问题,更未对该品种的植物新品种保护问题进行相关约定,这为以后授权、维权发生纠纷埋下了隐患。一旦对外提供了亲本,就会直接导致品种丧失新颖性而得不到保护或者被宣告无效,也使保护后的维权变得异常艰难,甚至得不偿失。

因此,相关单位应高度重视品种权授权或转让的法律文本,应该请专业的律师把关,或由国家农作物品种权交易平台等居间交易。

(二)应尽量单企业开发

当数个企业开发同一品种时,应严格限制销售区域,并且保证价格一致。"郑单 958""浚单 20""蠡玉 37"以及"中单 909"等品种,均为多企业共同开发,在市场较好时能迅速扩大面积,适合优良品种较为稀缺的时代。随着品种审定制度的改革以及玉米种业形势的变化,品种"井喷"、市场低迷,当一个品种授权多个企业开发时,如果其中有一个企业降价,其他企业跟随,容易形成恶性竞争,不仅不利于品种生命周期的维护,也不利于打击假冒、侵权等市场维护。例如,某品种原本由 6 个企业共同经营,2017 年由于市场形势不好,其中 1 家企业率先降价,其他 5 家企业措手不及,造成较大损失。在这方面,外资企业的一些做法值得借鉴,如中种国际种子有限公司的品种,不对外进行品种权转让,只对外许可生产销售权,且一个品种通常只授权一家企业经营。即便"先玉 335"的被许可对象有山东登海种业股份有限公司和甘肃省敦煌种业集团有限公司两家,并具有东北和黄淮海两个不同的销售区域,由于采取了严厉的违约责任约定,严格防止商业行为的串货,从而实现了品种权所有人和被许可者(开发商)共赢。

当前,很多品种的所有权在科研单位,作为被许可对象的种子企业在转让或者许可的过程中没有更多的选择,但一个健康的交易市场应该是双向的,双方都应该朝着透明、平等、公正交易的方向努力。

(三)分段收费或以销量收费,更有利于平衡双方利益

对农作物植物新品种权价值进行评估本身就是一个难题。一是品种的价值很难像其他产品那样用成本进行核算,品种的开发成本与其可能带来的预期收益之间不对称。二是品种试验周期有限,一般区域试验两年、生产试验一年就可审定;此外,在实际推广过程中,气候难以预测,品种的表现情况也存在不确定性。三是品种保护年限长,品种更新迭代较快,很难对多年后的品种表现进行预测。按照当前的《中华人民共和国植物新品种保护条例》,农作物品种的保护期是 15 年,如果接下来采用《国际植物新品种保护

公约》(1991 年文本),保护期则可延长至 20 年。

在品种权转让的实践中,多数科研院所对外转让品种倾向于一次性收费,虽然这样对于转让方来说简单明了,也符合本单位的财务制度,但由于往往存在估值预判与实际市场情况的偏差,可能会导致转让方或受让方利益受损,不能完全反映市场价值。与上述方式形成对比,实践中部分企业品种对外授权或转让,一般采用收取较低"入门费"的方式,或者采取分段收费或销量计费的方式。例如,龙江种业产权交易中心居间促成了黑龙江省农科院系统的多个品种权交易,基本采取"3+12"或"5+10"的方式,一次性收取 3 年或 5 年的知识产权费,到期后再进行第二次评估,根据前阶段品种的市场状况,再次拍卖剩余年限的费用。

三　建议

促进品种价值评估及授权转让科学规范是优化种业发展环境的重要一环,也是目前的薄弱环节。建议加强顶层设计,促进制度优化。

(一) 研究出台强制性措施

落实《种子法》第十三条"由财政资金支持为主形成的育种成果的转让、许可等应当依法公开进行,禁止私自交易"的规定。主管部门应起草农作物植物新品种权转让的指导性文本,引导品种权科学估值,合理交易。支持全国性植物新品种权授权转让电子系统建设,培育第三方机构从事相关研究和推进工作。

(二) 加强国家级品种权交易平台建设

为品种权转让方和需求方搭建一个国家级平台,有助于不同品种的充分展示,也有利于需求方选择最优品种。一是总结并推广中国农科院成果转化中心、杨凌品种权交易中心、龙江种业产权交易中心等现有品种权交易平台的成功经验。二是明确品种权交易平台的公益性定位,并给予政策和财政支持。三是将品种权交易平台和国家种业大数据联网,品种权转让后,相关信息可直接进入国家种业大数据平台。

（三）引导培育专业第三方居间进行品种权价值评估

公允的价值是交易的基础，评估机构公正客观的价值评估有利于品种转化为生产力。目前市场品种呈"井喷"态势，品种质量参差不齐，已由卖方市场向买方市场转变，品种价值评估更为迫切，但有资质的知识产权评估机构对于植物新品种权的评估不够专业，相关业务不够成熟。

目前，国内植物新品种权转让还处于起步阶段。由于品种具有显著的地域特点，同一品种在不同区域的价值不一样，种子企业在实际转让时考虑的关键因素主要包括品种适宜种植区域、品种优良性状的表现（抗虫、抗倒等）、制种的难易程度、品种适宜区域同类品种的多寡等。与转让价格相关的人为因素较多，不能准确量化，已转让的具有亲缘关系的品种定价（如"京科 968"在市场反馈及口碑较好）可以成为其他近亲缘品种的价格参考。目前也有一些学者在进行品种权价值评估的研究，但研究比较分散、未成规模，建议国家鼓励和支持相关研究，促进学术成果向实务运用的转化。

（四）加强品种试验数据库建设

品种试验数据是品种权价值评估的基础依据。国家农作物品种的预备试验、区域试验、生产试验数据应逐步实现自动采集、自动上传、自动公开，绿色通道和联合体等其他审定渠道的数据也应逐步实现。

本文内容发表于《中国种业》2019 年第 12 期

参考文献

［1］步士贤.植物品种权转让价格形成研究［J］.农村经济与科技,2011(2)：13 - 14.

［2］周衍平,陈会英,何艳琴,等.我国植物品种权交易运作方式研究［J］.农业科技管理,2008 (2)：38 - 41.

［3］李国芳,陈华伟.基于市场的农作物品种技术价值评估［J］.中国种业,2008(3)：7 - 9.

新西兰奇异果品种巨额判赔案的启示

吕小明

2020年2月17日，中国水果门户网站报道，旷日持久的新西兰佳沛 (Zespri)奇异果侵权案尘埃落定。新西兰奥克兰高等法院做出判决，由于佳沛奇异果在中国被非法盗种，被告人高浩宇、妻子薛霞及其公司 Smiling Face Ltd.需为此赔偿近1 500万新西兰元，折合人民币约为6 742.8万元。

2018年佳沛公司发现，2款自主知识产权的奇异果品种未经授权就在中国开展了一定规模的种植。据了解，此事件源于新西兰奇异果种植者高浩宇私自将果树藤条带回中国，并非法传播。最终法院认定，高浩宇以欺诈手段非法出售佳沛奇异果品种，并且侵犯了佳沛公司发放种植许可证的权利。

此案有以下几个关键点。

（一）奇异果回到自己的故乡，算偷吗？

1904年，一名叫伊莎贝尔的女士到中国旅游，回国的时候把猕猴桃种子带到了新西兰。野生猕猴桃的口感普遍比较酸，新西兰育种家挑选了甜度高的果实进行重新培养，并为之起了一个好听的名字——奇异果，最终发展成为新西兰重要的农业产业。

奇异果原产于我国，1904年流入新西兰，新西兰育种家对猕猴桃品种进行改良，申请了新西兰国家的新品种权并获得授权。按照新西兰的法律，被告人未经许可，擅自将果树藤条带到中国，违反了新西兰法律，新西兰法院应当有管辖权。涉案的两个品种是否申请了中国的新品种权，相关报道没有说明。如果涉案的两个品种已经在中国获得品种权，佳沛公司有继续追究品种权申请时相关问题的可能性。

（二）赔偿额怎么会这么高？

果树为多年生植物,育种与玉米、水稻等一年生农作物相比更难。佳沛公司介绍,一个品种可能需要 10 年才能培育出来,而该公司每年在探索新品种方面的投资为 2 000 万新西兰元(约合人民币 9 352.8 万元)。公司比较热门的品种(如 SunGold)的专利费用每公顷可能高达 20 万新西兰元。公司现在一般按照国别为单位进行专利引进,比如,意大利引进了某个品种,那么这个品种就只能在意大利范围内种植。1 500 万新西兰元的赔偿额是使用了 2016 年金猕猴桃的价格乘以中国果园的生产公顷数得出的"保守数字"。并且,这 167 公顷的种植面积还只是佳沛的调查人员发现的已经产果的果园,至于还有多少没有被发现还是未知数,所以佳沛具体的损失很难计算。

（三）佳沛公司是如何获取证据的？

据报道,佳沛在对这起事件的调查中动用了多种人力和方法,涉及香港的侦探所、机场安检、初级产业部对一名返回新西兰被告的检查、警察对高浩宇公司的搜查令,佳沛还通过新西兰警方渠道,发现被告的银行账户记录和在中国社交媒体上的个人活动等。

（四）佳沛公司为什么会下这么大的力气维权？

2018—2019 财年,佳沛向中国市场出口了近 3 800 万标准箱(约为 9.5 亿粒)猕猴桃,占全球市场份额的 20％左右,销售额近 30 亿元人民币。为了拓展中国区业务,佳沛已经在中国台北、上海、北京、广州、重庆和西安设立办事处,并深入沈阳、大连、天津、青岛、郑州、成都、武汉、杭州、南京、无锡、苏州等二线城市开展项目。佳沛预测,到 2025 年,其在中国的业务能够倍增。

（五）佳沛公司为什么能够固定证据？

这源于佳沛公司对科研的持续投入、对合作果园中果树枝条等繁殖材料的严格控制、对猕猴桃生产过程的严格管理,产品销售实现可追溯。全程管理的规范性使得佳沛公司有底气进行跨国维权。

有关启示如下。

（一）尊重知识产权

我国的农业生产，特别是高价值作物的生产，已经卷入全球大市场。在全球化的市场中，必须遵循包括植物新品种权保护在内的通用规则，否则难以长久发展。2016 年 10 月 5 日，美国司法部发布消息，北京某种业公司一国际业务主管参与了从艾奥瓦州杜邦先锋公司和孟山都公司种植田里窃取自交系玉米种子，获刑 36 个月。2018 年 7 月，北京某种业公司因侵犯"ZD958"品种权，被判赔偿 4 950 万元。奇异果侵权案可能是第一起涉及我国、公开宣判的跨国侵权案件且涉案金额巨大。这些案件都为从业者敲响了警钟，必须尊重知识产权和国际规则。

（二）高度重视种质资源保护

从情理上看，奇异果源自我国，但中国人想要种植，同样要付知识产权费，这就是"国际规则"。这个教训的源头是猕猴桃"流入"新西兰。要想减少类似事件，必须高度重视种质资源保护工作。2019 年《国务院办公厅关于加强农业种质资源保护与利用的意见》（国办发〔2019〕56 号）的发布是一个重要标志，说明种质资源保护工作已经引起国家的高度重视。

（三）重视多年生植物的维权问题

我国自 1997 年实施《植物新品种保护条例》，至今已经有 22 年的历史。保护制度从无到有，保护种类从少到多，取得了巨大的进步。农业农村部已经授权的品种以杂交稻、杂交玉米等粮食作物居多。玉米等粮食作物由于品种数量多、品种间差异较小、生长期短、小农生产等特点，侵权证据很难保全，长期以来存在维权难的问题。从奇异果的案件来看，果树等多年生植物，侵权证据相对容易固定、产品单位面积产值高、赔偿损失的计算相对容易，可能成为下一阶段品种权维权的重点作物，相关部门应该引起足够的重视。

本文写于 2020 年 2 月

参考文献

［1］陕西省农业杂志社.新西兰猕猴桃品种非法引入中国案宣判［J］.西北园艺(综合),
    2020(2):50.

植物新品种侵权案件行政处理权限是否应当"下放"?

吕小明

植物新品种权是知识产权的一种。2015 年修订的《种子法》将植物新品种侵权案件行政处理权限由省级下放到县级,正在修订的《植物新品种保护条例》与《种子法》一致。但在 2014 年,根据《中共中央关于全面深化改革若干重大问题的决定》,最高人民法院设立北京、上海、广州知识产权法院,专门审理包括植物新品种权在内的知识产权案件,新品种侵权案件的审理权限实际"上收"。植物新品种侵权案件管辖层级的"一放一收"形成了鲜明对比。

一 起步阶段的原则和做法

1997 年,《植物新品种保护条例》出台时确定的植物新品种案件处理原则如下:行政与司法结合,行政案件分类负责。农业部和最高人民法院相继出台相关规定,明确植物新品种案件行政处理程序和司法审理权限。行政执法以省级以上农业行政部门为主,司法审理以中级以上人民法院为主,这较好适应了我国植物新品种保护的实际情况。

(一)案件处理原则

1997 年出台的《植物新品种保护条例》第三十九条、第四十条规定了植物新品种案件的处理原则:① 对于侵权案件,省级以上人民政府农业、林业行政部门才有处理权限。② 对于侵权案件,品种权人或者利害关系人既可以请求省级以上农林行政部门处理,也可以直接向人民法院提起诉讼。③ 对于假冒授权品种案件,县级以上人民政府农林行政部门就有处理权限。

(二) 行政执法程序

依据《植物新品种保护条例》,农业部于 2002 年制定了《农业植物新品种权侵权案件处理规定》,进一步明确了省级以上人民政府农业行政部门查处品种权侵权案件的具体程序。该规定的要点如下:谁主张、谁举证,品种权人应当自行搜集侵权证据,可以请求省级以上人民政府农业行政部门处理。省级以上农业行政部门受理后,将相关证据书面通知侵权人,由侵权人答辩。通过"文来文往"、书面审理,裁决侵权案件。

(三) 法院审理权限

2000 年,《最高人民法院关于审理植物新品种纠纷案件若干问题的解释》对不同案件规定了不同的审理权限。北京市第二中级人民法院负责审理新品种授权、宣告无效、更名、强制许可等中央层面植物新品种权事务纠纷,而侵权案件、权属纠纷案件由各省、自治区、直辖市人民政府所在地和最高人民法院指定的中级人民法院负责。

二 《种子法》的新要求和知识产权法院的设立

(一)《种子法》的新要求

2000 年出台的《种子法》,仅在第十二条对植物新品种保护进行了原则规定。2004 年和 2013 年两次修订均未涉及植物新品种保护。2015 年,《种子法》进行了较大幅度修订,新增"新品种保护"一章。在法律责任中,不再区分新品种侵权案件和假冒授权品种案件的处理权限,将两类案件的处理权限统一设定为"县级以上人民政府农业、林业主管部门"。正在修订的《植物新品种保护条例》与种子法保持一致,在第七章中对植物新品种案件的处理权限和程序进行了细化。

(二) 知识产权法院设立

就在《种子法》修订的前一年,即 2014 年,最高人民法院设立北京、上海和广州三个专门的知识产权法院。根据《最高人民法院关于北京、上海、广州知识产权法院案件管辖的规定》,三个知识产权专门法院管辖包括植物新品种权在内的知识产权案件,植物新品种案件实际审理权限"上收"。2015年《种子法》修订后,最高人民法院仍然维持了省会城市中级以上法院和知识产权专门法院审理植物新品种权案件的做法,审理权限并未随之"下放"。

三　问题探讨

（一）为什么在初始阶段没有授予基层部门侵权案件审理权限？

我国植物新品种保护制度是一个"舶来品",1997 年的条例基本沿用了《国际植物新品种保护公约》(1978 年文本)。在 1997 年条例出台时,我国种业市场化的发展方向还没有完全确立,育种科研以国家科研院所为主,育种界和种子生产经营从业人员对植物新品种保护还很陌生。各级农业行政主管部门和法院对新品种权的认识也不多。处理植物新品种侵权案件需要丰富的专业知识,可能涉及品种权人较大利益。因此,对于较简单的假冒授权品种案件,由县级以上农业部门处理;对于较复杂的侵权案件,由省级以上农业部门处理。植物新品种权相关的诉讼案件均由省会城市中级人民法院处理。这是符合实际情况的现实做法。

（二）基层农业行政主管部门处理侵权案件的条件成熟了吗？

我国施行《植物新品种保护条例》已经 22 年,品种权的概念逐步深入人心,其突出表现就是品种权申请积极性高涨。目前,我国品种权申请量已经达到 2.6 万多个,位居国际植物新品种保护联盟(UPOV)成员国首位。但不争的事实是,虽然获得了品种权,但实际权利保护不够,侵权案件的处理(审理)还处于起步阶段。从历年来农业农村部公布的农资打假典型案例看,鲜有植物新品种侵权行为行政处罚案件。2019 年,农业农村部首次公布"农业植物新品种保护十大典型案例",其中,6 个案例是司法审理案件,3个案例与品种权复审有关,1 起案例是基层农业行政主管部门责令制止品种权侵权行为(无证生产授权品种)。根据多方面情况,除甘肃、海南、北京、河南等少数制种或者种子企业较为集中的省(市)外,不少省(区、市)农业行政主管部门还没有处理过植物新品种侵权案件。

植物新品种司法案件数量近年来增长较快。根据中国种业大数据平台"司法判决查询",2013年植物新品种保护司法判决案例只有2件,2014年有4件,2015年有10件,2016年有9件,2017年有9件,2018年有38件,2019年有80件。对照中国裁判文书网等其他信息渠道,中国种业大数据平台案例不全,但足以证明在全国范围内植物新品种侵权案件不多,平均分配到每一个有审理权的中级人民法院,一年也只有寥寥数起。

不管是农业行政主管部门还是司法机关,都是在案件处理的过程中才能快速获取相关专业技能和经验。同时,必须承认,总体上,县市一级农业行政主管部门工作人员的学历学位、业务素质、专业技能等不如同级法院的法官。另外,种子生产经营具有跨地域的特点,生产、加工包装以及销售地点常常不同,植物新品种侵权案件同样具有跨地区、较为隐蔽等特点。所以,对照司法部门的做法和案件处理实际,2015年修订的《种子法》将植物新品种侵权案件行政处理权限"下放"到县级农业行政主管部门,是"超前"的做法,可能会引起执行上的混乱。而司法部门维持中级人民法院审理品种权相关案件的做法,可能是比较切合实际情况的。

(三) 公权力应慎重介入"私权"领域

在广义的种子市场监管中,农业农村部门扮演两方面的角色:一方面是查处假劣种子,保护农民利益,保障农业生产用种安全,这是保护公共利益;另一方面是应品种权人请求,处理侵权案件,保护"私权"。虽然保护"私权"的最终目的是激励育种创新积极性,但保护"私权"与保护公共利益应有较为明确的边界。前文提到,2002年颁布,现行的《农业植物新品种权侵权案件处理规定》对私权保护的基本原则是品种权人自行举证,农业行政主管部门以书面审理为主,充当"准法官"的角色,这种"有限"作为的理念能够维护公共权力的合理边界。

2015年修订的《种子法》虽然将新品种侵权案件行政处理权限下放到县级,但并没有赋予农业农村部门在侵权案件中直接取证的权力。第六章第五十条规定,农业、林业主管部门在依法履行种子"监督抽查"职责时,才有权采取查封、查扣等措施。注意,处理侵权案件,不在"监督抽查"范围之内,没有相应权力。但正在修订的《植物新品种保护条例》,却赋予了县级以上农业主管部门在处理侵权案件时的现场检查、查封、扣押等权力。如果实施,有可能导致公权力的滥用。

四　相关建议

综上所述,《种子法》已于2015年修订,《植物新品种保护条例》等相关配套规章正在进一步修改完善。《种子法》"下放"侵权案件行政处理权限过于"超前",条例修订草案对侵权案件处理过程中直接取证的权力也超过了《种子法》的授权。鉴于《植物新品种保护条例》正在修订,而原则上《植物新品种保护条例》不应与《种子法》冲突,结合植物新品种事业发展实际,对《植物新品种保护条例》修订及相关工作提出三条建议:

(1)《植物新品种保护条例》中侵权案件处理权限可以保持与《种子法》一致,例如,修改为"有关农业农村行政主管部门认为处理植物新品种侵权案件的条件还不具备的,应当提请上一级部门处理,直至国家农业农村主管部门"。

(2)删除《植物新品种保护条例》中农业主管部门在处理侵权案件时现场检查、查封、扣押等权力。农业主管部门在处理侵权案件时的程序与权限,应与2002年出台的《农业植物新品种权侵权案件处理规定》一致。

(3)侵权案件的查处,往往涉及复杂的、巨大的利益,农业农村部门的权威性和案件处理手段可能不够,应逐步建立与司法审理权限相匹配的行政案件处理体系。

本文写于2020年6月19日

参考文献

[1]农业农村部种业管理司,农业农村部管理干部学院.种业法律法规汇编(2019年版)[M].北京:法律出版社,2019.

加快种质资源开发利用的三点思考

吕小明

种质资源是农业科技长期稳定发展的基础,国家一直高度重视,并分别于 1956—1957 年和 1979—1983 年对全国农作物种质资源进行了两次大规模普查。2015 年,农业部、国家发展改革委、科技部印发《全国农作物种质资源保护与利用中长期发展规划(2015—2030 年)》,启动了全国农作物种质资源第三次普查与收集等行动。2019 年,国务院办公厅印发《国务院办公厅关于加强农业种质资源保护与利用的意见》(国办发〔2019〕56 号),将种质资源保护工作推上新台阶。

我国是种质资源大国,种质资源长期保存量接近 55 万份,仅次于美国,但开发利用不足、管理不畅,远非资源强国。如何快速将种质资源转化为现实生产力?在此提出几点愚见抛砖引玉。

一 进一步理清种质资源管理边界

种质资源是一个重要的概念,但各种文献资料、科技论文、规章制度对种质资源的定义并不统一。

一般认为,种质是通过生殖细胞从一个世代传到另一个世代并构成遗传性状生理基础的物质。某个物种的所有生物体中各种各样基因的总和称为该物种的种质资源或者遗传资源。种质资源的实质是种质,包括基因克隆系和纯化的 DNA。但是,为了实际操作的方便,收集和保存种质资源往往不是保存单个基因,而是保存包含这些基因的生物体。种质资源材料不仅包括栽培品种和地方品种,还包括野生近缘种、育种品系等。

《种子法》对种质资源进行了如下定义："种质资源是指选育植物新品种的基础材料，包括各种植物的栽培种、野生种的繁殖材料以及利用上述繁殖材料人工创造的各种植物的遗传材料。"与之配套的《农作物种质资源管理办法》进一步明确，"农作物种质资源，是指选育农作物新品种的基础材料，包括农作物的栽培种、野生种和濒危稀有种的繁殖材料，以及利用上述繁殖材料人工创造的各种遗传材料，其形态包括果实、籽粒、苗、根、茎、叶、芽、花、组织、细胞和 DNA、DNA 片段及基因等有生命的物质材料"。

可见，《种子法》及配套规章对种质资源的范围限定在育种基础材料内，这是管理实际的需要。《农作物种质资源管理办法》虽然将种质资源明确至"有生命的物质材料"的各种形态，但操作性不强。在日常工作中，管理客体通常还是以籽粒形态存在的种子，有时可扩展至果实、苗、芽、花等形态，但对组织、细胞和 DNA、DNA 片段及基因，难以界定，有管理责任但无管理手段，特别是 DNA 片段及基因是否属于"有生命的物质材料"，仍需探讨。同时，随着现代生物技术的快速发展，"种质资源"与"种子"的界限越来越模糊。从理论上说，任何"种子"都是含有生命的物质材料，并且都可以成为新品种选育的基础材料。因此，在种业管理中，容易将种子管理与种质资源管理相互混淆。

因此，建议在修订《农作物种质资源管理办法》的过程中，充分考虑种质资源的科学定义与管理范畴，兼顾管理的可能性和手段，在种质资源管理的每一项具体工作中，明确管理边界。例如，根据《国务院办公厅关于加强农业种质资源保护与利用的意见》，要对国家保存的种质资源进行登记。但国家保存的资源，既有采集的野生资源，也有审定、登记或保护的品种，还有科研育种单位进口留样的育种材料，若全部登记，不现实也没必要。又如，在种质资源进出口管理环节，有一些企业或科研单位进行了境内外合作育种的中间材料交换，这属于企业内部事务，只要符合检疫规定，无须再进行资源评价，以提高管理效率。另外，《农作物种质资源管理办法》的修订，应考虑与《中华人民共和国生物安全法》的衔接，可将组织、细胞和 DNA、DNA 片段及基因等以非常规形态存在的种质资源纳入《中华人民共和国生物安全法》进行管理。

二 辩证看待种质资源的重要性

"种质资源很重要"是一个共识,也逐步成为一个常识。关于种质资源的重要性,有许多传奇的故事。1954年,孢囊线虫病使美国大豆产业遭遇毁灭性打击,科学家们从3 000多份种质资源中"翻箱倒柜",最终找到了20世纪初美国传教士从中国收集的地方品种——北京小黑豆,利用其抗病基因选育品种,帮助美国大豆复苏。当时,这份来自中国的种质资源已在美国存放了47年。此外,还有特异资源发展成一个产业的传奇。清末从我国流出的猕猴桃资源,成就了新西兰庞大的奇异果产业。1998年,福建省农科院果树研究所在平和县小溪镇厝丘村林金山琯溪蜜柚园中发现果实汁胞呈红色的优良变异单株,最终培育成红肉蜜柚新品种,丰富了我们的"果盘子"。

随着我国工业化、城镇化的深入发展,野生资源越来越多地消亡或被采集后集中保存,新品种的研发越来越依靠群体扩大、资源创制以及优中选优,一个资源形成一个产业的神话会越来越少。特别是在主要粮食作物中,只有掌握海量的资源、大规模的组配、加大筛选力度,才有可能培育出优良品种。在传统育种模式下,掌握几份关键的种质资源可能改变育种进程,"野败"就是一个典型的例子[1970年,袁隆平等在为远缘杂交收集野生资源的过程中,李必湖(当时为袁隆平助手)在海南岛南红农场发现了一株雄性不育野生稻,后被命名为"野败"。"野败"为水稻雄性不育系的选育、三系杂交水稻的研究成功打开了突破口]。但在现代商业化育种庞大的机器中,单份资源的作用越来越小,人工创制的资源越来越多、越来越重要。

因此,种质资源只是代表了一种可能性、一种潜力。随着种业现代化进程的加快和生物技术的发展,单一资源的重要性越来越不突出,必须发挥种质资源的规模效应,才可能将资源的潜力转化为现实生产力。

三 创新机制发挥种质资源的规模效应

我国种质资源管理工作已取得显著成就,但还存在两方面问题:一是主体错位。国家花费巨资支持种质资源的普查、保存和鉴定评价，这些任务基本由国家和省部级科研单位承担。随着种业市场化改革的深入，企业逐步发展成育种研发的主体，一些企业逐步发展壮大，而企业育种研发所需资源，部分需要国家科研单位的"分发"。二是鉴定评价滞后。目前，仍然按照"课题组"方式对资源进行鉴定评价，鉴定评价手段较为落后，已经深度鉴定的资源不到资源长期保存量的 10％。

目前，解决这一矛盾的条件逐步成熟。部分企业已经初步建立商业化育种体系，具备了较强的资金实力和融资能力。华智生物、中玉金标记等第三方高通量研发服务平台的技术逐步成熟，具备了承担大规模种质资源分子鉴定评价的技术水平。

建议以水稻、玉米等主要农作物种质资源为试点品种，吸引社会资本，规模化开展种质资源开发工作。可以将国家长期库的试点资源分成一定标段，公开招标承担单位。以中标单位自筹资金为主，国家项目支持为辅，开展种质资源田间与分子鉴定工作。按照谁出资、谁优先和共享利用相结合的原则，相关成果由中标单位优先利用一年，一年后全社会共享。中标单位与资源保存单位有效对接，通过激励机制，激发资源保存单位参与资源开发利用的积极性。

本文写于 2020 年 9 月 17 日

参考文献

[1] 刘旭,李立会,黎裕,等.作物种质资源研究回顾与发展趋势[J].农学学报,2018,8(1)：1-6.

[2] 农业部,国家发展改革委,科技部.关于印发《全国农作物种质资源保护与利用中长期发展规划(2015—2030 年)》的通知[EB/OL].(2015-04-28)[2019-05-28].http://www.moa.gov.cn/nybgb/2015/si/201711/t20171129_6134098.htm.

植物新品种权行政保护中的问题与改进建议

吕小明　　杜晓伟

随着现代种业的不断发展和全社会对原始创新的日渐重视,加强植物新品种权保护的重要性和意义越发凸显。但受各种现实因素制约,植物新品种权行政与司法保护两种保护发展并不平衡。其中比较突出的问题是,与司法保护相比,行政保护的作用长期没有得到很好发挥,这与构建农业知识产权保护体系的目标相去甚远,值得深入研究。

一　我国植物新品种权行政保护较为薄弱

《植物新品种保护条例》第三十九条规定,植物新品种权人或者利害关系人在寻求植物新品种权保护时,既可以选择向人民法院起诉,也可以请求农业、林业行政机关处理。但在实践中,品种权人更多是选择司法途径。在中国裁决文书网上,全国关于"侵害植物新品种权"的裁判文书自 2010 年以来逐年递增,截至 2020 年 12 月 30 日,共有 1 166 件文书。与之相对,公开报道的品种权行政执法案件较少。调研中也发现,全国大部分省份还没有受理或处理过新品种侵权案件。一些地方在实际处理品种权相关案件时,往往存在以"假种子"认定代替植物新品种权侵权处罚等现象。对标司法保护,新品种权的行政保护比较薄弱,主要存在以下原因。

(一) 行政保护的责任主体不够明确

《农业植物新品种权侵权案件处理规定》第三条要求,省级以上人民政府农业行政部门负责处理本行政辖区内品种权侵权案件。只有省级农业农村主管部门和农业农村部才有品种权侵权案件处理权限。2015 年修订的《种子法》第七十三条将品种权侵权案件的处理权限下放至县级以上农业部门。据了解,因《植物新品种保护条例》正在修订,《农业植物新品种权侵权案件处理规定》暂未启动修订工作。在各级农业行政部门不断进行机构调整的大背景下,一些地方存在以相关规定责任主体不明确为理由推卸管理责任的情况。

(二)行政处罚程序不够明晰

植物新品种权行政处理案件有两类:一类是新品种权侵权案件;另一类是假冒新品种权案件。处理新品种权侵权案件所依据的《农业植物新品种权侵权案件处理规定》实施已超过 17 年,从未修订过,原则性较强,相关部门也未出台细则,已不能与当前行政法、行政处罚法以及行政复议法等相适应。假冒新品种权案件也没有全国统一的行政处罚程序,影响执法效果。据了解,与新品种权侵权案件类似,全国范围内假冒新品种权行政处罚案件也非常少。国家林业局于 2015 年 12 月 30 日颁布《林业植物新品种保护行政执法办法》,对涉案金额、立案程序、查封扣押等程序均进行了明确规定,值得农业农村部门借鉴。

(三)跨部门、跨地区行政协作机制缺失

经过多年努力,我国已形成统一的种子大市场,一家企业的种子生产、加工、包装和经营都在全国布局。种子生产经营已经不再局限于一县一地一省,一些种子甚至跨国进行生产和经营。与此相关的品种权侵权、假冒等案件多数都比较复杂,基本都是跨地区案件。在这种情况下,具有属地特征的行政保护在具体实施中就存在一定难度。品种权人在一个地方能够掌握的线索和证据有限,往往还达不到立案标准。同时,基层农业行政部门没有专门的办案经费,很难负担起跨地区、跨部门行政协作的运行成本。

(四)品种真实性快速鉴定机制不健全

除杂交玉米和杂交水稻等少数作物外,多数作物的品种真实性 DNA 快速鉴定标准尚未出台,已经出台的品种真实性 DNA 快速鉴定标准的作物 DNA 指纹库也未能实现共享。这导致部分作物品种权侵权鉴定难,侵

权和假冒品种权行为认定难度大。另外,《种子法》第四十七条第二款规定"农业、林业主管部门可以采用国家规定的快速检测方法对生产经营的种子品种进行检测,检测结果可以作为行政处罚依据。被检查人对检测结果有异议的,可以申请复检,复检不得采用同一检测方法"。一些地方机械地理解和执行该规定,只要行政处罚相关人对分子鉴定方法提出异议,就重新安排进行两年的 DUS 测试,导致案件处理过程大大延长。

(五) 部分执法人员认识不到位

一些农业行政执法人员认为,植物新品种权是一种私权,应该由品种权人自己去主动维护权利,行政执法是对于公共利益的保护手段,管好假劣种子就行了。在法理上,品种权作为一种知识产权,一种法律上拟制的非物质财产权,的确属于私权范畴,但其在促进育种创新、促进社会发展等实现公共利益方面的重要意义已经在社会上达成共识,这与行政保护首要关注公共利益的出发点也是完全吻合的。因此,《中华人民共和国专利法》《种子法》《植物新品种保护条例》都做出了对知识产权的行政保护的有关规定。

二 品种权保护行政执法必须坚持

虽然目前品种权的行政保护还比较薄弱,但不能放弃,必须坚持并加强。主要是基于以下三方面原因。

(一) 实施品种权行政保护符合国际惯例

一方面,这是履行国际条约的要求。植物新品种权是知识产权的重要组成部分。我国是《与贸易有关的知识产权协定》(TRIPS)缔约国,应当建立品种权行政保护制度。另一方面,这是与国际接轨的需要。各个国际植物新品种保护联盟(UPOV)成员国,种业越发展,对品种权的行政执法就越加强。美国在 2008 年通过《优化知识产权资源与组织法》,明确在国家层面设置知识产权行政执法机构,负责人由美国总统委任;2016 年,美国国会又通过《贸易促进与贸易执法法》,要求设立全国知识产权协调中心,对品种权在内的知识产权纠纷进行行政调处。日本《知识产权基本法》规定国家设立特许厅执法局；《海关法》规定企业遇到品种权侵权时，可以向海关提出禁止进口的诉求；《种苗法》也对新品种侵权行政执法做出了具体规定。

（二）加强品种权行政保护有利于缓解司法资源不足的压力

经过多年的发展，我国知识产权的司法保护取得长足发展，近年来知识产权法院的设立更是大大推进了相关工作，但与民事、行政、刑事等领域的司法保护相比，相关资源匹配、基础研究、技术支撑等都相对比较薄弱。目前，我国法院系统还没有全面引入欧美和日韩等国家和地区的技术调查官制度，而植物新品种权司法诉讼案件专业性较强，很多司法人员并不具备植物新品种保护相关的基础知识和研发经验，这在实践中加大了司法资源的消耗。从理论上讲，植物新品种权是由行政确认赋权的，对应的行政机关具备专业知识和人才，由其处理相应的纠纷更为适宜，相关方对行政机关的处理决定有异议时再向法院起诉，这样可以有效节约司法审判资源。

（三）品种权行政保护具有明显的比较优势

第一，行政执法具有主动性。司法保护应在权力人向法院提起诉讼时启动，在程序上坚持"不告不理"原则，具有被动性。但一些品种权侵权行为在权利人不知情的情况下发生，权利人因无法收集证据而无法向司法机关起诉。行政机关可以依其职权主动进行保护。第二，行政保护具有全面性。司法保护以事后保护为核心，在权利人权利已经遭受侵犯的情况下，司法机关才可以根据权利申请追究侵权者的法律责任。而行政保护可以实现对品种权的事前、事中、事后的全方位保护，这对于当前知识产权保护意识普遍不高的社会现实更显得尤为必要。第三，行政执法具有便捷性。司法手段程序更为严格，诉讼周期长，成本高；而行政执法程序相对简便，可以节省时间和费用，品种权人的权利能够获得及时、有效的保护。

三　改进品种权行政保护工作的建议

（一）加强与司法保护的衔接

品种权侵权案件基本都会涉及较大的经济利益，涉案各方都会慎重对待。在当前及未来相当长的一段时期,司法保护作为全社会定纷止争的终极方式,仍将是保护的主流途径,行政保护要主动作为,加强与司法保护的衔接。一是促进法院已生效判决和裁决的有效执行。目前,法院对品种权侵权案件的判决或裁决,一般要求责令停止侵权行为并赔偿,赔偿的执行应由法院系统落实。而停止侵权行为的监督,以及对侵权品种的处理,需要行政机关主动作为。二是建立行政与司法联动机制,就案件的移送、案情通报、检验检测等方面加强沟通协作,特别是实现行政与司法品种真实性或田间检验结果互认,有效打击品种权侵权行为。

(二)强化新品种权行政保护的基础支撑

一是建立全国统一的品种真实性 DNA 数据库及比对平台,不断完善相关鉴定标准,进一步加强品种标准样品管理。二是制定统一的执法流程,建立一套符合我国当前实际的执法操作流程。三是加大执法人员培训力度,完善专业化的执法装备,加快检验检测机构官方认证,提高执法人员的专业化水平。

(三)创新植物新品种权保护行政执法机制

一是建立农林品种权执法机构协调机制。新一轮国家机构改革以后,农业植物新品种行政执法机关是农业农村行政主管部门,林业植物新品种行政执法机关是自然资源行政主管部门,两个体系执法标准和程序可能不同。建议双方建立协调会商机制,保持执法尺度的一致。二是建立全国统一的品种权案件查处平台。一地受理侵权案件时,可在平台上发布协查请求,相关地区配合。一地审结的案件,将处理结果和基本案情在平台上发布,侵权主体如在其他地区侵权,可以简化审理过程。对于已审结生效的处理决定,相关地区应协助执行。三是建立品种权主动保护机制。打破"不告不理"的成规,各级农业农村主管部门在种子市场监督抽查、假劣种子案件处理以及行政管理过程中,如果发现侵权线索,应当主动将相关情况和证据通报相应品种权人,基于品种权人的真实意愿选择使用对应强度的保护处置措施。

（四）加强植物新品种保护法制建设

近年来，我国种业快速发展，企业日益成为育种创新的主体。品种研发需要大量的资金投入，品种权保护是激发企业创新投入积极性的不二选择。目前，相关部门正在修订《植物新品种保护条例》，吸收了《国际植物新品种保护公约》(1991年文本)的主要内容，将植物新品种权的保护环节扩大到繁殖、生产、储存、处理、运输、销售等全过程，这仅靠农业农村部门很难实现，需要粮食收购、市场监督和海关等部门的协作配合。将条例上升为法律，有利于促进部门协作。同时，国际上已有日本、韩国等不少国家制定了植物新品种保护单行法。作为种业大国的中国，植物新品种单独立法，符合我国种业发展趋势，与我国农业在国民经济中的重要地位相符。如果单独立法不能实现，应尽快修订《农业植物新品种权侵权案件处理规定》等配套部门规章，强化品种权行政执法制度基础。

本文内容发表于《中国种业》2021年第3期

参考文献

［1］孟鸿志.知识产权行政保护新态势研究［M］.北京：知识产权出版社，2011.

［2］吕高峰.我国专利权行政保护问题及其完善［J］.法制与经济，2019(10)：34-35.

［3］陈红.加强我国植物新品种行政执法权的建议［J］.中国种业，2017(7)：6-9.

［4］何建永，王立柱，杨丽宁，等.关于植物新品种保护执法权的探讨［J］.种子世界，2016(3)：14-15.

［5］李雪梅.植物新品种权侵权典型案例研究［J］.电子知识产权，2016(9)：60-66.

［6］陈孟强，刘洪，饶得花，等.粤港澳大湾区农业植物新品种保护现状与展望［J］.中国种业，2020(9)：1-5.

专题三

种 业 投 资

种子加工能力测算及其对种业基金投资开发工作的启示

吕小明　罗凯世　李建华　刘国庆　王赫扬　崔大庆

现代种业发展基金在近几年的项目开发和投资研究中发现,杂交稻、杂交玉米(简称"两杂")种子库存积压问题相当严重,多数被调研企业的种子加工设备等固定资产利用率偏低。因此,去产能、去库存势在必行。种子生产涉及田间生产、晾晒烘干、加工包装等环节,加工环节相对可控,也是长期以来被视为种子企业"实力"的重要标志。种业基金投资管理团队重点分析了我国主要农作物种子加工产能,对"两杂"作物种子加工产能过剩原因进行了初步分析,提出了政策建议,并结合种业基金实际,提出了在投资管理工作中应该注意的问题。此分析仅供主管部门和种业基金投资管理团队参考。

一　测算方法

测算对象为《种子法》确定的水稻(分为杂交稻和常规稻)、小麦、玉米、棉花和大豆5种6类主要农作物。棉花种子也分为杂交棉和常规棉,但近年来面积萎缩严重,故未分开分析。

(一) 数据来源

根据农业农村部、国家统计局官方网站公布的数据,确定相关种子生产经营企业数量和作物年播种面积。以农业部公布的《农作物种子生产经营许可管理办法》中规定的种子企业办理生产经营许可证要求的最低成套种子加工设备作为相关企业的最低加工能力。以一种作物年度种子需求总量除以相应种子企业全部加工产能,得到相应作物种子加工时长。

（二）测算原则

对产能的测算坚持保守估计原则，以理论加工能力的60%估计实际加工能力，以实际需种量的120%作为估计备货量。未考虑混业经营企业的设备通用性。

（三）测算过程

以杂交玉米为例：

（1）根据农业农村部全国种业大数据，全国共有"育繁推一体化"种子企业44家，非"育繁推一体化"种子企业1060家。根据《农作物种子生产经营许可管理办法》，以上两类企业办理种子生产经营许可证必须分别具备20吨/小时和10吨/小时的种子成套设备加工能力。企业数量乘以加工能力，得到杂交玉米理论加工能力。根据行业调研了解到的实际情况，按照理论加工能力×60%估测得到实际加工能力。

（2）根据国家统计局网站公布的信息和《2018年中国种业发展报告》，分别确定玉米的常年播种面积和平均用种量，得到全国常年所需玉米种子量。种子企业往往增加备货量，以所需种子量乘以120%推测备货量。

（3）以备货量除以全国玉米种子总的实际加工能力，得到全国玉米种子加工用时174.22小时（见表3-1），即如果全部种子企业开工，我国一年所需杂交玉米种子只需7.3天便可全部加工完成。

表 3-1　全国杂交玉米种子年加工用时测算

供　给　端			需　求　端		
项　　目		育繁推一体化	非育繁推一体化		
杂交玉米种子企业数量	A	44	1 060	全国常年种植面积/亿亩	F	5
最低加工能力/（吨/小时）	B	20	10	亩均用种量/公斤	G	2
总加工能力/（吨/小时）	$C=AB$	880	10 600	总用种量/吨	$H=FG$	1 000 000

续　表

供　给　端				需　求　端		
项　　目		育繁推一体化	非育繁推一体化	需求端		
折算率/%	D	60		备货率/%	I	120
实际加工能力/(吨/小时)	$E=(\sum C)D$	6 888		推测备货量/吨	$J=HI$	1 200 000
加工用时/小时	$K=J/E$	174.22				

　　同理,对我国水稻(分为杂交稻和常规稻)、小麦、棉花和大豆种子年加工用时进行了测算(测算过程见本文附件中的表1~表5)。

二　基本结论

　　根据测算,5种6类主要农作物种子的年加工用时可分为三类：杂交稻和杂交玉米种子,年加工用时在10天之内；棉花和大豆种子,年加工用时在30天左右；常规稻和小麦种子,年加工用时在40天左右(见表3-2)。

表3-2　全国主要农作物常年用种加工用时估测结果

参　　数	玉　米	杂交稻	常规稻	小　麦	棉　花	大　豆
企业数量/家	1 104	561	254	1 071	282	596
实际总加工能力/(吨/小时)	6 888	1 755	762	6 462	169	1 080
推测总备货量/吨	1 200 000	220 800	772 800	6 048 000	111 996	726 000
年加工用时/小时	174.22	125.81	1 014.17	935.93	661.91	672.22
年加工用时/天	7.3	5.2	42.3	39.0	27.9	28.0

以上测算结果反映出我国种子加工产能存在以下几个特点。

（一）"两杂"作物种子加工产能过剩问题突出

根据以上测算，若所有种子企业开足加工马力，全国杂交稻和杂交玉米全年所需种子的加工用时理论上仅需 5.2 天和 7.3 天。即使进一步考虑到测算误差、同一加工设备加工同一作物的不同品种需要清洗、节假日休息等因素，仍然可以判断，"两杂"作物种子产能严重过剩。

（二）"两杂"之外的其他主要农作物种子加工产能与实际需求较为匹配

常规稻、小麦、棉花和大豆种子全国常年用种量加工用时分别为 42.3 天、39 天、27.9 天和 28 天。考虑到种子加工的季节性（一般为 5 个月左右），这 4 类作物种子加工产能与实际生产需求较为匹配。

（三）商业价值越高，种子加工产能越大

根据隆平高科等上市公司的公开年报，可以发现，毛利率最高（40％左右）的杂交稻、杂交玉米种子加工产能最大。常规稻和小麦种子毛利率较低（15％左右），种子产能最小（见表 3-3）。近几年，我国棉花和大豆播种面积严重萎缩，上市公司农发种业种子销售毛利率为负。但正常情况下，棉花和大豆种子毛利率应该高于常规稻和小麦，低于"两杂"作物，其种子加工产能居中。

表 3-3　全国主要农作物常年用种加工用时与毛利率

参　数	杂交稻	玉　米	常规稻	小　麦	棉　花	大　豆
年加工用时/天	5.2	7.3	42.3	39.0	27.9	28.0
毛利率/％	45.37（隆平高科）	41.88（登海种业）	15.03（苏垦农发）	14.14（苏垦农发）	−6.73（农发种业）	−1.04（农发种业）

我们在调研中发现,"两杂"作物种子加工产能过剩问题普遍,只有北大荒垦丰种业股份有限公司和隆平高科等极少数行业龙头企业的加工设备能充分利用。企业在实际投资建设过程中,单套设备的投资必然伴随土地、厂房、库房等的配套建设。相对应,土地、厂房等固定资产的建设成本其实远高于加工设备,造成了企业的固定资产投资压力较大。据《2016 年中国种业发展报告》,2016 年全国种子企业种子销售营业利润总额为 64.80 亿元,而固定资产总额高达 434.62 亿元。

三 "两杂"作物种子产能过剩原因分析

(一)种业市场发展到特定阶段的产物

我国种业市场目前处于垄断竞争阶段。垄断竞争的基本特点为低进入门槛下的适度竞争,各个厂商为取得市场份额形成产能过剩现象。产能扩张是市场运行带来的规律性结果。"两杂"作物毛利率高,市场竞争更加激烈,产能过剩情况也更加突出,也从侧面印证了这一规律。

(二)政策导向

除了行政许可对种子加工能力设置准入门槛外,国家种业政策一直鼓励支持种企加大固定资产投入。行业性支持项目常常以加工规模大为前提,某些地方政府为促进本土优势企业和特色产业,做出的倾斜性甚至强制性政策,加剧了行业产能环节的不健康发展。例如全国杂交玉米的生产制种集中产区甘肃某市,要求进入该区域的企业必须达到一定程度的固定资产建设水平。

(三)传统发展理念影响

种业企业家普遍青睐固定资产投入,主要是买地置业和上马加工设备。一方面是固定资产、生产设备等可视型资产的多寡常被视为企业成功与否的标志;另一方面是由于我国大部分种企仍然以生产加工为主,商业化育种体系尚未建立,企业增加科研基础设施投入的动力和财力都不足。

四 政策建议

种业是一个典型科技驱动型产业,经过 40 年的改革发展,目前行业内部已经出现专业化分工趋势,形成了一些专业的分子检测、品种测试、种子生产和加工包装企业。整个行业和管理部门应该树立"轻资产"观念,走专业化发展的道路。对行业主管部门来说,在行业发展初期,对行业设置一定准入条件是必要的,在当时也的确抑制了不少非理性投资。行业发展到当下,应统筹考虑行业准入条件,充分发挥市场这只"看不见的手"的力量。同时,建议采取以下政策措施,逐步降低"两杂"种子产能过剩问题。

(一)大幅提高种子质量标准

目前,主要农作物种子质量国家标准已经严重落后于产业发展实际,应尽快调整。大部分企业杂交玉米种子发芽率已经达到 95% 以上,而国标只有 85%。提高种子质量标准,有利于淘汰部分落后产能,倒逼产业升级。

(二)支持产业链专业化分工

目前,种业内部产业分工发展趋势明显。除支持少数企业"育繁推一体化"发展外,国家应创设政策,支持种子生产、加工等环节专业化发展。通过生产结构调整,降低全行业的固定资产投资水平,提高加工水平,改善全行业投资效率,加大企业对科研、品牌建设的投资配置。

(三)加快种业"走出去"步伐

应进一步支持鼓励种子企业参与国家"一带一路"倡议,充分利用国际和国内两个市场,化解部分过剩产能,优化种业供需结构,加快现代种业大国建设。

五 对种业基金投资管理工作的启示

在今后的投资管理工作中,现代种业发展基金将高度重视企业的固定资产投入问题,采取两方面措施,提升投资管理水平,为国家种业"去产能"

做出应有贡献。

在已投项目管理中。引导企业树立"轻资产"观念,抑制盲目扩张产能的冲动。若可以通过租赁、委托等方式解决问题,就不提倡建设固定资产。加强对已投种子企业固定资产投入、固定资产利用率、库存等指标和相关情况的监控巡查,做好投后管理和风险防控。

在新项目的开发中。不应被先进的加工设备、实验室、办公楼等种子企业的光鲜外表所迷惑,要深入分析拟投企业是否具备育种创新、产品推广等核心价值。更加关注在种业产业链细分环节具备竞争优势的新型企业,更加关注为传统种子企业提供专业化服务的科技型企业,更加关注"走出去"的企业。同时,现代种业发展基金也将以此次产能研究为契机,深入开展种业资本市场基础研究,为投资决策打牢研究和数据支撑。

附件

表1 全国杂交稻种子年加工用时测算

供 给 端			需 求 端		
项 目		育繁推 一体化	非育繁推 一体化		
杂交稻种子 企业数量	A	24	537	全国常年种植 面积/亿亩	F	2.30
最低加工能力 /(吨/小时)	B	10	5	亩均用种量 /公斤	G	0.80
总加工能力 /(吨/小时)	$C=AB$	240	2 685	总用种量/吨	$H=FG$	184 000
折算率/%	D	60		备货率/%	I	120
实际加工能力 /(吨/小时)	$E=(\sum C)D$	1 755		推测备货量	$J=HI$	220 800
加工用时 /小时	$K=J/E$	125.81				

注:中国种业大数据企业查询中,作物种类为"稻",不分为杂交稻和常规稻,但许可条件分为杂交稻和常规稻。"稻"企业总数为815家。其中,24家"育繁推一体化"企业全部生产经营杂交稻;非"育繁推一体化"企业有791家,减去黑龙江、吉林、辽宁3省的常规稻企业75家,还剩716家。根据经验,约75%的企业经营杂交稻,25%的企业经营常规稻。

表2　全国常规稻种子年加工用时测算

供 给 端			需 求 端		
项　目		育繁推一体化	非育繁推一体化		
常规稻种子企业数量	A	—	254	全国常年种植面积/亿亩	F	2.30
最低加工能力/(吨/小时)	B	10	5	亩均用种量/公斤	G	2.80
总加工能力/(吨/小时)	C＝AB	—	1 270	总用种量/吨	H＝FG	644 000
折算率/％	D	60		备货率/％	I	120
实际加工能力/(吨/小时)	E＝(∑C)D	762		推测备货量	J＝HI	772 800
加工用时/小时	K＝J/E	1 014.17				

表3　全国小麦种子年加工用时测算

供 给 端			需 求 端		
项　目		育繁推一体化	非育繁推一体化		
小麦种子企业数量	A	6	1 065	全国常年种植面积/亿亩	F	3.60
最低加工能力/(吨/小时)	B	20	10	亩均用种量/公斤	G	14
总加工能力/(吨/小时)	C＝AB	120	10 650	总用种量/吨	H＝FG	5 040 000
折算率/％	D	60		备货率/％	I	120
实际加工能力/(吨/小时)	E＝(∑C)D	6 462		推测备货量	J＝HI	6 048 000
加工用时/小时	K＝J/E	935.93				

表 4 全国棉花种子年加工用时测算

供　给　端			需　求　端		
项　　目		育繁推一体化	非育繁推一体化		
棉花种子企业数量	A	7	275	全国常年种植面积/亿亩	F	0.50
最低加工能力/(吨/小时)	B	1	1	亩均用种量/公斤	G	—
总加工能力/(吨/小时)	$C=AB$	7	275	总用种量/吨	$H=FG$	93 330
加工能力折算率/%	D	60		备货率/%	I	120
实际加工能力/(吨/小时)	$E=(\sum C)D$	169.2		推测备货量	$J=HI$	111 996
加工用时/小时	$K=J/E$	661.91				

注：因棉花分杂交品种和非杂交品种，这里直接引用《全国种业信息数据手册(2016年)》棉花总用种量。

表 5 全国大豆种子年加工用时测算

供　给　端			需　求　端		
项　　目		育繁推一体化	非育繁推一体化		
大豆种子企业数量	A	6	590	全国常年种植面积/亿亩	F	1.10
最低加工能力/(吨/小时)	B	5	3	亩均用种量/公斤	G	5.50
总加工能力/(吨/小时)	$C=AB$	30	1 770	总用种量/吨	$H=FG$	605 000
加工折算率/%	D	60		备货率/%	I	120

续　表

供　给　端			需　求　端		
项　　目		育繁推 一体化	非育繁推 一体化	需　求　端	
实际加工能力 /(吨/小时)	$E=$ $(\sum C)D$	1 080		推测备货量	$J=$ HI	726 000
加工用时 /小时	$K=$ J/E	672.22				

本文内容发表于《中国种业》2019 年第 4 期

参考文献

[1]吕小明,罗凯世,李建华,等.我国种子加工能力测算及相关问题研究[J].中国种业,2019(4):12-15.

山东调研的启示

何利成　吕小明

2019年9月17日至20日，种业基金投资团队一起赴山东青岛、莱州等地，参加了我国首届畜禽种业高峰论坛，调研了青岛海水稻研究发展中心、九天智慧农业和登海种业。通过参会、实地调研和座谈，对畜禽种业、海水稻和登海种业的情况有了进一步了解，增长了见识，开拓了思路，对于下一步投资开发工作取得了三点启示。

启示一：生猪产业在非洲猪瘟过后将有较快发展，但应审慎分析，避免高位进入。

在参加首届畜禽种业高峰论坛时，我们了解到，2018年秋季发生的非洲猪瘟，迄今没有被完全控制，对我国生猪产业发展造成严重损失。生猪存栏量下降30%以上，猪肉价格上涨50%以上。但机遇与挑战并存，如同每一轮大的疫情一样，非洲猪瘟对我国生猪产业的布局与发展也有一定的促进作用。

(1) 促进了生猪规模化生产。 生物安全条件差的家庭农场面对毁灭性的非洲猪瘟，几乎没有抵抗之力，疫情可谓散养户的"梦魇"。疫情重灾区的多数散户将退出生猪生产，而规模较大的养殖场防控措施严密，受冲击相对较小，结果是淘汰了部分小型养殖户，促进了生猪规模化生产。

(2) 促进了生物防控意识的提高。 非洲猪瘟迄今为止没有商业化疫苗，但规模化养殖场高度重视生物防控，改变了过去依赖疫苗、不重视生物防控的惯常做法。实践证明，加强生物防控，不仅有利于非洲猪瘟的防控，也有利于减少其他动物流行病害，有利于提高猪肉品质和保障食品安全。

(3) 促进了生猪经营模式的调整。 非洲猪瘟的爆发和随之而来的生猪跨区域禁运,加上屠宰加工产线地域分布不均衡等原因,给养殖场的正常经营造成困难。规模化养猪场今后需要重新统筹布局养猪配套产业,向饲料、饲养、屠宰、加工、冷链运输、销售为一体的综合性经营模式转变。

大型养殖企业认为,非洲猪瘟过后,生猪产业将有一次明显提升,大型企业养殖量将大幅增长,我国生猪养殖规模化水平将显著提高。同时,广西扬翔、广东温氏、河南牧原育种板块负责人介绍,种畜场生物防控条件较好,遭受的损失相对较小,目前种猪价格上涨,种畜供不应求。预计未来2~3年,规模化养殖场和生猪育种企业的业绩会保持高位运行,但也面临两方面的考验:**一是**规模化养殖场自建育种单元趋势明显,直接影响了育种企业的销量;**二是**生猪调运方式由"调猪"向"调肉"转变,长距离运输猪肉,对生猪品质、育种方向及冷链建设等提出了新的要求。

此次非洲猪瘟疫情打乱了"猪周期",将对生猪养殖和育种产业造成深远影响。未来2~3年,具有一定养殖规模、管理相对规范的生猪育种产业将有较好投资机会,但应深入调研、审慎分析,避免高位进入、低位徘徊、欲退无门。

启示二:海水稻和盐碱地治理相互促进、共同发展,具有广阔的发展前景,但尚处于起步阶段,稳定的盈利模式还未形成,暂无投资机会。

海水稻是耐盐碱水稻的俗称,可应用于沿海滩涂、内陆盐碱地、重金属及农残污染土地的改良。培育种植海水稻有利于改善生态环境、增加粮食供给。据海水稻研发中心的介绍,海水稻及配套技术大规模推广,可为国家增加1亿亩耕地,具有广阔的开发前景。

2016年,袁隆平院士作为股东之一的青岛袁策集团有限公司在青岛市李沧区设立了青岛海水稻研究发展中心。李沧区为海水稻研究发展中心免费提供办公科研用楼、试验装备等基础设施。海水稻研究发展中心的关联企业——青岛九天智慧农业集团有限公司专门从事盐碱地治理,需要耐盐碱的农作物品种。海水稻研究发展中心和九天智慧农业相互促进、共同发展,目前已经与喀什、南泥湾等地方政府签约合作,承担土地改良项目。

九天智慧农业独创"四维改良法",通过工程技术、化学改良、生物改良等综合手段改良盐碱地,并与华为合作,提高改良的精确性,具有广阔的发展前景。海水稻研究发展中心的耐盐碱品种已经试种2万亩,审定了高产品种,推广前景较好。但总体上,目前尚处于起步阶段,还未形成稳定的盈利模式,需要进一步观察或从战略角度探索风险投资模式。

启示三:登海种业战略发展思路尚需明确,但表达了与种业基金合作的愿望,应及时跟进。

登海种业是我国第一个民营玉米种子企业,长期致力于玉米育种与高产栽培研究工作,为我国紧凑型玉米研发和推广做出了突出贡献。2005年,登海种业首次公开募股(IPO),登陆深圳中小板。但直到今天,登海种业没有进行大的投资、并购,也没有定向增发等直接融资,账面上仍有20多亿元的闲置资金。

登海种业长期聚焦玉米种业,产业结构单一,90%以上的营业收入来自玉米种子。单一的产业结构导致公司的抗风险能力差,该公司2016年销售收入高达16亿元,2017年降至8亿元,2018年进一步降低至7.7亿元。登海种业股权结构较为单一,采取类似"家族式"的管理模式,职业化、市场化经营管理发展空间较大。登海种业创始人、实际控制人李登海先生下定决心改变现状:**一是**于2019年4月改组管理层,总部裁员40%,节约运营成本;**二是**组建业务创新中心,计划开拓鲜食玉米等产业;**三是**与包括种业基金在内的社会资本和种业龙头企业洽谈合作,探索业务开拓。

登海种业是李登海先生卧薪尝胆、一手打造的企业。李登海先生有着淳朴的农民情节,对引进社会资本、开展资本运作非常谨慎。登海种业新的管理团队尚处于磨合期,战略发展思路还不明确,但表达了与种业基金合作的愿望。对此,种业基金将密切关注,加强沟通,争取早日实现双方的合作,助推登海种业更大更强。

总之,"樱桃好吃树难栽"。种业基金增资后,投资开发任务艰巨。下一步将充分发挥投资团队的积极性和能动性,深入调研,踏踏实实地开展行业和企业研究,主动发掘投资机会,进一步拓宽投资渠道。

本文写于2019年10月

我国农作物种子企业兼并重组基本情况和特点

吕小明　马文慧

兼并重组是种子企业做大做强的重要途径,是行业发展的必经阶段,推进种子企业兼并重组也是种子管理部门改变种子企业"多、小、散、弱"局面,改进种子市场秩序的重要手段。我国种业兼并重组分为两个阶段,有四种主要类型和四个方面的特点。

一　我国种业兼并重组的两个阶段

(一) 2011 年之前,种业兼并重组零星发生

2001 年《种子法》实施之前,我国农作物种子生产经营与管理一体化,大部分种子公司为国有企业,民营种子公司只能生产经营常规种子。《种子法》确立了种子市场化发展的方向,国家要求种子生产经营与管理分离,国有种子公司纷纷改制,民营种子公司快速发展,全国种子企业由 2001 年的 2 700 多家发展到 2010 年的 8 700 多家。这一阶段总体上为种子产业化发展的初期,种子企业设立门槛较低,市场化进程快速推进,兼并重组事件零星发生。

(二) 2011 年至今,种业兼并重组持续活跃

2011 年前后,我国种子市场经过近 10 年的高速发展,已经出现企业"多、小、散、弱",品种"多、乱、杂"等问题,亟待整顿提高。国务院适时下发《国务院关于加快推进现代农作物种业发展的意见》(国发〔2011〕8 号,简称"国务院 8 号文件"),提出做大做强农作物种子企业的目标。农业部出台了

提高种子企业设立门槛、加强种子市场监管等一系列政策，种业兼并重组持续活跃发展，全国种子企业数量同步减少。现代种业发展基金统计，2010年至2017年，全国公开披露的种业并购事件有114起，交易总金额为91亿元；种业并购事件和并购金额持续增加（见表1－4）。

二　近年来兼并重组的四种类型

（一）规模扩张型

发挥资本优势，并购优质企业，短期内实现规模扩张。典型代表是隆平高科和农发种业。2016年，隆平高科通过定向增发募集资金30.77亿元，引入中信集团投资。借助资本优势，隆平高科围绕种业开展了一系列兼并重组：2016年10月，以21 073万元收购广西恒茂51％的股权；2017年6月，以12 398万元收购湖南金稻种业80％的股权；8月，以16 442万元收购湖北惠民80％的股权；11月，分别以37 791万元收购河北巡天51％的股权，以51 521万元收购三瑞农科49.45％的股权。通过兼并重组，隆平高科规模快速扩张。2016年公司累计实现营业收入22.99亿元，同比增长13.5％；预计2017年的营业收入为30亿元，同比增长超过30％。

农发种业上市前十年，七年亏损、两次停牌。2011年以来，累计投入12.6亿元，整合区域龙头企业11家，形成了以种业为核心的主营业务，短短几年时间完成了恢复上市交易、定向增发与连续并购等系列任务，公司业绩稳中有升。2014年底终于将上市前十年形成的1亿多元的累计亏损全部填平，使公司恢复正常分红的能力。

（二）空间突破型

通过兼并重组，突破体制、机制和地域限制，黑龙江垦丰种业是典型代表。2007年前，垦丰种业凭借极早熟玉米品种优势，在行政力量支持下，对垦区内88个种子企业以及科研资源进行了多次资产重组和资源整合，完成了垦区内部整合。2007年开始，垦丰种业积极推进横向并购，加快布局国内市场。先后成立了北京垦丰、北京垦丰龙源、武汉垦丰、垦丰长江、垦丰科沃施等，全面挺近黄淮海和长江流域市场；又陆续成立了呼伦贝尔垦丰、黑龙江加丰、垦丰吉东,巩固和加强东北市场;为加强南繁科研和种子生产能力建设,成立了三亚垦丰、新疆垦丰、新疆北大荒绿翔。依靠兼并重组,垦丰种业实现了从黑龙江垦区的区域型种子公司向全国"育繁推一体化"种子公司的蜕变。

(三)营销拓展型

通过对营销特长型公司的控股,实现营销渠道拓展。2011 年之前,登海种业仅有登海先锋、登海良玉两家子公司。2011 年之后,通过新设和股权收购等方式,加快兼并重组步伐。目前,登海种业共拥有子公司 25 个(3 个全资子公司,22 个控股子公司),累计投资 3.5 亿元。2011 年之后设立的子公司,注册资本从 500 万元到 3 000 万元不等,控股比例有 51%、56%、67%三种形式。除 2011 年之前设立的登海先锋和登海良玉外,新设立的子公司多数为纯经营销售型企业,经营的品种由母公司提供,专注于市场开拓和售后服务。其中,登海道吉公司创新推出混合品种种子,实现两个品种的田间优势互补,是近年来农技推广和种子营销方式创新的有益探索。

(四)科研整合型

通过合资新设、股权收购等形式,参股或控股科研育种型企业,以达到科研协同等目的,其典型代表是北京金色农华。金色农华先后投资北京华农伟业种子科技有限公司、湖南金色农丰种业有限公司、湖南金耘水稻育种研究所有限公司、安徽荃华种业科技有限公司、湖北金沃种业科技有限公司等 12 家以科研育种见长的种子公司,占股比为 20%至 70%不等,丰富了公司的产品结构和市场区域,为长期稳定发展奠定了科研基础。

三 我国种业兼并重组的特点

(一)受政策影响明显

2011 年,国务院 8 号文件发布,国家加大种业支持力度,种业兼并重组开始活跃。2016 年,国家调整玉米收储政策,调减玉米种植面积,玉米种子企业受到严重影响,种业兼并重组事件数量和金额增速明显放缓。

（二）规模扩张多，有效整合少

我国的科研育种整体上处于"育种家"时代，绝大多数企业尚未建立健全商业化育种体系，优秀育种家是种子企业的"核心资产"。在这种时代背景下，育种家个人经过长期积累，往往容易出品种，但育种家普遍缺少团队合作的经验。对种子企业兼并重组后试图整合科研育种人才和资源的做法，往往难以达到目标。因此，截至目前，国内种业兼并重组成功的案例比较缺乏，往往是有兼并、无重组，股权变更后各子公司仍然处于"各自为政"的状态。

（三）育种科研是考察重点，但兼并成功与否的决定性因素是财务规范性

科研育种能力是种子企业的核心竞争力，是并购时尽职调查的重点。但我国很多种子企业尚未建立现代企业制度，财务不规范，很多企业依然使用个人银行卡收款结账，导致很难估值，投资、并购很难推进。因此，兼并成功与否的决定性因素往往是并购对象的财务规范性。近年来已公开的被兼并重组方基本为"新三板"企业也能反映这一问题。

（四）开始跨国并购

除国内兼并重组外，我国企业开始海外投资、并购。2017 年 10 月，中信农业基金以 11 亿美元收购陶氏益农在巴西的玉米种子业务，隆平高科出资 4 亿美元参与了交易。2017 年中国化工斥资 480 亿美元收购全球最大的农化公司、全球第三大种子公司——瑞士先正达。同年，中国化工又从中粮集团收购荷兰粮食与种子巨头——Nidera。

四　种业兼并重组的问题及相关政策建议

前已述及，我国目前种子企业的兼并重组规模扩张多，有效整合少，成功的案例比较少。除此之外，种子企业在兼并重组的过程中，还存在以下问题：**一是**思想观念转变难。种业企业创业者对企业的感情朴素，不愿意出售自己的产业，"宁为鸡头不为凤尾"的思想普遍存在。**二是**由于种业科研

育种的特殊性,被兼并对象公允价值判断难。**三是**我国种子行业整体上集中度较低、经营分散,各类参与主体对种业并购信息难以准确地收集与处理。

随着国家粮食收储政策的进一步调整,种子行业的竞争会进一步加剧,预计大型种子企业的兼并重组步伐将加快。为促进种业兼并重组的健康发展,提出以下建议:**一是**确立市场化的导向,坚持市场配置资源的基础性作用。政府相关部门应致力于为企业创造公平竞争的市场环境,这也是为种业战略性融合创造良好的交易环境。**二是**加强种子企业育种科研及品种评估和估值研究,引导和培育第三方评估机构参与种业科研和品种评估,逐步健全种子企业公允价值判断标准和程序。**三是**建立健全种业投融资信息交流服务平台,相关部门或行业组织加强种子企业资本市场培训,促进中小企业财务规范,引导中小企业登陆新三板或区域性股权交易市场。

本文内容发表于《中国种业》2018 年第 2 期

参考文献

[1] 张硕.农业种子供求行为与营销对策研究[D].北京:中国农业科学院,2013.

[2] 郑安俭.我国种子企业使命选择的策略分析[J].中国种业,2017(12):1-4.

[3] 邢志廷.兼并重组整合上市[J].中国种业,2013(8):52-53.

农作物种业投资、并购基本情况与特点分析

吕小明　解小平　李　嘉　罗凯世

　　种业是国家基础性、战略性核心产业。2011年国务院出台《国务院关于加快推进现代农作物种业发展的意见》,2012年国务院办公厅印发《国务院办公厅全国现代农作物种业发展规划2012—2020年》,2013年国务院办公厅下发《国务院办公厅关于深化种业体制改革提高创新能力的意见》。在持续的政府宏观利好政策影响下,社会资本纷纷涌入种业,助力产业提升、兼并重组,但鲜有专门针对种业投资、并购情况的定量研究。本文通过企业公告、私募通及万德等数据库,结合现代种业发展基金及协同投资伙伴投资情况获取一手数据,统计分析了2010—2016年的种业投资、并购事件,描述了基本情况,对投资、并购特点进行了研究分析,提出了相关政策建议。文中所提到的投资事件指各类财务投资机构(主要以私募投资基金为主)对种业企业的中短期财务投资,体现种业对社会资本的吸引度;并购指种业企业之间为达到合并财务报表或控股的目的所进行的股权重组,可部分体现行业内兼并重组的整合情况和趋势。需要提醒读者的是,本文获取的投资、并购事件,仅为整个行业投资、并购事件的部分情况,全国农业技术推广服务中心专家估计,可能仅为整体情况的40%。另外,本文统计的投资、并购事件均为已完成的事件,随着时间的推移,完成的投资、并购事件可能会增多。

一　公开披露的投资、并购事件

　　种业是农林牧渔业板块发生投资、并购的活跃领域。初步统计,2010—2016年公开披露的种业投资事件占农林牧渔板块投资事件总数的40%左

右,投资总金额的 25% 左右;公开披露的种业并购事件占农林牧渔板块并购事件总数的 30% 左右,投资总金额的 10% 左右。

(一) 总体情况

2010—2016 年共发生种业投资事件 99 起,交易总金额为 99.40 亿元;投资事件平均融资金额 1 亿元,融资方平均出让股权 16.18%,以此测算融资企业平均估值为 6.18 亿元;投资事件年均发生 14 起,年均交易金额为 14.2 亿元。2010—2016 年共发生种业并购事件 88 起,交易总金额 101.52 亿元;并购事件平均交易金额为 1.15 亿元,被投资企业平均出让股权 50.68%,以此测算,被并购企业平均估值为 2.27 亿元;并购事件年均发生 12 起,年均交易金额为 14.5 亿元。

(二) 年度表现

2013 年之前(本文统计的时间点为 2010—2013 年)种业投资和并购事件零星发生;2015—2016 年种业投资、并购事件表现比较活跃,在 2016 年达到顶点。总体来看,七年间种业投资事件数量和金额年均增长量分别为 22.51% 和 128.46%,并购事件数量和金额年均增长量分别为 63.94% 和 206.77%。

(三) 投资、并购主体

99 起投资事件中,共有投资方 444 个(次)。其中,国有机构参与 74 次,共投资 54.942 2 亿元,占投资总次数的 16.67%、投资总额的 55.27%,平均投资规模为 7 425 万元;民营机构参与 111 次,共投资 32.580 1 亿元,占投资总次数的 25%、投资总额的 32.78%,平均投资规模为 2 935 万元;个人参与 259 次,投资总规模为 11.879 5 亿元,占投资总次数的 58.33%、总投资额的 11.95%,平均投资规模为 459 万元(见表 3 - 4)。在国有投资机构中,中信系投资机构、现代种业发展基金有限公司及中国农业发展集团有限公司发挥了主力作用;民营投资机构中,江苏融卓投资有限公司、中新融创投系投资机构、上海弘腾投资中心、甘肃星利达投资管理有限责任公司发挥了主力作用(见表 3 - 5)。

表 3-4　投资事件的投资方统计

投资方类型	参与投资次数	参与投资金额/亿元	平均投资规模/万元
国　有	74	54.942 2	7 425
民　营	111	32.580 1	2 935
个　人	259	11.879 5	459
合　计	444	99.401 8	10 819

表 3-5　重点国有、民营投资机构统计

机　构	公　司　名　称	次　数	金额/万元
国有投资机构	中信系投资机构	5	508 464
	现代种业发展基金有限公司	14	64 631
	中国农业发展集团有限公司	1	47 000
民营投资机构	江苏融卓投资有限公司	1	36 000
	中新融创投系投资机构	1	30 726
	上海弘腾投资中心	1	26 531
	甘肃星利达投资管理有限责任公司	1	12 000

在 86 起并购事件中，共有并购方 93 个（次），投资总金额为 101.52 亿元。其中，上市公司参与 61 次，共投资 85.863 4 亿元，占投资总额的 84.57%，占投资总数量的 65.59%，平均投资规模为 14 076 万元；新三板投资者参与 9 次，投资总规模为 0.939 4 亿元，占总投资额的 0.93%，占投资总数量的 9.68%，平均投资规模为 1 044 万元；其他投资者参与 23 次，投资总规模为 14.721 8 亿元，占总投资额的 14.50%，占投资总数量的 24.73%，平均投资规模为 6 401 万元（见表 3-6）。

表3-6 并购事件的并购方统计

并购方类型	参与投资次数	参与投资金额/亿元	平均投资规模/万元
上市公司	61	85.863 4	14 076
新三板	9	0.939 4	1 044
其 他	23	14.721 8	6 401
合 计	93	101.524 6	10 917

(四)重点地区

安徽、新疆、四川、河南、重庆、湖南、江苏、甘肃、北京、山东、内蒙古11个省(区、市)投资、并购事件发生9起以上,是种业资本活跃的市场。11个省(区、市)投资、并购事件合计140起,占全国总量的75%,与种业企业分布和该地区种业发展情况吻合(见图3-1)。

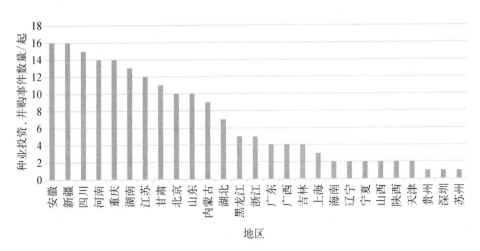

图3-1 各省(区、市)种业投资、并购事件数量统计

(五)主营业务

将投资、并购标的种子企业按主营作物分为三类,分别是综合性农作物种子、主要农作物种子、非主要农作物种子。从图3-2可以看出,2010—2016年涉及综合性农作物种子企业和非主要农作物种子企业的投资、并购

事件呈逐年增多趋势,尤其是 2015 年和 2016 年,综合性农作物种子企业数量剧增;非主要农作物种子企业数量在 2015 年剧增,2016 年相较 2015 年稍有下降,但总体呈增多趋势。非主要农作物种子经营范围以食用菌、种苗(如草莓、花卉、草坪等)、苗木、马铃薯及辣椒种子居多。

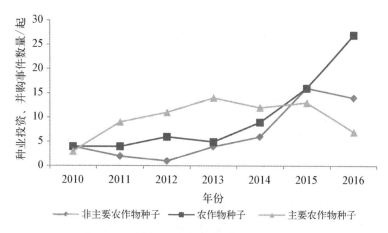

图 3 - 2　投资、并购标的主营业务分类统计

（六）注册资本

投资事件标的企业的注册资本为 3 000 万元以上的占 94%,社会资本对初具规模的企业比较青睐,主要在企业的成长期或成熟期进入;不常在企业的初创阶段进入。并购事件标的企业的注册资本在 3 000 万元以下的占 68%,符合兼并重组规律。

（七）投资渠道

投资活动主要通过 3 个渠道开展:① 上市公司定向增发,共 9 起,涉及金额 61.6 亿元,主要投资对象是隆平高科、农发种业、敦煌种业、丰乐种业和荃银高科;② 新三板股转系统,共 62 起,涉及金额 19.7 亿元,北大荒垦丰种业和江苏华绿生物科技股份有限公司较为突出;③ 其他渠道 28 起,涉及金额 18 亿元,海南波莲水稻基因科技有限公司和江苏农垦农业发展股份有限公司较为突出。以上 3 个渠道平均单次投资金额分别为 68 474 万元、3 174 万元和 6 463 万元。

二 特点分析

(一) 投资、并购热度与国家政策密切相关

《国务院关于加快推进现代农作物种业发展的意见》(国发〔2011〕8号)、《全国现代农作物种业发展规划(2012—2020年)》、《国务院办公厅关于深化种业体制改革提高创新能力的意见》(国办发〔2013〕109号)等文件的陆续出台,持续推动种业投资活动升温。自2013年,投资、并购事件数量逐年增多。2015年国家下调玉米临储价格,2016年3月28日国家玉米收储制度改革,大部分主营杂交玉米种子的企业业绩走低,种业投资下滑,并购增速放缓。

(二) 种业并购事件数量与全国种子企业数量呈高度负相关

相关系数为-0.84,能够反映国家种子行业兼并重组基本情况(见图3-3)。

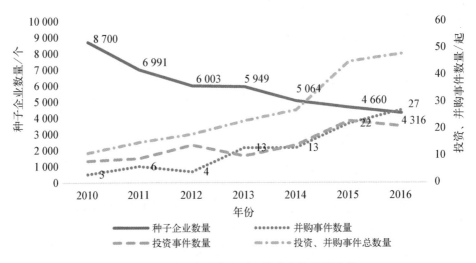

图3-3 种业数量与投资、并购事件数量走势

(三) 种业投资尚不稳定

投资机构虽多,但绝大多数的投资次数为1次,"浅尝辄止",远未形成

持续稳定的状态。这说明，虽然国家高度重视，但种子行业尚未发展成熟，资本收益低，退出路径狭窄（私募通和万得数据库中未查到披露的退出事件），种业对社会资本的吸引力不够。

（四）国资机构成为投资主力

买方为国资控股、投资次数在 2 次以上的机构为现代种业发展基金和中信证券系，分别投资 14 次和 5 次，两者投资额占国资机构投资总额的34.6%。

（五）上市公司是投资、并购的主要参与者

在投资事件中，主要是上市企业通过 IPO 和定向增发募集资金；在并购事件中，上市公司是主要的买方力量。

（六）非主要农作物种子企业投资、并购渐热

更多的社会资本将资源向非主要农作物倾斜，农业供给侧结构性改革成效在种业初露端倪。

三　结论、展望和对策建议

（一）结论

种业是资本市场农林牧渔业板块的重要力量，在资本市场融资和产业并购方面都比较活跃。种业投资、并购受国家政策调控影响较大，管理部门出台相关政策更应慎重。种业投资、并购事件的数量和金额已经成为种业发展的"晴雨表"，有关部门应持续监控、定期会商、分析研判。

（二）市场展望

受国家粮食收储制度改革及农业供给侧结构性改革影响，种业投资或将进入低迷期。与此同时，种子企业效益下降，融资渠道不畅，种业并购或将继续活跃。玉米、水稻面积调减后，农民将改种小麦、大豆、马铃薯以及蔬

菜、花卉等经济作物,短期内,这类作物的投资、并购将成为热点。但蔬菜、花卉等非主要农作物种子企业资本吸纳能力弱,大豆仍以进口为主,预计下一步种业的大额投资会更多发生在小麦、马铃薯等种业企业。

(三)政策建议

(1)政府主管部门应坚持市场化导向,发挥市场配置资源的决定性作用,致力于为企业创造公平竞争的市场环境,为种业投资、并购营造良好的交易环境。

(2)加强育种科研、品种评估和企业估值研究,引导和培育第三方评估机构参与种业科研和品种评估,逐步健全种子企业公允价值判断标准和程序。加强种子企业资本市场培训,建立健全种业投融资信息交流服务平台。

(3)引导重点地区设立种业基金,鼓励政府性基金加大种业投资开发力度,促进行业兼并重组。种业投资期长,退出渠道不畅,应进一步明确现代种业发展基金等政府性基金的公益属性,加大引导带动力度,提振社会资本信心,形成对种业长期稳定的支持。

本文内容发表于《中国种业》2018 年第 4 期

参考文献

[1]陈燕娟,邓岩.中国种业如何应对国际并购——有感于娃哈哈与达能之争的启示[J].中国种业,2008(3):5-7.

[2]刘定富.全球种业发展的大趋势[J].中国种业,2017(10):1-6.

[3]易小燕,宋敏.美国育种产业的公共投资与私人投资对中国的启示[J].世界农业,2009(11):33-35.

种业公司上市及新三板挂牌情况研究

吕小明　赵　威　王赫扬　罗凯世

　　粮安天下,种铸基石。种业作为我国农业的核心生产力,具有战略性、基础性地位,一直以来受到国家的高度关注,近年来中央一号文件也屡次重点提及。上市及新三板挂牌种业公司作为我国种业发展的领头羊,代表着我国先进的种业生产水平,直接影响着国民经济的发展和国际竞争地位,对国家来说尤为重要。研究我国上市及新三板挂牌的种业公司在资本市场的行为特征,可以为我国种业企业的发展及有关部门的决策提供新的思路。

一　上市种业公司概况

　　截至 2016 年 12 月 31 日,我国种业上市公司共有 9 家(见表 3-7),按上市时间排序分别为丰乐种业、隆平高科、农发种业、万向德农、敦煌种业、登海种业、奥瑞金、荃银高科以及神农基因。其中,主板 5 家、中小板 1 家、创业板 2 家、美国纳斯达克 1 家。

表 3-7　上市种业公司信息统计

证券简称	上市时间	板　属	总市值/亿元	种子营收/亿元
丰乐种业	1997 年 4 月 22 日	主板	34.82	3.09
隆平高科	2000 年 12 月 11 日	主板	269.20	17.14
农发种业	2001 年 1 月 19 日	主板	71.43	7.51

续 表

证券简称	上市时间	板 属	总市值/亿元	种子营收/亿元
万向德农	2002年9月16日	主板	36.75	3.08
敦煌种业	2004年1月15日	主板	48.08	4.22
登海种业	2005年4月18日	中小板	166.14	15.65
奥瑞金	2005年11月9日	纳斯达克	0.54	3.35
荃银高科	2010年5月26日	创业板	42.31	6.38
神农基因	2011年3月16日	创业板	53.76	3.23

(一)种业上市公司在农业板块中占重要地位

截至2016年12月31日,根据证监会行业分类标准,农林牧渔业门类上市公司共45家,其中农业类15家、林业类4家、畜牧业类14家、渔业类10家、农林牧渔服务业类2家。9家种业上市公司占农业类上市公司及奥瑞金共计16家公司的56.25%,占农林牧渔类上市公司及奥瑞金共计46家公司的19.57%,体现了种业在农业生产和农林科技中的核心地位。

(二)2010年以来,种业公司IPO速度放缓

2010—2016年,农林牧渔业门类公司IPO数量为16家,其中种业公司只有荃银高科和神农基因2家,占农林牧渔类公司IPO总量的12.5%。种业公司IPO进程较2010年之前放缓。自2011年神农基金IPO后,没有一家种业企业单独实现IPO。

(三)盈利性和成长性整体弱于农业板块平均水平

按照2016年12月31日收盘价计算,45家农林牧渔类上市公司市值总计5 548.19亿元,平均市值为123.29亿元。其中,国内8家种业上市公司的总市值为722.49亿元,占农林牧渔类上市公司市值总额的13.02%;国内8

家种业上市公司的平均市值为 90.31 亿元,是农林牧渔类上市公司平均市值的 73.25%。

2016 年,国内 8 家种业上市公司的平均净资产收益率为 3.68%,低于农林牧渔类上市公司平均净资产收益率 5.89%,说明种业上市公司整体的盈利能力略低于农业板块的平均水平。其中,登海种业、万向德农及隆平高科的净资产收益率均超过 10%,分别为 17.93%、13.59% 及 12.53%;敦煌种业的净资产收益率为负值,为 −24.86%。

2016 年,国内 8 家种业上市公司连续三年的归属母公司股东的净利润复合增长率平均水平为 −197.74%,农林牧渔类上市公司连续三年的归属母公司股东的净利润复合增长率平均水平为 783.91%。国内 8 家种业上市公司连续三年营业收入复合增长率平均水平为 25.57%,农林牧渔类上市公司连续三年营业收入复合增长率平均水平为 39.24%。国内 8 家种业上市公司营业收入复合增长率及净利润复合增长率双双低于农林牧渔类上市公司的平均水平,说明种业上市公司近几年受政策及市场因素的影响,整体成长能力较弱。

(四) 行业集中度与种业发达国家差距明显

2012 年起,种业上市公司(含大北农)的种子业务总收入稳定在 70 亿元以上,其中 2015 年达到峰值 73.42 亿元(见图 3-4)。在这期间,上市公司数量并未发生变化,说明种业上市公司的种子业务经营平稳。

从图 3-4 可以看出,从 2010 年到 2016 年,我国上市种业公司种业营收占国内种业市值百分比一直保持在 10% 左右。而在美国,种业前十强共占据 73% 左右的种子市场份额。我国市场集中度有待进一步提高,上市种业公司作为行业领军企业,其营收规模有待进一步增长。

(五) 资本市场表现差异大

截至 2016 年 12 月 31 日,国内沪深两市上市的 8 家种业公司,自上市以来累计募集资金规模达到 146.38 亿元,其中直接融资 124.86 亿元,间接融资 21.52 亿元,直接融资中 IPO 金额为 38.84 亿元,定向增发金额为 70.64 亿元,发行债券金额为 13.80 亿元,配股 1.58 亿元。

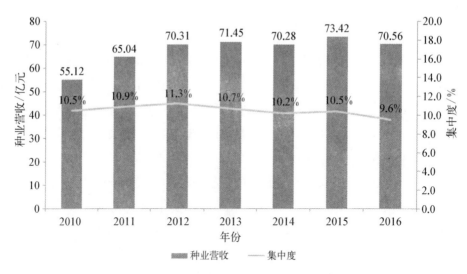

图 3 - 4　上市种企营收与种业市值对比

注：1. 数据来源于 Wind 资讯。
　　2. 集中度为各年度主板种业上市公司种子业务营收占当年种子市场总价值的百分比。种子市值按农业部发布的种子市场终端市值乘系数 0.6 进行修正。

从图 3 - 5 可以看出，直接融资在我国种业上市公司的融资结构中具有主导优势，占比达 85％；直接融资中以股权形式融资的 IPO 及定向增发方式共占比 75％，以债券形式融资占比 9％，股权融资比例是债券融资比例的 8 倍多。

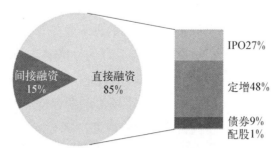

图 3 - 5　种业上市公司募资情况分析

注：数据来源于 Wind 资讯。

同时，根据 Wind 资讯的数据，对国内沪深两市 8 家种业上市公司近 10 年来的并购事件进行统计（见表 3 - 8），发现不同种业上市公司利用上市平台融资及并购情况发生明显分化。

表 3-8 主板上市种业公司并购事件统计

公司名称	2016年	2015年	2014年	2013年	2012年	2011年	2010年	2008年	2008年以前
隆平高科	3	2	4	3	1	—	3	—	1
农发种业	—	1	5	2	1	2	0	1	2
登海种业	5	2	1	2	—	—	—	—	—
荃银高科	—	2	—	2	—	2	2	—	—
万向德农	—	1	2	—	—	—	0	—	2
丰乐种业	1	1	—	1	1	—	1	—	1
敦煌种业	—	1	—	1	—	—	0	—	2
神农基因	—	2	—	1	—	1	—	—	—

注：1. 数据来源于 Wind 资讯。
2. 统计结果已剔除关联交易事件。

隆平高科、农发种业是资本市场上较为活跃的企业，近些年围绕具有一定研发优势及营销能力的企业开展并购事件 31 起，丰富了业务品类，扩宽了销售渠道。隆平高科于 2014 年通过定向增发引入"中信集团"等战略投资者，成功融资 30.5 亿元，为实施重大战略项目、推进产业转型升级注入了强大动力。

登海种业、荃银高科及万向德农与资本市场的紧密度较为松散，近些年主要围绕市场终端销售型种子企业开展了并购事件 23 起，延伸了销售渠道。但荃银高科与中植系的控制权之争，暴露出荃银高科股权结构过于分散，导致公司无法形成稳定的中长期经营战略。

丰乐种业、敦煌种业、神农基因三家企业的并购动作较少，资本市场乏善可陈。其中，丰乐种业和敦煌种业可能是因为国有控股，投资决策不够灵活；神农基因上市不久，超募资金未用完，发展战略不太明晰。

二 新三板挂牌

截至 2016 年 12 月 31 日，国内新三板挂牌的种业企业共计 61 家，营业收入共计 86.83 亿元,净利润共计 12.15 亿元;以营业总收入的 70% 估算,新三板企业占全国种业总市值的 8.24%。

(一) 种业公司挂牌新三板意愿强烈

2014 年,新三板市场正式成为一个全国性的证券交易市场,在第一年的萌芽期,挂牌新三板的种业企业数量为 8 家。此后,越来越多的种业企业通过新三板走进资本市场,2015 年挂牌新三板的种业企业数量为 26 家,2016 年挂牌新三板的种业企业数量为 27 家。

由图 3-6 可以看出,从 2014 年到 2016 年的三年时间里,每年登陆新三板的企业中,种业企业占农林牧渔类企业的比例从 26.67% 上升至 38.57%,年均增幅达 20.33%。可见,种业企业与大农业领域的其他企业相比,对资本市场的动向更加敏感,对接资本市场的能力更强,通过资本市场谋求发展的愿望更加强烈。

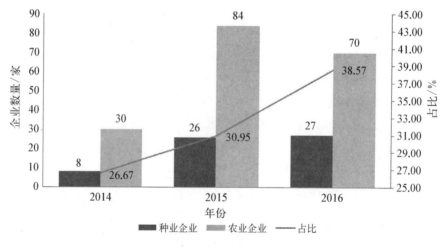

图 3-6 种业企业新三板挂牌进度

(二) 挂牌企业以非主要农作物种业企业为主

挂牌新三板的 61 家种业企业中,有 19 家的主营业务为主要农作物种子的销售,占比为 31.15%;有 38 家的主营业务为非主要农作物种子的销售,占比为 62.30%;有 4 家的主营业务兼而有之,占比为 6.55%(见图 3-7)。

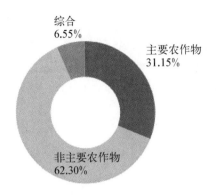

图 3-7　种业企业按作物种类分布

（三）进入创新层比例偏低

如图 3-8 所示，截至 2016 年 12 月 31 日，挂牌新三板的 61 家种业企业中，创新层的企业有中喜生态、垦丰种业、红枫种苗、帮豪种业、鲜美种苗 5 家企业，占比为 8%，其余为基础层。按证监会分类标准，新三板农林牧渔门类企业数量为 184 家，创新层企业数量为 29 家，占比为 15.76%。全国新三板企业数量共计 9 460 家，创新层企业占比 14%。种业企业进入创新层的比例仅为行业平均水平一半。可见，种业企业的盈利性、成长性和市场认可度，还有很大的提升空间。

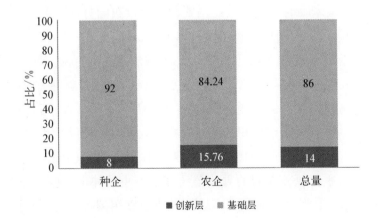

图 3-8　新三板种业上市公司层属分布

（四）已有被实施风险警示和主动退市企业出现

鑫秋农业因近几年国内棉花市场持续低迷而有较大幅度的业绩下滑，被实施风险警示，同时由于涉嫌通过虚假采购、虚假销售等手段进行财务造假，在种业市场引起不小的风波。七河生物、万农高科也都由于市场竞争激烈，存在不同程度的业绩下滑而被迫终止挂牌。华绿生物主动退出，谋求在主板上市。

三 结论与展望

（一）结论

种业处在农业产业链的上游，作为我国农业发展的核心生产力，起着方向盘和驱动器的作用。同时，因其具有的高科技属性及相对应的盈利潜力，一直以来受到资本市场的青睐，表现比较活跃，是资本市场上农业板块的重要组成部分。我国上市及新三板挂牌种业公司的种子业务营收总和约占我国种子市场总市值的20%，而在美国，种业前十强占据了73%左右的种子市场份额，因此，我国种业行业的市场集中度有待进一步提高。由于种业行业的周期性强及易受自然灾害影响的特点，种业行业目前的盈利能力还没有完全释放，仍属于弱势行业。

（二）展望

2016年，玉米临时收储政策的调整直接导致我国籽粒玉米种植面积下降3 000多万亩，从而间接导致了以敦煌种业、万向德农等为代表的玉米种业企业的营业收入有较大幅度的下降。根据农业部种植业管理司印发的《2018年种植业工作要点》，东北地区重点压减寒地低产区粳稻面积，长江流域重点压减双季稻产区籼稻面积，力争水稻面积调减1 000万亩以上。玉米临储政策的调整及水稻面积的调减是我国农业供给侧结构性改革的深化和落地，未来的力度会持续加强，这无疑对我国种业市场的中流砥柱——以"两杂"作物为主营业务方向的种业公司带来不小的冲击，这些公司很难保持利润持续稳定的增长。同时，以蔬菜、花卉及食用菌等非主要农作物为主营业务方向的种业企业则因人们消费水平的不断提高，生活需要的不断高涨,在农业供给侧结构性改革的影响下,迎来新的发展机遇,在新三板市场的表现比较活跃。从上市和新三板挂牌企业表现看,种业企业仍然存在盈利能力弱、创新能力不强的特点,单独上市和独自开展投资、并购将越来越难,需要国家长期稳定的扶植。

四 政策建议

(一)发展债券市场,优化种业企业融资结构

由于我国债券发行制度的严格限制,种业上市公司的债券融资比例普遍偏低,而存在严重的股权融资偏好,这样的融资结构提高了企业的融资成本,不利于公司的长远发展。债券融资既可以优化企业的融资结构,还可以降低企业的融资成本,因此建议有关部门适当放宽种业上市公司的债券发行条件,以此鼓励种业上市公司发债融资。

(二)加强引导力度,提升种业企业资本化进程

通过资本市场进行资本运作,可帮助种业企业缓解流动资金和债务压力,进而助推优势种业企业进行横向拓展和纵向延伸,迅速做大做强。因此,建议有关部门通过政府投资基金等渠道,引导丰乐种业、敦煌种业等上市公司优化股权结构,利用好上市平台,开展国内横向、纵向并购和国际化并购,短时间内快速提高市场占有率;引导中小种业企业尽快在行业和资本市场中找准定位,抓住国企改革、国资改革、供给侧结构性改革等重大战略机遇,借助新三板或区域性股权交易市场平台,规范财务制度,提升价值,为进一步发展打下坚实基础。

(三)规范分类标准,提升行业研究规划质量

当前制约种业研究的一个很重要的因素是缺乏准确统一的行业分类统计信息。国家统计局的《国民经济行业分类》将农业的种业企业归属于0511①种子种苗培育活动小类;农业部门通常以是否持有种子生产经营许

---

① 0511为行业分类代码。

可证作为行业划分依据；证券管理部门通常以业务营收占比作为企业归类依据，收集统计的企业财务、经营等相关信息，但尚未将种业作为独立的行业类别，种业企业经常被划分为农业种植类。各部门统计口径在划分标准和相互衔接方面缺乏统筹协调，建议主管部门加大工作力度，进一步明确种子企业的行业分类以及不同分类标准的对接。在此基础上，加强行业统计，保障基础数据资料的收集更加全面、准确，促进种业行业研究和规划发展。

本文内容发表于《中国种业》2018 年第 5 期

参考文献

［1］查奇芬，张贺胜，庞小欢.我国农业类上市公司竞争力评价实证研究［J］.广东农业科学，2009(12)：298 - 302.

［2］骆仁林.种业上市公司财务绩效提升路径分析[J].安徽农业科学,2008,36(36)：15835 - 15836.

［3］邵长勇.种业企业"新三板"上市的利弊分析[J].中国种业,2017(2)：1 - 4.

2017 年我国种业资本市场回顾

吕小明　罗凯世　赵　威　解小平

从 2013 年起,我国种业进入了第一次兼并重组浪潮,种业投资也比较活跃。受国家粮食收储制度改革和农业供给侧结构性改革影响,2016 年起,种业投资、并购速度有所放缓。2017 年种业资本市场情况如何? 本文从种子企业上市挂牌、投资、并购以及国际并购等方面对 2017 年种业资本市场进行回顾。

一　苏垦农发成功上市

2017 年 5 月 15 日,江苏省农垦农业发展股份有限公司(简称"苏垦农发")通过首次公开募股成功登陆上海证券交易所,共发行26 000 万股,募集资金 24.2 亿元,注册资本从 8 亿元人民币增加到 10.6 亿元人民币。

苏垦农发是一家以自主经营种植基地为核心资源优势的农作物种植、良种育繁、农产品加工及销售全产业链规模化的国有大型农业企业。其 IPO 募集资金中计划用于种业的金额为 1.32 亿元,主要用于为其子公司——江苏省大华种业集团有限公司改扩建项目,项目计划新建、改扩建种子加工基地四处,年加工种子 8.2 万吨。

江苏省大华种业集团有限公司是苏垦农发的全资子公司,主营业务为常规稻麦种子的生产销售,年种子销售量达 30 多万吨,是全国农作物种子销售量最大的种子企业。大华种业进入我国种业公开资本市场,一方面填补了我国种业上市公司中常规稻麦的空白,主粮作物作为我国粮食安全的基础保障地位得到了凸显;另一方面,苏垦农发作为我国 7 年来唯一一家种业上市公司,也说明我国种业企业单独上市之路异常艰难。

截至 2017 年 12 月 31 日,我国种业上市公司共有 10 家,按上市时间排序分别为丰乐种业、隆平高科、农发种业、万向德农、敦煌种业、登海种业、大北农、荃银高科、神农基因及苏垦农发。其中,主板 7 家、中小板 1 家、创业板 2 家。

二 新三板新增挂牌种企 13 家

2017 年,有 13 家种子企业挂牌新三板,较 2016 年度减少 14 家,降幅为 51.85%。新三板新增挂牌企业以非主要农作物种子企业为主。同期,新增农业挂牌企业 70 家(含种子企业),较 2016 年减少 35 家,降幅为 33.33%。

截至 2017 年 12 月 31 日,我国新三板挂牌种子企业累计 74 家,其中创新层 5 家,基础层 69 家。

三 投资、并购热度不减

2017 年公开披露的种业投资事件有 22 起,较 2016 年增加 1 起;交易总金额为 296 566.50 万元,较 2016 年减少 25%。投资事件中,除苏垦农发 IPO 涉及金额 24.2 亿外,其他的投资大多为股权激励或原股东增持,投资机构对种业的投资事件数量和金额均大幅减少。

2017 年共发生公开披露的种业并购事件 15 起,较 2016 年减少 73%;交易总金额为 164 926.90 万元,较 2016 年增加 60%以上。并购事件中,隆平高科参与 6 起,登海种业参与 1 起,大北农参与 1 起,蒙草生态参与 1 起,隆平高科等上市公司是种业并购的主力。从并购标的看,除玉米等主要农作物外,隆平高科已经向小米、向日葵等作物拓展,作物多元化战略更加明显。

四 国际并购活跃

2017 年 6 月 27 日,中国化工集团公司(简称"中国化工")在瑞士巴塞尔宣布完成对瑞士农业化学和种子公司先正达的收购。未来先正达将重点提高包括中国在内的新兴市场占有率,以进一步强化公司在植保领域的优势及在种子行业的领先地位。中国化工以 430 亿美元收购先正达,创下中企海外单笔收购金额最高纪录。

2015 年 9 月,陶氏杜邦宣布,陶氏化学公司与杜邦公司于 8 月 31 日成功完成平等合并。当地时间 12 月 1 日,隆平高科携手中信农业基金宣布完成收购陶氏益农巴西玉米种子业务,并将所收购公司正式更名为 LP Sementes。这一收购交易金额为 11 亿美元,收购对象包括陶氏益农在巴西的种子加工厂、种子研究中心及巴西玉米种质资源库备份等。此外,孟山都于 2016 年 9 月接受拜耳 660 亿美元现金收购,2017 年正在进行巴西、澳大利亚、欧盟、美国等主要经济体的审批程序。

综上,2017 年,我国种业上市公司再增一员,种子企业挂牌新三板热情下降。种业投资事件数量不减,但机构投资大幅减少;种业并购事件有所减少,但并购金额增加,隆平高科等上市公司成为并购主力。以上情况表明,我国种业第一次兼并重组浪潮正在持续进行,但有减弱的迹象。建议管理部门持续加强植物新品种保护,有序推进生物技术产业化,充分利用国际种业资源,为我国种业第一次兼并重组浪潮的深入推进创造更好的发展环境。

本文内容发表于《中国种业》2018 年第 9 期

参考文献

[1] 农业部种子管理局,全国农业技术推广服务中心,农业部科技发展中心.2017 年中国种业发展报告[M].北京:中国农业出版社,2018:65-75.

[2] 吕小明,马文慧.我国农作物种子企业兼并重组基本情况和特点[J].中国种业,2018(2):17-19.

[3] 农业农村部种业管理司.中国种业大数据平台[DB/OL].[2018-06-30].http://202.127.42.145/bigdataNew/.

2018 年农作物种业投资遇冷 兼并重组持续活跃

吕小明　罗凯世

一　上市及新三板挂牌情况

2018 年度,我国没有农作物种业类公司实现 IPO。新三板新增挂牌农作物种业企业 2 家,比 2017 年度减少 11 家。摘牌和退市企业有 7 家,ST[①] 警示 1 家。同期,新增农业挂牌企业 19 家(含种子企业),同比增加 3 家。从中可以看出,种业企业挂牌新三板的热情减退。截至 2018 年 12 月 31 日,我国新三板挂牌种业企业共 65 家。其中,创新层 9 家,同比增加 4 家;基础层 56 家。新三板种业企业中,主营为非主要农作物的有 42 家,占 64.62%。

二　投资遇冷规模锐减

2010—2018 年的投资、并购事件统计如表 3-9 所示。2018 年度公开披露的农作物种业投资事件仅 3 起,总金额为 7 695 万元,投资事件数量和金额均呈现断崖式下降。农业供给侧结构性改革持续推进,"两杂"作物种子库存持续高企,导致种业行业下行。同时,资产管理新规《关于规范金融机构资产管理业务的指导意见》出台,股市波动,资本市场不确定性加剧,PE(股权投资)/VC(风险投资)等社会资本对种业的投资持谨

---

①　ST 表示"特别处理",针对的对象是出现财务状况或其他异常状况的企业。

慎观望态度。

三 兼并重组持续活跃

2018年公开披露的农作物种业并购事件有 11 起,交易总金额为 69.79 亿元。并购事件涉及的金额大幅增加,同比增长 323.23%。在 2018 年的并购热潮中,涉及隆平高科的资本运作金额高达 54.67 亿元:3 月, 隆平高科以 13.87 亿元的价格收购(发行股份方式)联创种业 90% 的股 权;7 月,中信农业、中信兴业合计耗资 5.45 亿元增持隆平高科 2.5% 的股 权;11 月,中信兴业、中信建设将所持隆平高科 15.43% 的股权以 27.05 亿元的价格转让给一致行动人——中信农业;11 月,湖南新大新股份有 限公司将所持隆平高科 5.24% 的股权以 8.3 亿元的价格转让给九三集 团中垦(深圳)投资有限公司。围绕荃银高科开展的并购金额位居其 次,中化现代农业有限公司出资 8.19 亿元完成了对荃银高科的收购,而 此前大北农等一致行动人之间的股权转移涉及金额 1.8 亿元。此外,丰 乐种业耗资 2.9 亿元完成对同路农业的收购。

表 3-9　2010—2018 年投资、并购事件统计

年　份	投　资　事　件		并　购　事　件	
	数量/起	金额/万元	数量/起	金额/万元
2010	8	54 024	6	18 832.10
2011	9	98 853	9	42 361.90
2012	14	103 062	5	49 004.50
2013	10	21 729	17	206 915.70
2014	14	37 674	14	142 477.60
2015	23	281 925	22	190 679.40

续 表

年 份	投 资 事 件		并 购 事 件	
	数量/起	金额/万元	数量/起	金额/万元
2016	21	397 700.40	26	98 699.50
2017	22	296 566.50	15	164 926.90
2018	3	7 695.00	11	697 885.86

本文写于 2019 年 5 月 24 日

参考文献

[1] 农业农村部种业管理司,全国农业技术推广服务中心,农业农村部科技发展中心.2019年中国种业发展报告[M].北京:中国农业科学技术出版社,2020.

[2] 农业农村部种业管理司.中国种业大数据平台[DB/OL].[2019-05-24].http://202.127.42.145/bigdataNew/.

畜禽种业基本情况与种业基金的投资打算

吕小明　罗凯世　吴凯锋

我国是畜产品生产和消费大国,畜禽良种是畜牧业发展的基础和关键。当前我国畜牧业正处于转型升级的关键时期,但畜禽种业的发展受到严峻挑战,长期积累的矛盾和问题愈发凸显。2016 年《农业部关于促进现代畜禽种业发展的意见》提出,"将畜禽种业纳入现代种业发展基金支持范围,采取股权投资等方式,重点支持育种基础好、创新能力强、市场占有率高的种畜禽企业,整合资源、人才、技术等要素,培育一批大型畜禽种业集团"。2018 年农业农村部机构改革,畜禽种业的管理进一步强化,重要性更加突出。

作为国内种业领域首支具有政府背景、实行市场化运作的专项股权投资基金,种业基金已经投资了大北农、正邦科技等畜牧综合企业,对支持畜禽种业发展进行了有效的探索尝试。下一步,种业基金将深化畜禽种业研究,进一步拓展投资领域,促进农作物种业和畜禽种业协调发展。

一 我国畜禽种业空间巨大

(一) 畜牧业产值已占农业总产值的 30%

畜牧业是利用畜禽等已经被人类驯化的动物,或者野生动物的生理机能,通过人工饲养、繁殖,使其将牧草和饲料等植物能转变为动物能,以取得肉、蛋、奶、羊毛、山羊绒、皮张、蚕丝和药材等畜产品的生产部门。

我国是畜产品生产和消费大国,畜禽种类很多,可大致分为猪、鸡、鸭、鹅、牛、马、驼、羊和其他动物(如鹿、蜂、兔)九大类。2017 年全国畜牧业总产值超过 3.2 万亿元,占农业总产值比例接近 30%,带动上下游相关产业产值也在 3 万亿元以上。

(二) 畜禽种业市值估计为 1 500 亿～3 000 亿元

我国养殖规模化程度高、商业价值较大的畜禽种类有猪、鸡(分为蛋鸡和肉鸡,肉鸡分为白羽肉鸡和黄羽肉鸡)、水禽、牛(分为奶牛和肉牛)等,这些种类的种业也较为集中。

畜牧业的核心竞争力很大程度体现在畜禽良种上,畜禽良种对畜牧业发展的贡献率超过 40%。根据《中华人民共和国畜牧法》(简称《畜牧法》),我国对从事种畜禽生产经营或者生产商品代仔畜、雏禽的单位和个人实行许可制度。

畜禽种业产值目前有狭义和广义之说,狭义的畜禽种业产值与农作物种业产值概念区别很大,仅指种畜产值,不包括用于商品生产的畜禽,如计算生猪种业产值时,只计算能繁母猪和种公猪的价值,按这个口径计算,每年仅 300 亿元左右;广义的畜禽种业产值包括种畜和用于商品生产的仔畜价值,也以生猪种业为例,按目前仔猪价值计算,总产值接近 3 000 亿元。因畜禽种业与后端产业链很紧密,很多企业自产自用,鲜有全国畜禽种业市场规模的数据。如以畜牧业总产值 3.2 万亿元和种畜产业 10% 估计,全国畜禽种业市值为 3 000 亿元左右,而全国农作物种业产值为 1 000 亿元左右。

二 畜禽种业的特点

与农作物种业相比,畜禽种业有以下鲜明特点。

(一) 育种周期更长、投入更大

多数农作物 1 年之内至少可以繁殖 1 次,多则 2～3 次,如果南繁加代,繁殖代数可以更多。而多数畜禽性成熟和孕期长,大多属于单产,繁殖率低,后代性能测定周期长。因此,畜禽育种周期比农作物更长,投入也更大。例如,北京首农集团峪口禽业 1975 年建厂,1998 年着手新品种培育工作,

2009 年才取得"京红 1 号"和"京粉 1 号"2 个配套系证书，逐渐打破国外垄断。鸡的世代培育时间较短，并且峪口禽业有强大的养殖基础，但培育品种也用了 11 年的时间。猪和牛育种需要的时间更长、投入更大。

（二）保种成本更高

品种培育成功后，农作物品种的保种只需将少量的育种家种子或亲本放入低温库中即可，短期的保存只需放入冰箱的冰柜，即使品种退化，提纯复壮的工作量也不大。而为了保持畜禽品种的纯度、防止品种退化，需要建立祖代、父母代畜禽的较大群体，即使是可以超低温保存的精液、胚胎，也需要在液氮下进行保存，都需要很高的投入。

（三）产业链连接更紧密

农作物种业已经发展成种植业中的一个细分行业，而畜禽种业发展与产业发展十分紧密，大部分畜禽种业企业与后端的产业链连接在一起，形成了紧密的产业链条。尤其是饲料企业进入生猪养殖环节后，逐步形成了种猪、饲料、兽药、育肥猪、加工、销售全产业链的生产模式，并形成了为养殖户提供猪场设计、苗种供应、养殖技术和饲料的一条龙服务。

（四）垄断集中趋势更明显

畜禽种业的以上特点决定了这个行业具有天然的"垄断性"。在国外，育种企业不断重组整合，数量逐年减少，规模越来越大，实力越来越强。以鸡为例，EW 集团、汉德克斯（Hendrix）集团和泰森（Tyson）集团三大公司占全球约 90％的蛋种鸡和肉种鸡市场。改革开放之后，我国从国外相继引进了大量畜禽品种，这些历经国外发达国家几十年甚至上百年培育的品种，普遍生长速度快，饲料报酬高，适宜规模化、工厂化生产，逐步形成现有的畜禽种业体系。我国各类种畜禽场数量众多，但具有品种培育能力的企业不到70 家，而且近年来呈现集中化趋势。

三　我国畜禽种业发展取得积极成效

近年来，国家启动生猪等主要畜种遗传改良计划，实施良种补贴、良种工程、资源保护等政策,推动畜禽良种繁育体系不断完善,种业基础进一步夯实。

（一）自主创新能力大幅提升

核心育种场良种登记、性能测定等基础性育种工作稳步推进,生猪、奶牛和肉牛等引进品种的本土化选育进程加快。地方畜禽品种自主育种创新成效显著,已培育畜禽新品种、配套系 201 个。其中,肉牛自主育种达到 80%;国产高产祖代蛋鸡市场占有率超过 60%;黄羽肉鸡占据我国肉鸡市场近半壁江山,打破了对引进品种的依赖。

（二）商业化育种蓬勃发展

畜禽种业龙头企业不断发展壮大,市场集中度稳步提高,以企业为主体、市场为导向、产学研相结合的商业化育种体系初步建立。

（三）遗传资源保护利用成效显著

我国现有畜禽地方遗传资源 551 个,建设了国家级保种场 165 个、保护区 24 个和基因库 6 个,累计保护地方畜禽遗传资源 249 个。国家级家畜基因库收集保存 104 个牛、羊、猪、马（驴）、犬等家畜品种的遗传材料,其中包括冷冻精液 55 万余剂、冷冻胚胎 1.5 万余枚,为畜禽遗传资源优势向经济优势转化奠定了基础。

四 我国畜禽种企仍处于转型发展期

（一）种畜禽企业数量多、规模小

目前,我国共有各类种畜禽场 13 000 多家、种公畜站近 4 000 家,数量之多在国际上是绝无仅有的,但总体上规模小、层次低,低水平重复建设多,优良种畜禽缺口仍然很大。

（二）全产业链养殖企业发展迅速

近年来,畜禽养殖加工企业不断延长产业链、提升价值链、完善利益链,提高企业效益和核心竞争力,集育繁推、产加销于一体化的畜牧业龙头企业发展迅速。水涨船高,良种繁育作为畜禽养殖企业、农副食品加工企业的重要部门或子公司,得到快速发展。广东温氏、北京养猪中心、四川天兆、广西扬翔、江西正邦、湖北天种、河南牧原、河南雏鹰等企业年产纯种猪均超过 5 万头,其中广东温氏集团年生产和销售纯种猪超过 10 万头。规模化企业在良种推广方面发挥了重要作用,显著提高了种猪生产性能,提升了行业发展水平。据初步统计,主营业务涉及畜牧养殖的 A 股上市企业有 30 家。

(三) 少数企业走出国门,掌握核心基因

2017 年,首农股份和中信农业联合收购了英国樱桃谷农场 100% 的股权,此次收购使我国拥有了完整的基因专利技术,将扭转我国肉鸭产业链源头长期受制于人的被动局面。四川天兆猪业集团永久性买断了加拿大第一养猪公司 Hylife 的全资子公司 FAST 基因公司的种猪基因改良技术和成果,共享 FAST 基因公司核心群遗传进展,确保国内种猪与北美同步改良。

五　我国畜禽种业具备较高的投资价值

我们分析认为,畜禽种业具有较高的投资价值。

(一) 规模化养殖成为发展趋势,将为畜禽种业发展打下良好产业基础

在环保压力和成本约束下,规模化养殖迅速推进。2017 年,我国规模化养殖场(年出栏 500 头以上)占国内产能的 50%,较 5 年前提高约 10%。未来 5~10 年,我国规模化养殖将迅速推进,对畜禽良种的需求将持续增加。

(二) 消费者需求正在转变,地方特色畜产品开发将持续受到关注

目前,我国蛋类人均占有量超过发达国家水平,肉类人均占有量超过世界平均水平。随着人们生活水平的提高,对畜禽产品的需求也将"多元化",

由吃饱向吃好、吃到特色转变。地方畜禽品种的开发将受到越来越多的关注,可能成为下一轮的投资热点。而我国畜禽地方品种开发利用还有很大的空间,如我国地方黄牛品种的开发利用率仅为 31%。

(三)行业兼并重组即将来临,优质畜禽种业企业将跨越式发展

目前,我国种畜禽场数量多、规模小、无序竞争问题突出,与 2010 年前后的农作物种业市场发展情况类似。当时,我国农作物种子企业有 8 700多家,经过整顿提高,现在全国农作物种子企业数量已减少一半以上。近年来,农业农村部机构改革,突出了种业管理职能,畜禽种业的业务管理纳入大种业范围,势必加强行业管理,或将加快畜禽种业兼并重组和落后企业淘汰,优势企业有望获得加速发展。

(四)现代生物技术和信息技术应用将进一步促进行业整合

科技创新是世界各国畜禽种业发展的关键。当前,畜禽育种已进入分子育种时代,美国、加拿大、法国等国加快以全基因组选择为核心的畜禽分子育种技术的研发和推广应用,抢占发展制高点。国外育种企业在全球建立繁育基地,借助网络技术和信息技术,充分利用性能测定信息、系谱信息和基因组信息进行全球联合育种,提高选育强度,缩短选育周期,提升育种效率。国内优势畜禽企业已经引入相关技术,技术的成熟和应用将进一步促进行业整合。

(五)核心畜禽种源自主化,符合国家战略需要

改革开放之后,我国农业生产迅速规模化、设施化。农作物种业和畜禽种业均面临品种不适宜规模化、集约化、设施化生产等问题。国家对主要农作物品种基本上采取自主创新的发展道路,而对主要畜禽品种采取引进吸收再创新的策略。经过 30 多年的发展,农作物和畜禽种业都有了长足的进步,满足了国内的用种需求,促进了产业升级。但目前我国畜禽种业的自主创新能力和地方品种开发利用水平总体较低。国家高度重视畜禽种业核心种源自主化,农业农村部明确提出"培育自主品种、打造民族品牌、提升核心种源自给率和扩大良种覆盖面"的目标和"自主育种,有序引进"的原则,预

计未来还将有更多的支持政策。

六　种业基金关于畜禽种业投资工作的打算

畜禽种业虽有较高的投资价值,但"家财万贯,带毛的不算",行业也面临一定的投资风险,最主要的是畜禽产品价格波动风险、畜禽疫病或公共卫生风险。随着我国生猪、鸡蛋等期货产品的不断丰富、农业保险政策覆盖面的扩大和疫病防控能力的不断提升,上述两类主要风险总体上可控。

种业基金肩负国家使命,经过 5 年的开拓积累,一期布局基本完成,实现了主要农作物品类的全覆盖。随着一期项目逐步退出和二期增资即将到位,优化项目布局、拓展投资领域成为当务之急。未来,种业基金应适应种业发展形势需要,积极扩展畜禽种业投资业务,促进畜禽种业与农作物种业协调发展。结合行业特点和已有投资布局,下一步,种业基金将从以下四个方面加大畜禽种业投资开发力度。

(一)紧盯行业龙头

鉴于我国畜禽种业发展仍处于起步整合阶段,综合考虑政策导向、市场发育、经济效益、风险控制及投资影响力等因素,建议种业基金密切关注综合性畜牧和饲料上市公司、新三板挂牌企业,优先布局我国具有相对优势的生猪、奶牛、蛋鸡、肉鸡、肉牛和肉羊等主要畜种。协同行业龙头设立并购基金,开展投资开发和资源整合工作。

(二)发掘地方特色

利用好农财两部的政策站位优势、专家人才优势和农发行的存量项目优势,寻求与地方投资平台合作,发掘地方特色种畜禽品种,拓宽地方特色畜产品营销渠道,促进品牌化营销。

(三)整合现有资源

应做好已投企业的资源整合和开发利用。例如,正邦科技、大北农旗下的种畜育种和扩繁业务均有一定的规模和影响力,可以与之探讨共同投资育种和扩繁业务体系建设,也可以帮助整合涉及育种方面的资源,推动相关合作。黑龙江农垦也有较大的养殖板块,可探讨其与垦丰种业的合作方式,促进饲料玉米种业发展,谋划在更大范围内促进农畜种业协调发展,共同进步。

(四)设立畜禽种业基金

可与战略合作伙伴中信农业等机构共同探讨,设立畜禽种业专项基金,以基金方式参与投资畜禽育种方面的优质资源。

本文写于 2019 年 7 月 28 日

参考文献

[1] 赵俭,吕亚南,姚竞杰,等.浅析我国畜禽种业发展的主要特点及成效[J].中国畜禽种业,2019,15(5):25-26.

小麦种业分析及加快小麦种业投资布局的建议

吕小明　罗凯世　邱　军

随着农业供给侧结构性改革的推进和粮食收储政策调整,我国玉米种植面积持续减少,严重影响了玉米种子企业的发展,玉米种子企业已进入持续低迷期。在水稻种子市场,一方面,杂交稻改种常规稻趋势明显;另一方面,隆平高科等优势种子企业逐渐占据垄断地位,对优质资源的控制力越来越强。同时,我国即将从美国进口稻谷,预计水稻种业也将进入调整期。在此形势下,作为政策性引导基金,现代种业发展基金要在国家粮食安全方面发挥重要作用,应加快小麦种业投资布局。为此,现代种业发展基金投资研究部开展了小麦种业研究,从产业概况、科研能力、企业发育、投资建议等方面对小麦种业进行了分析探讨,以期为投资工作提供参考借鉴。

一　小麦产业发展概况——平静中有希望

(一)生产规模大,对保障粮食安全有重要意义

小麦是世界上分布范围最广、种植面积最大、总贸易量最多的粮食作物,有世界粮食之称,种植和消费几乎遍布世界五大洲的各个国家。在世界三大粮食作物中,小麦收获面积一直居于首位,产量居第三位。2016年,全球小麦产量达7.42亿吨。

小麦是中国第三大粮食作物,也是我国重要的口粮作物,对粮食安全和居民生活都具有重要意义。我国小麦常年播种面积和产量分别占全国粮食作物的21.30%和20.95%左右(见表3-10)。

表 3 - 10　2015 年我国小麦播种面积及产量

参数	产量/万吨	占粮食比重/%	播种面积/千公顷	占粮食比重/%
粮食	62 143.92	100	113 342.93	100
小麦	13 018.52	20.95	24 141.37	21.30
稻谷	20 822.52	33.51	30 215.74	26.66
玉米	22 463.16	36.15	38 119.31	33.63

2016 年,我国小麦播种面积为 2 418.7 万公顷(约为 3.628 亿亩);总产 1.44 亿吨,排名世界第一;单产 5 327.4 公斤/公顷(约为 355.16 公斤/亩),在国际上居中等偏上水平。

(二) 供需基本平衡,价格维持低位稳定运行

近 20 年来,我国小麦的年度总消费量为 1.0 亿~1.1 亿吨(仅 2011 年达1.2 亿吨),总产量为 0.9 亿~1.1 亿吨,供需状况已多年维持平衡稳定状态。当前国内小麦消费稳中略增,供需平衡有余,近 5 年库存略有上升,影响供需关系的重大因素尚未出现。

国际方面,近年来小麦产业发展平稳,预计 2017 年国际小麦价格仍将低位运行。由于小麦进出口量占国内消费量的比重很小,外贸对国内市场的影响不明显。

按照《全国农业现代化规划(2016—2020 年)》,“十三五”期间,小麦稻谷自给率目标为 100%,稳定冬小麦面积,优先将水土资源匹配较好、相对集中连片的稻谷小麦田划定为粮食生产功能区,并将继续执行并完善稻谷、小麦最低收购价政策。

由于我国小麦供需平衡、国家对小麦的保护政策将延续,短期内我国小麦价格形成机制改革的可能性不大,普通小麦的价格预计仍将在低位稳定运行。若无自然灾害等重大突发因素影响,预计未来几年供需关系不会出现剧烈变化,我国小麦的种植面积、生产规模、收购价格将基本维

持稳定。

（三）产业升级在即，区域布局和品种结构有待优化

从生产端来看，小麦生产面临资源和环境的约束加剧。在华北等水资源短缺的主产区，小麦生产将面临更大的挑战，一些地下水严重超采地区亟须通过小麦退耕、休耕来恢复脆弱的生态环境。

从消费端来看，小麦作为口粮的人均消费量逐年减少，饲用、工业用（如生物制药、食品工业、纺织、化工、味精、酿酒）等间接消费量呈波动上升趋势。我国从 20 世纪 80 年代开始大力发展优质专用小麦，品种结构有所改善，但质量仍有较大提升空间。根据中国农业科学院作物科学研究所的《2006—2015 年中国小麦质量年度变化》，我国小麦品种结构有所改善，但达标样品比例较低，强筋小麦、中强筋小麦、中筋小麦和弱筋小麦达标比例分别为 4.8%、4.6%、25.0% 和 0.4%。

《全国农业现代化规划（2016—2020 年）》明确，"十三五"期间将扩大专用小麦面积，提升小麦生产全程机械化质量，同时华北区适度调减地下水严重超采地区的小麦种植，西北区调减小麦种植面积。预计未来几年，随着居民消费升级，我国对优质小麦的需求将不断上升，优质小麦的供需缺口将不断扩大，从而推动小麦产业真正形成优质优价局面，撬动产业链升级改造，推动小麦质量水平的整体提升。同时，为解决资源环境约束难题和满足产业升级发展需要，优质、特色、专用的小麦品种将得到快速发展，小麦生产的区域布局也将进行有计划的调整优化。

小麦产业"大稳定、小调整"的发展趋势将极大地影响小麦种业未来发展。

二 小麦种业发展概况——区域性龙头种企隐现

（一）育种科研总体领先，研究力量分散

我国小麦科研居国际领先地位。2016 年，以小麦为主题词的 SCI 科研论文有 7 698 篇，其中，中国学者发表数仍为最多，共 1 999 篇，占比为 25.97%。

中华人民共和国成立以来，小麦品种选育水平显著提升，推动了种子市

场发展。优良品种覆盖率达95%以上,多个品种获国家科技进步一、二等奖,育成了一批有突破性的品种。目前我国的小麦育种仍以国家科研单位为主,各地农科院(所)、农业大学是主要的育种研究力量。这些单位各具优势特色,但科研力量较分散,品种研发周期较长,偶然因素影响较大,尚未发现哪家单位能够按照市场需求持续、稳定地研发高质量的生产用品种。

在商业化育种方面,企业开发能力不断提高,但国有科研单位依然是品种创新主体。近年来通过审定的品种中,企业研发品种的比例有所提高,如2014年国审小麦品种21个,其中企业育种(含联合育种)的有10个。但目前在生产方面推广面积较大的品种,仍基本为科研单位育成,如2015年推广面积前十位的品种,品种权人均为科研院所(见表3-11)。

表3-11 主要小麦品种的品种权人情况

品 种	品种权人(选育单位)
济麦22	山东省农业科学院作物研究所
周麦22	周口市农业科学院
山农20	山东农业大学
鲁原502	山东省农业科学院原子能农业应用研究所、中国农业科学院作物科学研究所
西农979	西北农林科技大学
郑麦9023	河南省农业科学院
百农AK58	河南职业技术师范学院
烟农19	烟台市农科院
郑麦7698	河南省农业科学院(小麦研究中心)
中麦175	中国农业科学院作物科学研究所

注:表中所列为2015年推广面积排名前十位的品种。

在育种方向方面,20世纪60年代以前,我国小麦生产水平低,在几乎没有化学防治措施的情况下,抗病虫是主要育种目标。20世纪70—80年代,灌溉面积扩大和化肥的广泛使用,使抗倒、抗病、丰产成为首要育种目标,但片面追求高产忽视了品质。20 世纪 80 年代后,小麦品质已不能满足居民改善生活的需要和食品工业发展需要,品质改良成为迫切的育种目标。目前,随着劳动力转移带来管理不断粗放,节水省肥、适合机械收割、低成本、高收益成为主要育种目标。未来,育种将更加注重适合机械作业、多抗稳产、高产优质、低耗高效等研发方向。

(二)种子企业数量多、规模小、区域性强

近年来,小麦种业市场快速发展,换种率不断提高,市场潜力巨大。据《2016 年中国种业发展报告》,2016 年我国小麦种业市场价值达 153.83 亿元(见表 3-12)。业界普遍认为,我国小麦种子商品化率将不断提升,小麦种业的市值还将继续增长。

表 3-12　2015 年我国种子市场价值情况

种　类	市值/亿元	种子市场占比/%
玉　米	287.13	25.63
杂交稻	124.94	11.15
常规稻	55.75	4.98
小　麦	153.83	13.73
大　豆	24.16	2.16
马铃薯	160.18	14.30
总市值	1 120.26	—

小麦品种具有特定的适生区域,且品种审定、种子生产经营还是根据行政区划属地管理,加之政府统一供种政策的影响大(如目前山东省内大部分县仍统一由政府组织小麦的采购供种,河北节水小麦项目由省统一组织采购供种),因此,目前跨区域的大型小麦种子企业较少。

我国小麦种业企业仍处于数量多、规模小的分散发展阶段,外资企业的影响有限。主要表现如下:**一是**市场销售额偏低。相对于测算出来的理论市值,种子企业的销售额偏低,企业规模小而分散,具有较大成长和整合空间。如规模最大的江苏大华种业,2016年小麦种子销量为1.96亿公斤,收入为7.07亿元,占比低于小麦种业总市值的5%。**二是**利润率偏低。根据上市公司年报数据,小麦种业毛利润率为10%～15%(如农发种业2016年的毛利润率为15.05%),而玉米、水稻种业的毛利润率为40%～50%。**三是**企业研发水平偏低。目前推广面积较大的小麦品种均为科研教学单位育成。

造成上述问题的原因主要是种植小麦相对于其他作物效益比较低、常规种繁育门槛低、农民自留种比例大、用种量大、维权难度大等。

(三) 区域性龙头种企初现雏形

从行业调研的情况来看,各地涌现出一批市场占有率高、销售能力强、研发实力增长快、优势特色明显的代表性种企,区域性龙头企业正在形成,发展趋势比较明显。

目前规模较大的企业主要分为三种类型:一是依托科研单位创办的种业公司,如河南天存(周口市农科院)、山东鲁研(山东农科院)、河北大地(石家庄市农林科学研究院)、江苏金土地(江苏里下河地区农业科学研究所)等;二是以国有农场的种子企业发展起来的公司,如安徽皖垦、河南地神、江苏大华、黑龙江北大荒等;三是从农业行政管理部门改制、脱钩出来的原国有种子公司,如江苏中江等。科研单位背景企业技术优势明显,国有农场培育发展的企业生产标准化程度高、规模化经营能力强。

三 以小麦为中心,打造现代种业发展基金投资亮点

(一) 小麦是种业资产的稳定器,也是种业投资的价格洼地

小麦种粮价比约为2:1,转商损失小,经营风险小,且小麦种业属于成熟型行业,市场交易稳定,政策法规较健全,近年来相关市场规模稳步增长,投资风险较低。对种业基金来说,小麦项目可在种业资产配置中起到稳定

器的效果。

近年来,种业投资热衷于水稻和玉米等杂交种行业,对小麦种业项目的争夺炒作较少,小麦种企估值相对较低,仍是种业的投资洼地。同时,小麦种业市场集中度不高,接近完全竞争市场,面临转型升级的压力。总之,该行业处在整合升级时期,适合资本介入,具备较好的投资机会。

(二) 大型种业集团已着手加快小麦布局

随着农业供给侧结构性改革的深入、种植业结构调整和玉米收储制度改革的推进,玉米、水稻种业面临短期调整的压力,大型种业集团开始寻找新的投资、并购领域,近年来已着手加快对小麦种业的布局。在上市公司中,农发种业、隆平高科、荃银高科、红旗种业、苏垦农发等均已投资或涉及小麦种子业务。农发种业投资控股河南黄泛区地神种业有限公司(53.99%),参股江苏金土地种业有限公司(37.00%),2016年小麦种子业务销售收入为3.39亿元,约占公司年度总销售收入的7.7%,占种业销售业务的43.13%;小麦种子业务利润为4 442万元,占公司年度总利润的14.24%,种业业务利润的24.04%。隆平高科2016年小麦种子销售额为1亿元,占营业收入的4.43%;同时,制定了"3+X"发展战略,将小麦种业作为"X"的重要内容,以安徽隆平为主要平台开发小麦种子业务。隆平高科近期还密集调研多家小麦种企,并拟与种业基金协同投资陕西伟隆种业。

同时,由于小麦和玉米在生产的季节周期上具有互补性,且种子生产加工设备具备通用性,近年来部分大型玉米种子企业也积极关注和投资小麦种业,以丰富作物品种布局,提高种子生产加工设备的利用率,弥补市场空档期,加速资金周转。

(三) 种业基金小麦投资将一抓科研,二抓产业链

种业基金自成立以来,一直密切关注小麦种业,目前投资布局已具雏形(见表3-13)。按照主要品种适生区域划分,种业基金的投资项目主要分布于黄淮和长江中下游麦区,品种主要为中筋、强筋。

表 3-13　种业基金小麦投资布局

生　态　区	直　接　投　资
北部冬麦水地品种类型区	—
北部冬麦旱地品种类型区	—
黄淮冬麦北片水地品种类型区	山东鲁研
黄淮冬麦南片水地品种类型区	安徽华成 河南秋乐 江苏中江
黄淮冬麦旱地品种类型区	—
长江上游冬麦品种类型区	—
长江中下游冬麦品种类型区	江苏红旗 江苏中江
东北春麦晚熟品种类型区	垦丰种业
西北春麦品种类型区	—

在黄淮冬麦北片水地品种类型区,种业基金已投资山东鲁研农业良种有限公司,主要产品有济麦 22(中筋)、鲁原 502(中筋、高水肥)、济南 17(强筋),品种布局较完善。黄淮冬麦南片水地品种类型区已投资安徽华成种业股份有限公司,主要产品有华成 3366(中强筋)、皖麦 52(中筋)、华成麦 1688、天益科麦 5 等;此外,还有河南秋乐种业科技股份有限公司,主要产品有秋乐 2122、开麦 21、花培 5 号、郑麦 379、郑麦 101、矮抗 58 等。长江中下游冬麦品种类型区已投资江苏红旗种业股份有限公司,主要产品有苏麦 8 号、宁麦 19、苏隆 128、生选 6 号等。东北春麦晚熟品种类型区已投资北大荒垦丰种业,主要产品有垦九 10 号、北麦 9 号等。此外,已投资的江苏中江种业股份有限公司,主要产品覆盖两个生态区,黄淮冬麦南片水地品种类型区品种有江麦 816、江麦 9198、淮麦 26、济麦 22 等,长江中下游冬麦品种类型区品种有徐麦 856、宁麦 14、宁麦 1。

建议下一步加大小麦种业调研力度,加快完成投资布局进度,同时充分利用手上的资源,发挥布局全面、规模领先、政策熟悉等方面优势,挖掘已投项目的规模效应和协同效应,研究并储备退出路径,提早谋划整合打包退出机制,保证投资价值的顺利实现。

1. 加大投资开发力度,尽快完善投资布局

从区域布局来看,黄淮冬麦区是我国小麦主产区,种业市场价值相应居领导地位。目前,种业基金在黄淮冬麦北片区内已投项目布局较完善;黄淮南片区由于市场分散,已投企业的市场占有率并未取得绝对优势,仍需加大布局力度,特别是我国小麦生产第一大省——河南省,种业基金急需加强布局;此外,北部、西北、长江上游及旱地类型区尚未布局。

从品种布局来看,种业基金直接投资项目中还没有具备竞争优势的弱筋品种,优质、专用类型品种的布局也有待加强。例如,优质强(弱)筋小麦、饲用、工业用小麦,以及适应节水、节肥、高抗、机械化等需求的小麦品种。此外,青稞作为小麦族的一员,是藏民主要的粮食作物,具有重要的政治意义,且总生产面积小、种植区域和品种资源集中、政府统一供种比例较大,具备良好的投资价值。

建议种业基金加快江苏金土地项目的投资开发进程,抢占其弱筋小麦品种优势;与隆平高科等产业单位协同,加快陕西杨凌伟隆种业投资开发力度,强化在强筋小麦品种市场的领先优势;加强对河北大地种业的调研沟通,重点关注抗旱节水小麦等特色专用品种;尽快启动青稞种业的调查研究,开发布局青稞种业投资项目。

2. 密切与科研单位的沟通合作,丰富优质项目的跟踪储备

小麦种业市场上,常规种目前仍占统治地位。相对于其他杂交种为主的粮食作物,品种的研发创新对小麦种企保持市场领先优势和较高利润水平具有更重要的意义。目前小麦商业化育种体系尚不健全,育种仍以科研单位为主要力量,育成品种通过转让或授权等方式与种企合作进入市场。因此,对小麦种业的投资不能仅关注种子企业和现有品种,还必须掌握育种单位情况和研发动态,及时了解优良品种的育成和转化信息。

建议种业基金充分利用已经投资秋乐种业的优势,密切与其科研依托单位——河南省农科院的联系,并以此为纽带,加强与河南农科院小麦研究所的沟通合作,同时重点关注周口农科院、开封农科院、安阳农科院等具备

科研优势的地区农科院。此外，种业基金还需要密切关注我国种业权益改革进程，了解科技成果转化动态，特别是品种权的交易、合作相关信息，加大对实力突出的专业化研发、服务型企业的调研，抓重点、找特色，做好相关项目储备，保证基金投资的战略前瞻性。

3. 突出小麦投资特点，重点考察企业的产业链整合能力

当前我国小麦种业的市场规模已受到整个小麦产业发展水平的限制。相对于其他粮食作物，小麦的消费需求更丰富，所以产业链条更复杂，对组织化程度的要求更高。普通小麦价格长期低位运行，导致作为生产投入品的种子市值遭遇天花板。发展价值更高的优质专用小麦又受制于种植、收储、加工各方脱节的行业发展现状，产业链整合升级的问题亟待解决。近年来，小麦收储加工企业纷纷与种企合作，开展品种订单收购，发展趋势明晰。小麦种子企业在产业链中整合科研育种、生产管理、技术服务等上游环节，保障产品供应的质量品质，实现了自身的业务拓展和利润增值。

建议种业基金在小麦标的企业的选择上，充分考虑小麦的行业特点，除考察研发、销售、推广等常规指标外，重点关注其在产业链中与上下游各环节的协同情况。如果企业能够抓住产业升级发展的机遇期，发挥种子作为产业的科技核心和决定上游生产供应的优势，具备通过品种撬动产业整合升级的战略规划和实施能力，则具备更大的发展潜力和更长远的投资价值。

4. 深入挖掘已投项目内在价值，统筹研究整合打包方案

目前种业基金对小麦的投资布局已具雏形，已投企业均属行业优质资源，在本地区的市场占有率较高，具备较大的行业领先优势，但由此也带来传统业务增值的天花板，企业业绩难以实现突破性发展。下一步须深入研究行业发展趋势和需求，通过整合行业资源和提供增值服务，提高企业成长效率，推动产业升级发展，从而实现更大的投资价值。

建议种业基金充分利用手上的资源，发挥布局全面、规模领先、政策熟悉等方面优势，挖掘已投项目的规模和协同效应，把现有投资项目的一颗颗"珍珠"整合打包，串成优质资产的"项链"。通过统筹谋划、合理设计整体退出方案，发挥"1＋1＞2"的聚合效果，增强行业影响力，保证投资价值的顺利实现。

本文写于 2017 年 8 月

参考文献

[1] 姜楠,韩一军,李雪.中国小麦种业发展研究[J].中国种业,2013(10):1-4.

[2] 农业部种子管理局,全国农业技术推广服务中心,农业部科技发展中心,等.中国种业大数据平台[DB/OL].[2017-08-3].http://202.127.42.145/bigdataNew/.

农业类政府投资基金发展现状研究

吕小明　王　薇　解小平　张子非　罗凯世　孙晨钟

设立政府投资基金,以股权投资的形式部分代替政府对企业的直接补贴,是提高财政资金使用效率、促进政府职能转变的重要途径。据清科研究中心报告,政府投资基金总规模已占私募股权投资基金总规模的 23.91%,但鲜有聚焦农业投资的农业类政府投资基金的研究。本文借助"天眼查""私募通"基金业协会备案系统、国家企业信用信息公示系统等工具,结合调研走访,基本摸清了农业类政府投资基金设立和投资管理基本情况,供参考。

一　设立情况

截至 2019 年 4 月底,已在工商注册并经中国证券投资基金业协会备案的农业类政府投资基金共有 47 支,已到位资金总额 588 亿元,平均规模为12.51 亿元。同期,我国政府投资基金总量为 1 171 支,已到位资金约为19 515 亿元,平均规模为 16.67 亿元。农业类政府投资基金占政府投资基金总数量的 4%,总规模的 3%(见表 3 - 14),与农业在国民经济中的地位、农业企业规模较小的情况大致相当。

(一) 国家级基金 5 支

目前中央财政设立的农业类股权投资基金有 5 支,按设立的先后顺序分别为中国农业产业发展基金、现代种业发展基金、贫困地区产业发展基金、中国海外农业投资开发基金和中国农垦产业发展基金,均由财政部直接

表 3-14 不同类型私募基金备案情况

类　型	数量/支	总规模/亿元	平均规模/亿元
私募基金总体情况	77 135	133 115	1.73
私募股权投资基金	27 719	81 616	2.94
政府投资基金	1 171	19 515	16.67
农业类政府投资基金	47	588	12.51

出资,联合中央企业或政策性银行共同投资设立。5 支基金共到位资金 283 亿元,平均每支基金为 56.6 亿元。

(二) 省级基金 24 支

目前省级农业类政府投资基金共有 24 支,主要分布在农业大省或经济强省。其中,河南、安徽、吉林各 3 支,北京、山东、江苏、陕西各 2 支,黑龙江、山西、浙江、广东、重庆、甘肃、海南各 1 支。24 支基金共到位资金 247.35 亿元,平均每支基金为 10.31 亿元。

从设立时间来看,除北京农业产业投资基金(2009 年设立)、河南农业开发产业投资基金(2010 年设立)、吉林省现代农业和新兴产业投资基金(2010 年设立)设立时间相对较早外,其余基金设立时间均在 2011 年之后,尤其集中在 2013 年至 2015 年,平均设立年限为 4.4 年。这个情况一方面是因为部分先行先试的政府投资基金在实践中摸索和完善,就其管理和运作模式为后来者提供了现成的经验和样本,便于其他地方政府效仿与跟进;另一方面,是为落实 2015 年国务院办公厅下发的《关于进一步做好盘活财政存量资金工作的通知》(国办发〔2014〕70 号),财政部先后出台了清理政府财政存量资金并收回统筹安排及清理财政补贴的相关规定,地方政府为保住资金,将财政扶持资金的使用方式"拨"改"投",引发了地方政府投资基金的设立高潮。

从出资方式上,由省级政府通过预算安排,单独出资或与社会资本共同出资设立,主要是通过财政或国资控制的投资平台进行出资,如安徽省信用担保集团有限公司(安徽省人民政府出资设立)参与组建安徽现代农业创业投资有限公司,黑龙江省大正投资集团有限公司(黑龙江省国资委实际控制)参与组建黑龙江省现代农业基金等。

(三)省级以下 18 支

省级以下农业类政府投资基金中,已有河北石家庄、江苏泰州、江西南昌、四川广安、湖北武汉、广东珠海等地设立的基金 18 支,到位资金 57.75 亿元,平均每支基金为 1.4 亿元。整体而言,多数省级以下的基金设立在 2017 年之后,华东、华南地区的农业产业发展需求与政府的产业支持政策匹配度较高,基金的数量和规模都超过其他地区。

二 管理方式

政府投资基金虽有政府背景和政策性目标,但在具体管理和运作上,政府部门一般不直接参与基金日常经营管理和投资决策事务,而是通过市场化运作、专业化管理,由各出资方按照"利益共享,风险共担"的原则约定收益分配和亏损负担方式。经过近年来的探索和运营,上述基金的运行管理机制已日趋完善,主要管理方式包括如下几种。

(一)委托外部专业机构进行管理运作

例如,贫困地区产业发展基金委托国投创益产业基金管理有限公司管理,甘肃现代农业产业创业投资基金委托甘肃华龙金城投资管理有限公司管理,河北定州市农业产业发展基金委托北京六合基金管理有限公司管理。

(二)成立基金管理公司或由公司制基金自行管理

例如,现代种业发展基金采用通行的双层架构,基金发起方另设立了北京先农投资管理有限公司作为基金的管理机构;安徽现代农业创业投资有限公司作为公司制基金,由公司内部团队直接负责基金的管理运作,内部治理按照《中华人民共和国公司法》执行。

（三）委托地方国有资产经营公司、政府投资平台公司或国有创投企业进行管理运作

例如，浙江省农业投资发展基金委托浙江金控投资管理有限公司管理，重庆中以农业股权投资基金委托重庆产业引导股权投资基金有限责任公司（重庆市财政局、重庆市国资委联合投资企业）运作。

上述不同管理方式，优劣尚无定论，但在一定程度上反映出各政府出资方在基金定位、资产管理和投资理念、风险管控能力等方面的差异。总体上，金融业相对发达的省市如北京、广东等，基金市场化程度更高，管理运作更为娴熟专业。

三 投资情况

（一）投资方式

目前上述农业类政府投资基金的投资方式主要包括直接投资和设立子基金。其中，广东省农业供给侧结构性改革基金和吉林省现代农业产业投资基金为母基金性质，即不直接进行项目投资和项目决策，而是通过投资设立子基金，完成撬动社会资本进入农业产业；其余 45 支基金均以直接投资为主，具体包括股权投资、可转债投资等，原则上在被投企业中不控股，不参与日常经营管理，通过股东会、董事会等参与被投企业重大决策。

（二）投资范围

在投资范围上，部分基金对被投企业的地域范围做出要求，例如贫困地区产业发展基金、中国海外农业投资开发基金以及各级地方基金；部分基金专注于农业特定细分领域，例如现代种业发展基金、北京市果树产业发展基金、河南省粮油深加工企业扶持基金、陕西畜牧业产业投资基金等。

（三）投资额已占现代农业投资规模的 30%～50%

根据"天眼查"信息，上述 47 家基金中，40 家已开展了投资业务，共发生投资事件 241 起。因投资价格具有一定保密性，多数基金未披露实际投资金

额。目前从公开渠道仅能获取基金在被投企业的认缴出资额(即认缴注册资本)。以被投企业注册资本乘以投资占比,认缴出资额合计为 58.81 亿元。

据笔者所在现代种业发展基金的情况,"天眼查"的投资事件和认缴出资额分别为 16 起、22 514 万元,而实际投资事件和实际投资金额分别为 25 起、139 000 万元。结合调研情况和投资工作实践,基金实际投资事件为可查询到事件的 1~1.5 倍,实际投资金额为认缴出资额的 3~5 倍。以此估计,全国农业类政府投资基金已投资事件总数为 241~360 起,已实际投资金额为 176亿~294 亿元(见表 3-15)。实际投资金额可能占基金总规模的 30%~50%。

表 3-15 农业类政府投资基金对外投资额估计

类 型	天眼查数据		实际数据及估计	
	投资事件数量/起	认缴出资额/亿元	投资事件数量/起	实际投资金额/亿元
现代种业发展基金	16	2.25	25	13.90
农业类政府投资基金	241	58.81	241~360	176~294

清科"私募通"统计显示,2013 年至 2018 年 6 月,中国现代农业领域共计发生投资案例 1 100 起,累计投资金额 711.38 亿元。因数据获取困难,部分已获取的数据时间也不一致,通过对比,大致可以判断,政府引导基金数量虽少,但已发展为农业股权投资市场不可忽视的重要力量(见表 3-16)。

表 3-16 农业领域股权投资情况

类 型	数据来源	时间段	投资事件数量/起	累计投资金额/亿元
现代农业领域	私募通	2013 年至 2018 年 6 月	1 100	711.38
农业类政府引导基金	天眼查	2009 年至 2019 年 4 月	241	58.81
	以种业基金实际投资情况估计	2009 年至 2019 年 4 月	241~360	176~294

四 成效、问题与建议

农业类政府投资基金整体发展尚处于起步阶段,经过近年来的实践与探索,已取得一定成效:**一是**多数基金在设立时就实现了对社会资本的引领、带动、吸附和集聚,发挥了财政资金的杠杆效应,多数放大了 1～4 倍。**二是**通过实践探索,为政府投资基金自身的未来发展积累了一定经验,为财政支农方式的转变闯出了一条新路。**三是**农业类政府投资基金已经成为农业股权投资市场不可忽视的重要力量,活跃了现代农业投资市场,不仅为"融资难""融资贵"的被投农业企业带来资金,还为被投企业带来了先进的管理理念,使部分企业脱颖而出。

农业类政府投资基金作为新生事物,目前也存在如下问题:**一是**部分基金缺乏统筹规划与科学论证。组建农业类基金,目标投资区域应具备一定的资源优势和产业基础,且应有相关的人才和项目储备。实践中部分基金设立前未经精心筹划和科学论证,由于投资区域受限、产业基础薄弱、管理人才缺乏,导致优质项目不足,资金长期大量闲置,基金难以持续有效运转。**二是**政策性目标与盈利性目标存在一定矛盾。政府投资的首要任务是扶持农业产业发展,受我国农业产业发展阶段和生产特点所限,农业企业运营周期较长、收益较低、不确定性较高,须注重长期投入和积累;而社会资本往往青睐短期高收益领域,追求经济效益最大化。双方的投资目的和投资偏好难免存在分歧,追求经济效益和社会效益时有冲突。**三是**信息公开和考核评价机制不健全。政府投资基金作为私募股权投资基金的一种,本身具有风险性的特征,但现在既肩负扶持产业发展的政策使命,又承担国有资产保值增值的法律责任,导致基金实际运营中存在诸多矛盾,因而难以对基金的政策性目标进行精准定位,也难以对基金的绩效实行量化考核。

为促进农业类政府投资基金进一步发挥实效,提出如下建议:**一是统筹规划,加强顶层设计。**各级政府相关管理部门、财政部门应对基金设立进行科学论证和翔实可行的规划,做到基金设立与当地产业发展相匹配,避免一哄而上和资源浪费。地域重合、投向相近的农业类政府投资基金应加强合作,可以资本为纽带,通过互相参股、联合投资等方式发挥合力。制定基金发展的长期规划,确保基金持续健康运转,发挥长效机制作用。除有明确的投资项目外,绝大多数地市级政府不宜建立农业类政府投资基金。**二是政府适当让利,坚持市场化运作。**在具体运作过程中,在坚持市场化运作的前提下,为更好发挥政府出资的引导作用,吸引更多社会资金投入农业,政府可采取适当让利等手段,科学调整基金内部利益分配机制,调动社会资本参与的积极性和投资运作的创造性。**三是导向激励,健全和完善评价体系。**借鉴国有资产监管从"管资产"到"管资本"的理念转变,建立健全绩效考评体系,对政府投资基金的政策目标实现程度、投资管理能力、综合信用水平、经济效益、基金管理的合规性等进行客观、公正的评价,科学应用考评结果,促进行业优胜劣汰,提高基金资源配置效率,推进其更好更快地良性发展。

本文内容发表于《农业发展与金融》2019年第8期

关于种业基金投资方式创新的思考

吕小明　刘　军　崔鸿发

作为国家级种业投资平台,现代种业发展基金承担了支持、振兴民族种业发展的重任,是中央财政支农方式的尝试和创新。自 2013 年 1 月设立以来,种业基金已累计投资了 20 多家企业,投资额达 14 亿元。在多年的投资实践中,种业基金主要是通过获取被投资企业普通股股权的方式对企业进行支持,投资方式较为单一。2019 年,中国农业发展银行(简称"农发行")和财政部对种业基金增资 10 亿元,标志着基金进入新的发展阶段。促进投资方式创新、加快投资进度成为当务之急。本文就种业基金投资方式创新有以下思考和建议。

一　与农发行密切合作,开展投贷联动业务

投贷联动是股权投资与信贷投放相结合的一种投资方式,其中,信贷投放主要由银行金融机构完成,股权投资可由银行金融机构内部具备投资资格的子公司或投资机构来完成。

自中国银监会与科技部、中国人民银行于 2016 年 4 月 21 日联合印发了《关于支持银行业金融机构加大创新力度开展科创企业投贷联动试点的指导意见》以来,各银行金融机构陆续开展投贷联动业务,探索投贷联动服务模式。目前,投贷联动服务模式主要有"银行金融机构＋银行金融机构的投资子公司"和"银行金融机构＋PE/VC(私募股权投资/风险投资)"两种模式。

结合种业基金的实际情况,农发行是国家唯一的农业政策性银行,种业

基金是国家级支持种业、具有政策引导属性的专业股权投资基金,两者均具有政策性功能,投资领域也相互融合;同时,种业基金增资后,农发行成为第一大股东,种业基金承担着农发行体系内对外直接投资的相关职责,双方完全可以通过"银行金融机构＋银行金融机构的投资子公司"模式开展投贷联动业务。农发行向种业基金推荐其优质客户或种业基金向农发行推荐其已投资或拟投资的优质客户,双方共同依据客户的需求和不同发展阶段向客户开展信贷业务或投资业务,以支持种业企业的发展。

二 使用具有股权和债权双重性质的投资工具进行投资

目前,在市场上通行的具有股权和债权性质的投资工具主要是优先股和可转换公司债券。

优先股是指依照公司法,在一般规定的普通种类股份之外,另行规定的其他种类股份,其股份持有人优先于普通股股东分配利润和剩余财产,但参与公司决策管理等权力也受到限制。优先股兼具股权性质和债权性质,其股权性质体现在股份持有人优先于普通股股东分配剩余财产,但参与公司决策管理等权力受到限制,除特殊情况外,优先股股东不出席股东大会会议,所持股份没有表决权;其债权性质体现在可以按照约定的票面股息率优先于普通股股东分配公司利润。依据国务院于 2013 年 11 月 30 日发布的文件《国务院关于开展优先股试点的指导意见》(国发〔2013〕46 号)的规定,"公开发行优先股的发行人限于证监会规定的上市公司,非公开发行优先股的发行人限于上市公司(含注册地在境内的境外上市公司)和非上市公众公司"。目前,国内农林牧渔行业中有 70 家 A 股上市公司、205 家在全国中小企业股份转让系统公司挂牌的非上市公众公司。据初步统计,截至目前共有 30 家在全国中小企业股份转让系统公司挂牌公司、24 家 A 股上市公司发行了优先股,发行的优先股中均设置回售或赎回条款,在一定程度上保证投资的退出。

可转换公司债券是指发行人依法定程序发行,在一定时间内依据约定的条件可以转换成普通股股份的公司债券。可转换公司债券于 1843 年起源于美国,具有债权和股权的双重特性,其优点是具有普通股所不具备的固定收益和一般债券不具备的升值潜力。目前,依据《中华人民共和国证券法》《非上市公司非公开发行可转换公司债券业务实施办法》及相关法律法规的规定,A股上市公司可以公开发行可转换公司债券,未在证券交易所上市的股份有限公司可以非公开发行可转换公司债券并在证券交易所挂牌交易;未在证券交易所上市的股份有限公司也可在区域性股权交易市场非公开发行可转换公司债券并备案;在部分地区,有限责任公司也可非公开发行可转换公司债券并在区域股权交易市场备案。

根据相关的法律法规、文件及对优先股和可转换债券的相关规定,以及对已发行的优先股和可转换公司债券分析,优先股仅由上市公司或在全国中小企业股份转让系统公司挂牌的非上市公众公司通过非公开的方式发行;而可转换公司债券的发行主体较为广泛,A股上市公司一般选择向投资人公开发行可转换公司债券,而在全国中小企业股份转让系统公司挂牌的非上市公众公司、其他股份有限公司和有限责任公司则选择非公开发行可转换公司债券。

基于上述认知,种业基金在投资过程中,可以紧密关注上市公司和非上市公众公司的信息披露公告,或与目标上市公司和非上市公众公司协商,在不具备直接以普通股方式投资的情况下以优先股的方式投资;也可以通过协商,对非上市公众公司、其他股份有限公司和有限责任公司,在暂时不具备直接以股权方式投资的情况下,进行可转换债券投资,在约定的转换时点依据企业的实际经营和发展情况由债权转为股权。通过优先股和可转换债券的投资,种业基金既可以取得稳定、较高的收益,又可以在一定程度上降低投资风险,同时也有利于发挥种业基金的引导作用,支持种业企业的发展。

三 通过 SPV 基金模式进行大额投资

在过去几年的投资实践中,种业基金在长期跟踪部分优质企业的过程中,得知该部分优质企业有较大的资金需求或其股东有意向出让持有的股权,但限于种业基金单个项目投资金额的限制,错失投资机会。针对未来仍然可能会出现的此类投资机会,种业基金可以借鉴市场化程度较高的投资机构的做法,考虑采取设立 SPV(特殊目的机构)基金模式进行投资,其中种业基金作为 SPV 基金的主要出资人并承担该 SPV 基金的管理职责,其余出资采取以非公开方式向其他机构募集。通过 SPV 基金模式,种业基金可以较少的资金撬动社会资本,共同为种业企业服务,体现种业基金发挥财政资金引导和示范作用,吸引社会资本参与现代种业投资。

四 契合国家种业发展战略,关注国家重点农业项目

作为国家级种业投资平台,种业基金应积极研究国家种业发展战略和相关政策,关注对种业长期发展有支撑作用的国家重点项目并积极参与,如以种业为主导产业的现代农业产业园项目、国家种质资源库中的种质资源的开发利用项目。

2017—2018 年,农业农村部和财政部批准创建 62 个国家级现代农业产业园,并在对每个产业园给予一定资金支持的基础上。2019 年,农业农村部和财政部继续加大对现代种业的支持力度,加快现代种业振兴,印发了《关于开展 2019 年国家现代农业产业园创建工作的通知》(农办规〔2019〕3号),支持地方政府重视种业基础好且对园区建设已有探索的湖南、广东、海南、四川、甘肃 5 个省份,各增加 1 个以种业为主导产业的现代农业产业园指标。据了解,2019 年农业农村部和财政部批准的以种业为主导产业的 5 个现代农业产业园所需资金共计 67.65 亿元,其中 80% 左右的资金需向社会融资。种业基金作为国家级农作物种业投资平台,可对以上 5 个产业园的建设情况进行充分调研,选取有资金需求、能够提供合理回报、能保证通畅退出渠道的园区进行投资,与农业农村部、财政部的财政支持形成共振。

我国种质资源长期保存量仅次于美国,位居世界第二,长期保存作物资源超过 50 万份,但开发利用的程度较低。目前,国家种质资源库由中国农业科学院作物科学研究所负责建设和维护。我国已建立了以国家作物种质长期库与复份库为核心、10 座中期库和 43 个种质圃为支撑的国家级作物种质资源保护体系。据了解,种业管理司拟牵头组织,对国家种质资源库中的种质资源进行开发利用。作为扶持种业发展的国家级种业投资平台,应积极参与,与种业管理司、中国农业科学院作物科学研究所及相关企业共同

研究和设计较为合理的模式,加快对国家种质资源库中种质资源的开发利用,促进中国种业的快速发展。

上述创新的投资方式,没有脱离种业基金备忘录、投资协议和公司章程对投资的限制,种业基金应进行积极的尝试,促进种业快速、稳步发展,提高种业基金的影响力。与农发行开展投贷联动业务,可以提高种业基金项目投资的精准度,借助银行金融机构对企业资金使用进行有效的监管,提高投资风险防范能力;在暂时不具备普通股股权投资时,采取优先股和可转债的方式进行投资,在坚持政策性的同时,也充分体现种业基金在政策允许范围内的灵活性和对种业行业的支持力度;通过 SPV 基金模式进行大额投资,可以有效扩大种业基金规模,开拓种业基金自身的融资渠道,吸引社会资本参与种业发展,支持培育种业航母;谋划关注国家重点农业项目,通过积极参与国家重点农业项目,与中央支持种业发展政策保持高度一致,可以放大财政支持的扶持功能,助力农作物种业企业的发展后劲,促进国家种业战略的实现,为“中国人饭碗里要装中国粮”做出更大贡献。

本文内容发表于《农业发展与金融》2019 年第 12 期

参考文献

[1] 刘军,吕小明,崔鸿发.创新种业基金投资的方式[J].农业发展与金融,2019(12):55-56.

专题四

种 业 开 放

中亚五国是中国种业"走出去"的战略选择

吕小明　张　涛

　　当前,农业全球化竞争日益激烈,仅靠大力拉动农业"引进来"已不足以保证我国农业的长期稳定发展和国际竞争力的进一步提高,统筹利用国内国外两个市场、两种资源,全面推行农业"走出去"已势在必行。种子是农业的基础,我国种业正面临从"引进来"到"走出去"的战略转型。20世纪90年代以来,美国先锋、孟山都、先正达,法国利马格兰等外资跨国种子公司先后进入我国。外资的进入,对于丰富我国品种资源、转变传统育种模式、引进先进营销理念起到了积极作用,促进了国内种业的发展,但"先玉335""迪卡007"等玉米品种、"LD5009"等向日葵品种以及诸多蔬菜品种在我国的快速扩张也给国内种业造成严重冲击。中国种业需借鉴跨国种子公司经验,"走出去"掌握全球种质资源、开拓国际市场、参与全球竞争。

一　我国种业具备"走出去"的基本条件和内在动力

(一)"走出去"的基本条件

　　我国种业与发展中国家相比,有一定的比较优势。

　　一是科研育种能力较强。我国杂交稻、小麦、双低油菜、转基因抗虫棉育种研发水平为全球领先,玉米和蔬菜等作物育种水平领先于发展中国家。2011年,全国植物新品种权的年申请量达到1 255件,跃居国际植物新品种保护联盟成员第二位,仅次于美国。**二是**种子企业规模较大。截至2012年7月,全国有农业部发证的"育繁推一体化"企业91家、进出口种子企业110

家。2010年,有49家"育繁推一体化"种子企业经营额超过1亿元,其中前十强企业销售收入达70亿元。**三是**种子企业资金充裕。2011年《国务院关于加快推进现代农作物种业发展的意见》实施后,社会资本纷纷投资种业,全国种子企业已上市9家,筹集了较为充裕的资金。排名前10位的企业年育种研发总投入累计超过5亿元,占营业收入的5%以上。

(二)"走出去"的内在动力

一是外资企业的冲击。目前,农作物外资种子企业有31家,其中5家属于合资玉米种子企业。在合资玉米种子企业经营的"先玉335""迪卡007"和"德美亚1号"的冲击下,我国部分玉米种子企业生存压力加大,吉林、黑龙江等省一些玉米种子企业落实玉米制种计划成为难题,不制种怕失去多年的市场,制种又怕卖不出去。2010年,先锋公司"先玉335"推广面积达到2 879万亩,占全国玉米种植面积的6%,占据了吉林省26%的玉米种植面积。孟山都公司"迪卡007"系列品种占据了广西40%的玉米种植面积,成为西南地区最大的玉米品种。德国KWS"德美亚"系列玉米种子供不应求,已经成为黑龙江和新疆北部需种量最大的玉米品种。

二是国内竞争加剧。种子市场需求相对稳定,但目前我国品种同质化严重,不法企业套牌侵权、抢购套购手段层出不穷,给守法企业维权和销售造成压力。恶性竞争导致利润过多流向终端零售商。2008年湖北荆州种子市场利润分配格局如下:水稻的种子生产企业、中间经销商、终端经销商的利润分配比例是1∶3∶5,棉花是1∶3∶7。杂交稻、杂交玉米种子严重积压。近几年,杂交稻、杂交玉米种子年余种量分别占年需种量的30%和45%。预计下一年杂交稻和杂交玉米种子供大于求的矛盾加剧,余种量占年需种量的比例将升至37%和82%,为近10年最高。

二 我国种业"走出去"的三个重点地区

从比较优势上分析,东南亚、非洲、中亚是我国种业"走出去"的三个重点目标地区,特别是中亚地区,将是下一步中国种业"走出去"的战略重点。

（一）东南亚地区

东南亚地区杂交稻种植面积为 3 000 万亩左右，年需种量约为 4 000 万公斤。中国企业凭借在杂交稻种子科研和生产方面的优势，近几年大力向东南亚国家扩张。近几年，向东南亚国家出口杂交稻种子的中国企业有 40 多家，2011 年出口量超过 5 000 万公斤。一些企业已开始在东南亚国家设立合资公司，如隆平高科先后在印度尼西亚和菲律宾组成立了独资和合资公司，黑龙江北大荒种业在菲律宾组建了合资公司。从总体上看，东南亚地区杂交稻种子的需求接近饱和，由于中国对水稻种质资源保护等原因，中国种业在东南亚地区的进一步发展，需要中国进一步调整杂交稻种质资源出口政策。

（二）非洲地区

非洲农业资源丰富，农业生产发展潜力大，但农业生产传统差，现代化水平极低，目前很多地方还看不到大面积种植的农作物。目前，我国已有安徽荃银高科、湖北农垦联丰种业公司在非洲开展农作物品种展示示范等前期工作。由于我国与非洲距离遥远、语言文化差异较大，再加上当地缺乏农业生产传统，缺乏高素质的劳动力，中国种业开拓非洲市场前景广阔，但过程会比较漫长。

（三）中亚五国地区

中亚五国（哈萨克斯坦、乌兹别克斯坦、吉尔吉斯斯坦、塔吉克斯坦、土库曼斯坦）与我国新疆地区毗邻，民族和人文习惯与新疆相似，语言文字与新疆相近，为双方种业合作提供了大量的"双语"人才。中亚五国种业处于起步阶段，与中国发展种业合作的积极性强。与东南亚以及非洲地区相比，中亚五国将成为我国种业"走出去"的突破口。

中亚五国属于典型的大陆干旱性气候，农业以旱作为主，主要作物是小麦、棉花、玉米，另有小面积的水稻和其他作物。种业发展水平很低，目前还没有专门的种子公司。此外，品种老化，种子纯度低，以粮代种情况普遍。例如，塔吉克斯坦没有玉米和棉花种子生产基地，棉花种子只有一个合作社有硫酸脱绒加工设备，加工量很小。种业发展水平低，导致单产低、产品质量差。粮食生产大国哈萨克斯坦近几年小麦平均单产为 1 吨/公顷,而中国新疆小麦单产在 2004 年就已达到 1.8 吨/公顷。2011 年,塔吉克斯坦玉米、小麦、棉花平均亩产分别为 267 公斤、173 公斤和 60 公斤,相当于新疆相应作物的一半左右。吉尔吉斯斯坦小麦谷蛋白率低,所产面粉甚至不能作为面包和馕的原料。棉花生产大国乌兹别克斯坦最好的棉花"布拉哈‑6 号"相当于中国新疆二级棉水平。

三　我国与中亚五国开展种业合作面临的机遇

(一) 我国政策支持

《国务院关于进一步促进新疆经济社会发展的若干意见》明确要求,抓紧制定到中亚地区开拓市场、资源的总体规划和扶持政策,大力发展面向中亚的外向型产业,对"走出去"的企业在项目审核、金融服务、通关便利等方面给予政策支持。中亚五国中,除土库曼斯坦外的 4 个国家均为上海合作组织(简称"上合组织")成员,吉尔吉斯斯坦是世界贸易组织成员。农业是上合组织确定的优先发展领域之一。2011 年 11 月 7 日,国务院总理温家宝在俄罗斯圣彼得堡出席上合组织成员国总理第十次会议,提出九点建议加强务实合作,其中一条就是"通过设立上合组织'种子库',推广优良品种,加强农业技术培训、动植物疫病防控等措施,健全粮食安全合作机制"。

(二) 中亚五国欢迎

中亚五国希望通过农业技术合作提高农产品产量。我国去年有 2 个玉米品种在哈萨克斯坦南部的希姆肯特试种,表现非常好,当地人点名要中国的种子。塔吉克斯坦政府为中国种子企业在塔吉克斯坦发展提供了良好的条件。2012 年 6 月 5 日,塔吉克斯坦总统埃莫马利·拉赫蒙在钓鱼台国宾馆接见了中国某种子企业负责人。该负责人提出要在塔吉克斯坦建立两个种子加工厂,拉赫蒙总统当场表示支持,并指示财政部长帮助落实。目前,种子加工厂筹建过程顺利。

（三）双方互补性强

中亚五国种质资源丰富，独立前是苏联的"粮仓"，在小麦、棉花、果树种质资源的收集和保存方面有一套较为完整的体系。中亚五国保留了很多宝贵的农家品种，具有抗旱、抗寒、耐瘠薄等我国较为缺乏的基因。20世纪90年代以来，新疆农科院从哈萨克斯坦引进小麦品种资源，选育出了"新冬""新春"系列主栽品种，为新疆粮食发展做出了贡献。中亚五国油料和蔬菜瓜果自给率低，发展油菜、大豆、油葵等油料作物和蔬菜瓜果生产潜力大。而我国相关作物育种技术较为先进，新疆维吾尔自治区与中亚五国处于同一生态区，农作物品种在中亚五国经过短期的测试就可应用，育种成本低。

（四）中亚五国种业市场潜力巨大

中亚五国耕地总面积为4.6亿亩，耕作制度为1年1熟，年播种面积也为4.6亿亩左右。我国年播种面积为20.3亿亩，2013年种子年市值约为850亿元。2013年，中亚五国种子商品化率较低，估计不到10％，基本没有种子加工机械，种子总市值可能只有13亿元左右。如能发展到我国目前的种业水平，中亚五国的种子潜在市值可以达到180亿元。随着国际粮食生产形势趋紧、全球粮食危机问题日益迫近，中亚五国作为全球粮食生产基地的作用将更加突出，种业发展的潜力也将日益显现。2012年7月，乌克兰议会批准政府引进中国30亿美元投资用于农业开发，其中就涉及种业合作。8月，俄罗斯确定了远东开发战略，农业是重要方面。从长远看，以中亚五国为跳板，中国种业还可以向乌克兰、俄罗斯等东欧国家发展。

四　我国种业走向中亚五国的对策和建议

中国企业在中亚五国投资种业，一方面可以促进当地粮食、棉花和其他种植业产品的综合生产和开发，充分利用当地的土地资源，促进当地经济发展和农民增收；另一方面，中国种业走进中亚，有利于抢占中亚出口市场，为中国在中亚建立海外粮食、棉花等战略物资生产基地，保障国家长期可持续发展做出贡献。中国种业开拓中亚市场，应当以互利双赢为出发点，服务于农业"走出去"的大局,力争做好农业"走出去"的先锋,协调好种质资源保护和开发的关系,积极稳妥地推进。

(一) 重点品种

中亚五国农业资源开发利用程度差异较大,与中国开展种业合作的需求各不相同。中国种业走向中亚的重点领域:**一是**在棉花、小麦、玉米等作物上加强种质资源搜集、品种开发和技术交流。**二是**在玉米、油菜和油葵等作物上,以新疆伊犁河谷等地区为依托,建立出口种子生产基地,加大杂交种子出口。**三是**在蔬菜、瓜果作物上,扩大种子直接出口,加强出口后的技术服务。**四是**在大豆育种研发上加强和哈萨克斯坦的合作。我国是世界上最大的大豆进口国,哈萨克斯坦对与我国开展大豆种植有很大兴趣,我国相关企业可以开展前期研究。**五是**中亚五国种子加工机械缺乏,建议抓住有利时机开展种子加工机械出口和售后服务。

(二) 合作途径

一是充分利用我国对中亚国家的农业援助和上合组织农业经济合作的机会,选择合适的作物和品种在国外展示和示范,为我国种业走向中亚展示种业先进水平和增产潜力。**二是**在中亚国家设立独资和合资公司。中亚五国希望国外投资者到中亚投资,并为此制定了许多鼓励投资的法律和政策,目前已经有一些中国种子企业在中亚设立合资公司。**三是**直接开展种子和种子加工机械出口贸易。

(三) 有关建议

一是国家层面加强双边农业谈判和政府间交流合作,尽快与中亚五国签订相关协议,建立种业合作以及种子进出口贸易的多边磋商机制,建立持续长效的种业合作机制。**二是**外交部、商务部和农业部等有关部委借助上合组织平台,办好新疆种子交易会,积极搭桥,强化协调服务,为种子企业"走出去"创造机会。**三是**农业部商请商务部和外交部等部委,加大对外经济技术合作专项资金、中小企业国际市场开拓资金以及农产品出口促进资金等农业"走出去"支持资金对种业"走出去"的支持力度。**四是**农业部尽快调整种质资源和技术出口战略,适当放宽亲本出口,会同国家出入境检验检疫局和海关总署,加快种子出口审批进度。建立和完善种子企业"走出去"中的知识产权管理制度,促进中亚建立健全植物新品种保护制度。

本文内容发表于中种集团内刊《中国种子》2013 年

种子企业"走出去"研究报告

吕小明　马淑萍　马志刚

种子是农业的基础,我国种业正面临从"引进来"向"走出去"的战略转型。为有效推进我国种业"走出去",更好地利用两种资源、两个市场,促进我国现代种业发展,本报告分析了种业"走出去"现状及潜力,明确了种业"走出去"的思路、目标任务和战略布局,提出了相关政策建议。

一　种业"走出去"意义重大

(一)应对种业国际竞争的必然选择

随着经济全球化进程加快,种业市场竞争愈演愈烈,只有全球配置资源,企业才能发展壮大。孟山都、杜邦先锋、先正达等跨国种子公司都经历了从国内到国外、从小到大、从弱到强的发展历程。我国种业急需"走出去",利用全球优势资源,提升核心竞争力,拓展发展空间,提升在国际竞争中的话语权和主导权。

(二)保障国家粮食安全的重要举措

我国粮食需求呈刚性增长态势,年进口量已占全球粮食年贸易总量的20%以上。亚洲、非洲和南美洲等地区的发展中国家有大量土地,但是粮食产量低,需要从国际市场进口。实施种业"走出去"有利于从根本上提升我国农业"走出去"水平,提升当地粮食产量和自给率,也有利于我国增加境外粮食产能储备,拓宽粮食进口渠道。

（三）服务国家外交战略的重要手段

农业外交一直是我国外交工作中一张不可多得的牌，在国家整体外交中发挥着独特作用。种子是农业的芯片，种业"走出去"是农业"走出去"的先导，可带动我国农业技术、资本和其他要素与当地资源结合，提高当地农业生产水平，促进经济发展，造福当地人民，提升我国影响力，树立大国形象。

二 基本情况与趋势

总体上看，当前我国种业"走出去"呈现贸易增速减缓、投资增长较快、援助与合作研究平稳发展的态势。

（一）种子出口贸易增速放缓

改革开放以来，我国种子出口贸易稳步发展。主要出口作物是杂交稻、杂交玉米、蔬菜和花卉种子，杂交稻种子占出口量的 95％左右。主要出口国是越南、巴基斯坦等东南亚和南亚国家。20 世纪 90 年代以后，出口逐步加大。2000—2012 年，种子出口贸易额从 0.6 亿美元增加到 3.2 亿美元。2012 年之后，受国际粮价偏低、国内杂交稻制种成本高、目标国限制等原因，出口减少，2013 年减少至 2.8 亿美元。据农业农村部出口审批情况统计，2013 年审批出口量为 45 235 吨，比 2012 年下降 4.9％，比 2011 年下降 25％。种子协会预测，未来几年杂交稻种子出口贸易量增加空间有限。

（二）海外投资初显规模

我国种业海外投资尚处于起步阶段，近年来发展速度较快。据农业农村部对外经济合作中心的不完全统计，截至 2013 年底，全国共有 20 家种子企业在境外投资设立 28 家公司，主要从事水稻种子业务。其中亚洲 22 家、非洲 2 家、北美洲 2 家、南美洲 2 家，投资总额在 3 000 万美元以上。除直接投资外，中国企业也开始在孟加拉国等地建立制种基地，设立研发机构，开展多种形式的投资合作。隆平高科自 2007 年开始，在印度尼西亚、菲律宾共投资 350 万美元建立控股公司从事水稻品种研发，在美国投资 2 500 万元人民币建立独资公司从事玉米品种研发。调查表明,当前种子企业海外投资意向较为强烈,湖北种子集团公司计划在巴基斯坦投资 3 000 万美元建立独资公司,目前已注册。

(三) 种子国际援助与合作研究稳步发展

2007 年中非合作论坛以来,我国已建成 14 个中非农业技术示范中心。新品种试验示范是示范中心的重要内容。示范中心筛选了一批适合当地种植的农作物新品种,部分品种得到广泛应用,如山东外经集团依托苏丹示范中心推广我国棉花品种"中国 1 号",2013—2014 年度种植 126 万亩,占该国棉花种植面积的 91%。示范中心还吸引了大批国际机构、专家学者的参观访问,促成农业技术交流合作项目。

三 潜力分析

(一) 种业"走出去"有比较优势

我国已经构建了从种质资源搜集、保存、发掘,到育种研发,再到种子生产、加工、推广的较为完整的种子产业体系,种业整体水平居发展中国家前列。

从作物看,我国杂交稻技术水平为国际领先,具有种质资源,育种技术,研发团队和种子生产、加工、推广等综合优势;转基因抗虫棉技术成熟,率先在全球实现了"三系"[①]配套,并具有自主知识产权;杂交玉米种子研发力量较强,制种技术较先进,种子生产经营企业较集中;部分设施园艺蔬菜作物种子研发水平较高;大豆和玉米等作物转基因种子研究取得长足进步,已拥有具备商业化条件的品种。

从企业看,我国种子企业具有"走出去"的实力和经验。目前有 12 家上市种子企业。2013 年销售额超过 1 亿元的"育繁推一体化"种子企业有 50 多家,超过 20 亿元的有 2 家,种业前 10 强销售额为 119.5 亿元,占国内销售

---

① "三系"指通过雄性不育系、雄性不育保持系和雄性不育恢复系获得杂交种一代的育种方法,是杂交水稻的经典方法。

总额的 16.3%。有 50 多家企业具有种子出口实践经验,有 20 多家企业具有海外投资的实践经验。

(二) 种业"走出去"有市场需求

我国种业具有向东南亚和印度、中亚和俄罗斯、南美洲以及非洲等国家和地区拓展的潜力。

1. 东南亚和印度

水稻是东南亚和印度的主要粮食作物。东南亚地区常年种植水稻 7 亿亩左右,平均单产为 256 公斤/亩,相当于我国的 58%。其中,杂交稻为 3 000 万亩左右,占水稻总面积的 4.3% 左右。印度常年种植水稻 6.5 亿亩左右,平均单产为 153 公斤/亩,是我国的 35%。其中,杂交稻为 2 200 多万亩,占水稻总面积的 4%。

目前,东南亚地区的杂交稻种子主要来自我国,我国部分企业已经开始在该地区设立合资或独资种子公司。印度的杂交稻种子主要来自在印度本土设立公司的美国杂交稻种子公司,中国企业还没有突破。

越南和印度等国比较重视农业生产,有改进农业生产条件、促进杂交稻品种推广的意愿,对杂交稻种子的需求将呈增长趋势。如果东南亚和印度地区杂交稻种植面积能够提高到 20%,每年将需要杂交稻种子 28 万吨,市值可达 16 亿美元以上。

2. 中亚和俄罗斯远东地区

中亚五国耕地总面积为 4.6 亿亩,主要作物是小麦、棉花、玉米,蔬菜生产发展较快。该地区还没有专门的种子企业,种子商品化率为 10% 左右。2011 年,塔吉克斯坦玉米、小麦、棉花平均亩产分别为 267 公斤、173 公斤和 60 公斤,相当于新疆单产的一半。

俄罗斯远东地区有耕地 1 亿亩以上,三分之一以上常年闲置。目前,黑龙江共有上百家企业在远东地区经营 750 多万亩土地,主要作物为大豆、玉米和蔬菜。这些种子主要来自中国,部分是商品粮留种。

中亚五国和俄罗斯远东地区与我国毗邻,经济互补性强,也是我国农业国际合作的重点区域。河南某种业公司已占塔吉克斯坦棉花生产品种的 30% 以上。黑龙江省一些企业已与俄罗斯远东建立了较好的合作关系。如果该地区种子商品率能提高到 20%,市值可达 10 亿美元。

3. 南美洲地区

巴西耕地面积为 45 亿亩,还有 13.5 亿亩未开垦土地,主要作物是大豆和水稻。阿根廷耕地面积为 3.7 亿亩,主要作物是大豆和玉米。目前,两国政府有加强种业国际合作,摆脱种业受制于跨国种子公司控制的强烈意愿。

中国企业在南美拓展已有一定基础。中粮集团并购了国际知名粮商 Nidera 公司。Nidera 公司在南美具有包括种子在内的农业全产业链的基础,全程提供农资,换取大豆和玉米。2013 年 6 月,在中国—拉丁美洲和加勒比农业部长论坛召开期间,北京大北农科技有限公司与阿根廷 Bioceres 签订战略合作协议,建立了战略合作关系,计划在阿根廷建立联合研发中心及合资公司,在阿根廷种植中国的转基因大豆和玉米品种。

4. 非洲地区

非洲耕地面积为 26 亿亩,农业资源丰富,农业生产发展潜力大。我国已有安徽荃银高科、湖北农垦联丰种业公司在非洲开展农作物品种展示和示范等前期工作。但该地区农业生产传统差,现代化水平低,开拓种业市场过程会比较漫长。

四 面临的问题与挑战

(一) 现行法律法规相对滞后

国内相关法律法规和政策总体上属于"防守型",与"走出去"不配套。**一是**对外投资宏观管理制度滞后,财税和外汇管理制度不配套,部门分割,缺乏统一、透明的投资审批标准,审批时间较长。**二是**缺乏与国际接轨的质量认证体系,种子质量检测鉴定制度与国际不接轨。**三是**种质资源保护制度重保护、轻利用,担心资源流失,在一定程度上束缚了杂交稻种子"走出去"。

(二) 杂交稻保持领先优势压力大

我国种子企业在东南亚等地开拓,遇到了美国先锋、德国拜耳等跨国种子公司强有力的竞争。他们已经开始在东南亚开办种子企业,其杂交稻制种机械化水平高,种子成本低,将成为我国种业"走出去"的主要竞争对手。

(三)国际投资环境制约因素较多

随着种业地位提升,越来越多的国家把种业列为核心产业,出于保护本土产业发展的目的,许多国家增加了商品种子进口和种业投资的限制。印度做出规定,禁止杂交水稻商品种子进口。印度尼西亚规定,国外种业投资者必须与印度尼西亚公司合资,向合作伙伴转移技术,国外投资比例不高于30%。

(四)种业企业合力亟待增强

中国种业"走出去"缺少总体的协调和指导,还停留在探索阶段。**一是**组织化程度低,出口企业之间沟通少,单个企业无力应对技术性贸易壁垒,在国际贸易中造成不必要的损失。**二是**打低端价格战,2012年杂交水稻种子在国内的销售价格为25~28元/公斤,而出口价格仅为17~22元/公斤。**三是**企业间恶性竞争,一些企业在种业投资项目谈判中竞相压价,某个企业洽谈数年的项目,被国内同行压低价格、接受目标国更苛刻的条件而抢走。

五 总体思路

(一)发展思路

配合国家农业"走出去"总体战略,加强政府引导,形成发展合力;坚持以企业为主体,结合现有基础,发挥比较优势;坚持本土化的发展方向,大力促进直接投资,稳步推进国际贸易;完善配套措施,不断提高组织化、专业化程度。

(二)发展目标

到2020年,杂交稻种子出口额达到5亿美元(当时的预测),在东南亚地区市场占有率保持在90%以上;形成20家区域性跨国种业公司,对外直接投资额达到5亿美元左右;在印度尼西亚、孟加拉国等国建立稳定的杂交稻"两系"种子制种基地10万亩左右,供应国际、国内市场。

（三）战略布局

1. 提升东南亚市场

重点是杂交稻种子。在继续促进杂交稻种子出口的基础上，支持隆平高科、荃银高科等重点企业在东南亚开办独资或合资企业，融入本地，稳步发展。支持有实力、有意愿的企业在孟加拉国等地建立制种基地，降低杂交稻种子生产成本，提升竞争力。

2. 开拓中亚及俄罗斯市场

重点是棉花、玉米和蔬菜种子。按照境外市场需求，在国内培育、筛选棉花，设施化栽培蔬菜品种，加大出口贸易、提供技术服务，进一步拓展目标国市场。通过河南经研银海种业在塔吉克斯坦现有渠道，扩大投资规模，加大向周边国家的辐射力度。

3. 突破南美洲市场

重点是大豆、玉米和水稻种子。加快中巴农业联合实验室建设。支持北京金色农华在阿根廷建立联合研发中心，组建合资公司，实现中国转基因品种在阿根廷的商业化。支持 Nidera 公司在南美发展壮大。

4. 服务非洲市场

非洲市场的重点是玉米、水稻、棉花和蔬菜种子。种业服务外交，进一步发挥农业技术示范中心带动示范作用，吸收重点种子企业参与示范中心建成后的运行维护工作，保障示范中心持续稳定发展。同时，为种业"走出去"创造条件。

六　推进措施及政策建议

（一）完善法律法规

修订《种子法》和对外投资相关法律法规，建立适应种业国际化发展的制度体系。修订《农作物种质资源管理办法》，对外提供种质资源目录，在保障优异资源不外流的前提下，允许部分有实力、有能力的种子企业出口"两系"[①]

[①] "两系"指根据气候变化改变生殖特征，兼具雄性不育和正常繁殖功能的光温敏不育系水稻与其他水稻品种杂交的杂交水稻培育方法。

杂交稻亲本种子,在海外建立制种基地。研究加入国际种子检验协会(ISTA),建立与目标国检测结果互认的检测体系。

(二)出台配套优惠政策

在外经贸发展专项资金中,对企业建立海外试验站、研发中心、申请海外品种权保护进行支持,对种子出口量大以及通过国外品种审定的企业,给予奖励或研发后补助。对"走出去"开展种业投资的企业,给予前期费用和贷款利息补贴。现代种业发展基金加大对种子企业"走出去"的支持力度。对于"走出去"重点企业实行出口退税或免税优惠。由农业部牵头,联合政策性银行和保险机构,给予出口优势明显的龙头企业优先提供信贷支持和保费补贴。

(三)建立协调机制

把种业"走出去"作为多双边农业合作机制的重要内容,围绕种子检验检疫、知识产权保护、境外试验、非疫区认定、企业税收等议题,与目标国开展政府间沟通协调,积极解决种子贸易壁垒问题,为"走出去"创造有利的合作环境。充分发挥中国-东盟自由贸易区在种子贸易中的作用,推进种业"走出去"与国家援外工作的全面对接。

(四)加强人才培养和技术支撑

参照"南南合作"、农业技术示范中心等援外项目的成熟做法,为种子"走出去"提供技术和人才支撑。组织派遣各类专家,对种业"走出去"项目进行技术指导,帮助企业提高起点、选准方向。加大培训力度,帮助企业培养国际化经营管理人才。

(五)发挥行业协会作用

充分发挥中国种子协会等中介组织的协调和服务职能。由协会牵头建立中国种业"走出去"企业行为准则,促进行业自律;定期协调杂交稻种子出口最低价格,促进有序竞争;分地区协调投资策略,减少内耗。

本文内容发表于中种集团内刊《中国种子》2016 年

借力"一带一路"推进我国杂交稻种业国际化发展

吕小明

中共十九大报告明确要求"以'一带一路'建设为重点,坚持引进来和走出去并重"。种业是农业的芯片,20 世纪 80 年代通过"引进来"促进了自身的大发展,30 多年后的今天,必须推动"走出去",坚持"引进来"和"走出去"并重,才能实现种业"强国梦"。

我国杂交稻技术水平国际领先,具有种质资源、育种技术、研发团队和种子生产加工推广等综合优势。得益于技术驱动,国内杂交稻种子企业发育良好,隆平高科等种子企业已经具备成为跨国种子公司的潜力。随着常规稻复苏以及未来稻谷"价补分离"预期,国内水稻种子企业发展空间有限。应抓住"一带一路"倡议机遇、适当放宽种质资源出口限制,促进我国杂交稻种业国际化发展。

一 国内水稻种子企业发展空间有限

(一) 科技推动,我国水稻种子企业已实现分层发展

相比于玉米和小麦等其他主要粮食作物品种,杂交稻品种区域性较强,至今没有出现推广面积超过 1 000 万亩的品种。但依靠持续的科技推动(育种技术经历了以"三系"稻为代表的第一代育种技术向以"两系"稻为代表的第二代育种技术的演变,"两系"稻已进入第四次更新换代,以遗传工程雄性不育为代表的第三代育种技术呼之欲出)和较强的资本运作能力,国内水稻种业在各主要农作物中,市场集中度最高,种子企业已率先实现分层发展。2013 年以来,农业部实施"种业新政策",育种资源和技术由科研院所

加快向企业转移,我国水稻种子企业的发展已出现明显的分化。

第一层,龙头企业。具有较为完善的育种研发体系、拥有产业整合能力的"育繁推一体化"大型种子企业的杂交稻种子年销售额为数亿元。如袁隆平农业高科技股份有限公司、安徽荃银种业科技有限公司、合肥丰乐种业科技有限公司、海南神农基因科技股份有限公司以及中国种子集团股份有限公司等,已占全国杂交稻市场的40%左右。

第二层,区域优势企业。具有一定的科研育种和品种推广能力的企业在本省及周边表现突出,杂交稻种子年销售额为1亿元左右,已占全国杂交稻市场的30%左右。如湖南桃花源种业有限责任公司、湖南科裕隆种业有限公司、江西天涯种业有限公司、江西现代种业股份有限公司、广西兆和种业有限公司、广东金稻种业科技有限公司、四川国豪种业科技有限公司、四川仲衍种业有限公司等。

第三层,省内中小企业。销售额在1亿元以下的中小型杂交稻种子企业尚有600家左右。

(二)常规稻复苏,我国水稻种子行业规模增长速度放缓

1976年,我国开始推广杂交稻,1995年达到2 089.78万公顷的历史最大面积,占当年水稻面积的67.97%。但杂交稻面积及其占水稻面积的比例在1999年以后呈现缓慢下降趋势,2013年降至1 617.87万公顷,占水稻面积的53.37%。目前,我国水稻年播种面积为3 000万公顷,杂交稻和常规稻旗鼓相当。

杂交稻面积下降,有东北常规粳稻发展迅速、南方稻区种植业结构调整的原因,也受南方杂交稻传统优势区域改种常规稻的影响:一是人力成本的提高导致直播的种植方式普及率提高,直播需种量大,而杂交稻种子成本高、农民购种压力大,这在早稻市场尤为明显;二是杂交稻需水需肥,资源消耗较高,品质较差,口感不好;三是常规稻育种取得长足进步,有些产量并不低。

与杂交稻相比,常规稻可以留种,其种子的价格和毛利率均相应较低。随着南方水稻主产区土地流转加快,合作社和家庭农场等新型经营主体因为有农业品牌支撑,更加青睐常规稻,我国杂交稻的面积有可能持续下降,

这将导致水稻种子行业规模的增长速度放缓。

（三）价补分离后,水稻种子行业的发展将面临收缩风险

2016 年国家玉米收储制度改革曾引起强烈震动,但目前已取得显著成效。2016 年秋,国务院研究室又密集调研稻谷和小麦最低收购价政策。展望粮食收储政策,取消稻谷最低收购价、价补分离是方向。价补分离后,水稻种子行业的发展将面临收缩风险。参考玉米的经验,农民的种植收益收窄或导致水稻种植面积下降,农民对种子成本更为敏感。

预计未来 3～5 年水稻种子行业的市场集中度将会快速提升。对于种子企业而言,其发展由增量带动转向存量博弈。《种子法》的修订和绿色通道的放开导致研发型龙头种企的竞争更加激烈,隆平高科等重点龙头企业的市场占有率将达到天花板。海外市场的拓展便成为企业发展最行之有效的途径之一。

二 杂交稻种子国际开拓有基础、有条件

（一）我国杂交稻科研育种优势明显,杂交稻种子出口贸易方兴未艾

我国杂交稻研究起步早、经验足、种质资源丰富、人才优势明显,杂交稻也因此成为我国农业科研的"名片"、农业外交不可多得的"好牌"。

20 世纪 90 年代以来,我国杂交稻种子出口贸易稳步发展。目前,全国有 80 多家企业具有种子出口资质,30 多家企业常年开展杂交稻种子出口业务。每年种子出口量为 4 万吨(占国内制种量的 8％左右)、销售额为 3 亿美元左右。出口主要目的地为南亚和东南亚,主要有巴基斯坦、菲律宾、越南、印度尼西亚和孟加拉国。

受国外需求平稳增长和国内杂交稻种子较高库存影响,预计我国杂交稻种子出口在短期内将保持一定规模。

（二）隆平高科等主要种子企业已开始在南亚和东南亚布局

除种子贸易(国内研发和制种,国外销售)外,我国的水稻种子企业已经开始直接在海外投资设立种子公司。全国已有 20 多家种子企业在东南亚

等地设立 30 多家公司从事水稻种子企业。中国企业也开始在孟加拉国等地建立制种基地,设立研发机构,开展多种形式的投资合作。

其中,隆平高科和中国种子集团等企业是东南亚市场开拓的先锋。隆平高科自 2007 年开始,在印度尼西亚、菲律宾共投资 350 万美元建立控股公司,从事水稻品种研发。目前,隆平已有两个品种通过了菲律宾的审定,同时有品种进入了印度审定的区域试验。2016 年,作为"国字头"的种子企业,中国种子集团在孟加拉国与当地种子企业合作,设立了合资研发机构。

(三) 海外市场空间约为中国的三倍

在南亚和东南亚国家中,杂交稻的主要市场包括 7 个国家:印度、孟加拉国、巴基斯坦、越南、印度尼西亚、菲律宾和缅甸。七国的水稻总种植面积约为 13.7 亿亩,相当于中国水稻种植面积的 3 倍。

印度常年种植水稻 6.5 亿亩左右,平均单产为 153 公斤/亩,是我国的 35%。其中,杂交稻为 2 200 多万亩,占水稻总面积的 4%。孟加拉国、巴基斯坦、越南、印度尼西亚、菲律宾和缅甸等国常年种植水稻 7 亿亩左右,平均单产 256 公斤/亩,相当于我国的 58%。其中,杂交稻为 3 000 万亩左右,占水稻总面积的 4.3% 左右。

未来随着杂交稻本土育种的技术进步,杂交稻在东南亚国家的推广率有望提高,则以上国家杂交稻种子的潜在市场约为中国的 3 倍。

三 放宽水稻亲本种子出口限制,抢占杂交稻种子国际制高点

我国种子企业在东南亚水稻种子市场的开拓同样面临许多问题:① 部分国家的政策使得仅有本土研发的杂交稻种子才能在当地迅速推广。例如印度就不允许直接进口杂交稻种子。② 目前出口的杂交稻品种与当地品种相比虽然更具单产优势,但是抗性差、米质差、制种单产低导致定价高,因此杂交稻在南亚和东南亚地区的推广率仅为 5% 左右,远低于国内 42% 的水平。③ 美国先锋、德国拜耳等跨国公司在南亚和东南亚地区已经开始设立育种站或开办独资、合资企业,从事杂交稻育种研发和推广,其杂交稻"两

系"种子生产机械化水平高,种子价格低,又有种子全球经营的丰富经验,将成为我国种业的主要竞争对手。

综上,我国种业急需放开亲本资源的出口限制,便于国内种子企业凭借新一代亲本资源抢占东南亚种子市场。从趋势看,企业强则种业强,种子企业只有在全球配置资源,才能发展壮大。种业国际化发展,是应对国际种业竞争的必然选择,也是保障国家粮食安全的重要举措。

(1)水稻种子亲本出口的限制难以真正发挥作用,应与东道国加强监管合作,采取更加灵活的种质资源管理措施。修订《农作物种质资源管理办法》,对外提供种质资源分类原则和目录,在保障优异资源不外流的前提下,允许部分有实力有能力的种子企业系统出口杂交稻亲本种子,在海外建立研发和种子生产基地。

(2)引导隆平高科等龙头种子企业与外资合作,中方出技术,外方出管理和资金,共同开发国际杂交稻种子市场。不可否认的是,我国企业国际化发展总体上处于起步阶段,水稻种子企业更是如此。我国有技术和品种优势,国外跨国种子公司有管理、资金和国际投资开发优势,两者如果结合,就能各得其所,共同发展。美国水稻技术公司是美国唯一一家集水稻育种、品种繁育、种子生产和供应的公司,该公司培育和生产的杂交稻种子种植面积占美国的 30% 左右,其核心技术也是我国转让的。

(3)借"一带一路"东风,创设支持政策,鼓励杂交稻种子企业参与国际竞争。对企业建立海外试验站、研发中心,申请海外品种权保护进行支持,对通过国外品种审定的企业,给予奖励或研发后补助。对在海外开展种业投资的企业,给予前期费用和贷款利息补贴,实行出口退税或免税优惠。

总之,我国经济已经融入全球市场,种业难以独善其身。技术优势不会直接转化为经济效益,被动地保护不如积极地开拓。世界上没有绝对的安全,真正的发展壮大才能保障"安全"。杂交稻是我国最具优势的作物,种业国际化发展,杂交稻应该走在前头。

本文内容发表于《中国种业》2018 年第 6 期

种业的合资与合作

吕小明　王　薇

改革开放 40 多年来,中国种业领域发生了巨大而深刻的变化,外资种子企业作为其中重要的推动力量,曾为中国种业进步做出了不可或缺的贡献,但在企业数量上却出现了大幅下降。2018 年以来,种业等农业领域不断释放出新一轮对外开放的政策信号,当此之时,重新梳理外资种子企业在中国的发展脉络,研判其现状及趋势,有助于政策的制定者和执行者厘清思路、找准方向,积极有效利用外资,推动种子产业高质量发展。

一 外商投资农作物种子企业在我国发展的 3 个阶段

(一) 快速发展期

改革开放至 1997 年为外商投资农作物种子企业在我国的快速发展期。20 世纪 80 年代,美国孟山都、美国先锋良种、瑞士先正达、法国利马格兰、荷兰圣尼斯等国际种业巨头纷纷来华设立办事处。20 世纪 90 年代,韩国兴农、韩国首尔、日本泷井、日本坂田、法国米可多、泰国正大等先后来中国成立分公司。

1991 年,农业部颁布《中华人民共和国种子管理条例》,对外资未做特别规定。国家计委、商务部 1995 年颁布的《外商投资产业指导目录》中,粮、棉、油料、糖料、果树、蔬菜、花卉、牧草等农作物优质高产新品种开发均属于"鼓励类",无中方持股比例要求。

这一时期外资在华设立的种子公司多数为外商独资或控股。例如,1996 年泰国正大在湖北投资设立的襄樊正大农业开发有限公司,从事玉米种子生产经营,即由外方控股。1997 年,农业部等四部委发布《关于设立外商投资农作物种子企业审批和登记管理的规定》，外资在华种子企业数量达到顶峰，估计有 80 家左右。

（二）调整优化期

1997—2018 年为调整优化期。这一时期，新设立的外资种子企业只有三北种业、坂田种苗、恒基利马格兰和垦丰科沃施等 9 家，企业总数量逐步减少。2018 年持证外资种子企业数量为 25 家左右。

1997 年农业部等四部委发布《关于设立外商投资农作物种子企业审批和登记管理的规定》，要求"设立粮、棉、油作物种子企业，中方投资比例应大于 50％"。2000 年《种子法》实施，农业部对外资种子企业换发新的经营许可证，当时持证外资种子企业有 72 家。

2011 年、2015 年、2017 年版《外商投资产业指导目录》进一步收紧，将农作物新品种选育和种子生产列入"限制类"，不区分作物品种，一概要求由中方控股。与此同时，2016 年农业部颁布的《农作物种子生产经营许可管理办法》，对种子企业的固定资产等设置门槛，也大幅提高了企业入市条件，外资种子企业数量持续减少。

（三）扩大开放期

2018 年国务院发布《关于积极有效利用外资推动经济高质量发展若干措施的通知》（国发〔2018〕19 号），明确提出深化农业开放，取消或放宽种业等农业领域外资准入。2018 年，《外商投资准入特别管理措施（负面清单）》（简称《负面清单》）修订，取消小麦、玉米之外农作物新品种选育和种子生产须由中方控股（自由贸易试验区中方持股比例不低于 34％即可）的限制。农业部等四部委 1997 年颁布的《关于设立外商投资农作物种子企业审批和登记管理的规定》于 2019 年 4 月废止，暂不允许设立外商投资经营销售型农作物种子企业和外商独资农作物种子企业的禁令也随之取消。从政策法规层面，中国种业市场迎来了新一轮的对外开放。

二 外资种子企业减少的原因分析

如上文所述，1997—2018 年的 21 年间，我国种子市场相对比较封闭，主要是通过外资准入政策限制了外商对中国种业的投资，这是外资种子企业数量大幅减少的主要原因。除此之外，还有市场竞争等方面的因素。

（一）市场竞争淘汰

外资种企开拓中国市场，除准入政策外，企业战略、市场定位、价格与品种等市场因素也可能构成竞争障碍。外资种企大多推行全球化育种策略，瞄准高端种子市场，追求高产、高价、高利润，在蔬菜种子领域尤甚。而据统计，中国60%以上的蔬菜用种仍是地方性常规种和中低端杂交种，种类繁多，市场极度细分，地方特色品种资源丰富，贴合当地市场需求，且价格相对低廉。

以番茄种子为例，从品种上，外资种企大力推广的红果型番茄皮厚、硬度高、耐运输，适于制作汉堡、沙拉等西餐，而中国消费者更青睐皮薄、口感好、汁水丰富的传统粉果型番茄；从价格上，以色列海泽拉的"夏日阳光"樱桃番茄种子，1粒的售价就可达10～15元人民币，国产番茄种子一袋（1 000粒）售价几十元，甚至有相当数量的农户选择自留种种植。在山东寿光蔬菜种子市场，2000年前后洋种子曾一度占据80%的市场份额，而目前国产化种子的市场占有率已提高至70%以上，部分外资种企在市场竞争中被淘汰。

（二）知识产权保护问题

种业是典型的高科技产业，育种创新工作投入大、周期长、风险高，新品种是育种者智慧和心血的结晶。中国在1999年成为国际植物新品种保护联盟（UPOV）成员国，近年来，对植物新品种权等种业知识产权的保护已有了长足进步，但形式多样的侵权行为依旧扰乱种业市场。部分国内种子企业知识产权意识淡薄，通过盗用、仿制、套牌等方式，抢占市场、非法获利，现实中不少外资种企因此损失惨重。例如，1998年孟山都在安徽设立合资企业安徽安岱棉技术有限公司，孟山都负责研发和市场销售，凭借先进的转基因技术，其研发推广的转基因抗虫棉在中国棉种市场一度占据半壁江山，却因被大规模仿冒而丢失了市场，教训惨痛。担心品种流失已成为跨国种企的心结，在知识产权保护体系还没有达到预期水平之时，也有一部分企业宁愿放弃中国市场,也不敢贸然进入。

(三)通过商品种子进出口等其他方式合作

通过对 2001 年至今批准设立的 81 家外商种子企业的分析,虽有政策限制、市场竞争、知识产权保护环境等因素的制约,一小部分种子企业不再申领种子经营许可证,但大多数种子公司并未放弃中国市场,而是通过商品种子进出口等其他方式,曲线进入我国种子市场。下文将详细介绍。

三 中外种业合作方式分析

经过多年摸索,外资对中国市场环境和政策环境的认识和了解程度不断加深,实践中新的合作模式不断涌现。

(一)商品种子代理合作

按照原《关于设立外商投资农作物种子企业审批和登记管理的规定》,暂不允许设立外商投资经营销售型农作物种子企业和外商独资农作物种子企业。立法初衷是希望通过引进外资,引进国外种质资源、先进技术和管理经验,防止外资片面追求商业利益和市场占有率。实践中,部分外资往往采取"曲线救国"的策略,或以其中方核心员工作为代理人,设立内资种子企业;或与内资种子公司合作,由其代理种子进出口,进行销售推广,绕开监管限制,反而造就了一批国内的代理销售型种子公司。

例如,荷兰瑞克斯旺种子公司曾经持有独资的种子经营许可证,到期后因种种原因不再申办,转而在青岛设立外商独资的农业服务有限公司,经营瑞克斯旺寿光示范园,仅从事品种展示和配套技术研发,种子由与其合作的内资企业寿光百利、宿迁百利、河北百利等代理进口,实现在国内销售。

(二)品种和种质资源合作

美国先锋国际良种公司除直接设立登海先锋和敦煌先锋两个合资公司外,于 1998 年成立独资的铁岭先锋种子研究有限公司,专门从事玉米品种研发。育成的品种保护后授权给不限于两个合资公司的中国公司,提供亲本种子,根据销售量收取知识产权费用,实现产业链的高端控制。在调研中了解到,美国斯泰种业与河南某公司创新合作模式,斯泰种业提供品种和种质资源,河南公司负责经营推广,产生的收益逐步转化为公司股份,以曲线的方式进入国内市场。

(三) 科研合作

种业是农业中最具科技含量的领域,我国种业的核心科研资源目前主要集中在高等院校、科研院所等科研机构中。国内科研机构,不仅从事基础性、公益性研究,还通过承担一系列国家重大科技专项进行前沿性、实用性研究,形成了一系列具有应用价值的研究成果。国际种业巨头紧抓源头,通过投资共建实验室、合作开发、支持课题研发经费等方式,与我国一流科研机构建立合作关系,提前进行科研和人才储备。例如,目前国内尚未对外资发放水稻种子生产许可,但孟山都于 2009 年即与华中农业大学、湖南大学等达成合作意向,与其携手推进水稻生物技术领域的研发合作,提前谋划布局。

四　结论与政策建议

从数量上看,外资种子企业数量从累计审批过的 81 家减少到 23 家。不再办理许可证的企业,转行或退出是少数,大部分转为商品种子代理等多种形式的合作。我国是全球第二大种子市场,且在持续扩大,有眼光的外资公司不会放弃中国市场。中国种业应该抓住扩大的机会,争取更好地利用外资,共同进步。

(一) 转变监管思路

对外开放 40 多年,中国种业在竞争中学习成长,发展水平逐步提升。随着中国经济社会发展,综合国力不断增强,资金已不再是中国种业发展的最主要瓶颈,合资参股也不再是外资开发中国种业市场的最主要模式。种业外资准入政策调整,不应仅仅针对外方的出资关系,还应关注其对科研资源、销售渠道等关键环节的布局。监管思路应由对合资的监管,转向对合作的促进与规范。

（二）坚持法治思维

《关于设立外商投资农作物种子企业审批和登记管理的规定》废止和《负面清单》修订后，尚未出台实施细则，外资企业处于观望状态。建议尽快出台新的办法进行规范管理。对于外资准入《负面清单》之外的外商投资，按照内资企业办理种子生产经营许可的办法执行，实现内外资统一有效监管；对于《负面清单》内的外商投资，应明确相关安全审查和审批流程。

（三）鼓励和规范种业合作

鼓励自贸区、国家种业园区创造优惠条件，有针对性地吸引韩国、日本等国家和中国港、澳、台地区的种子企业到园区创业。以台资企业为例，农业部先后审批过19家台资种子公司，但目前只剩余农友种苗（中国）有限公司1家。管理部门应与科技管理部门共同研究，规范科研院所与种子企业的合作，出台专门的管理办法，避免核心种质资源非法外流。修改种质资源管理办法，优化进出口程序，促进种质资源的交流。

（四）建立有效的沟通机制

《关于设立外商投资农作物种子企业审批和登记管理的规定》已于2019年4月废止，暂不允许设立外商投资经营销售型农作物种子企业和外商独资农作物种子企业的禁令也随之取消，但在调研中发现，多数外资企业并不知情，很多外资种子公司觉得管理部门对其区别对待。建议管理部门加大政策宣讲力度，建立与外资种子企业的沟通平台，促进理解和交流，把外资企业的国民待遇落到实处。

本文内容发表于《中国种业》2019年第11期

参考文献

[1] 黄山松,田伟红,李子昂,等.外资蔬菜种子企业的现状与发展趋势[J].中国蔬菜,2014

(1)：2-6.

[2] 农业农村部种业管理司.中国种业大数据平台[DB/OL].[2019-08-15].http://202.127.42.145/bigdataNew/.

[3] 李军民,唐浩.外资进入对我国种业的影响分析[J].种子科技,2012(10)：5-7.

中国种业与改革开放战略

吕小明

2018 年中美贸易争端以来,经济全球化受到挑战。特别是 2020 年以来,新冠肺炎疫情给全球跨国投资带来巨大冲击,世界经济受到严重影响。从 2019 年底至今,特别是近期我国种业发生的几件大事来看,我国种业将继续坚持改革开放,继续坚持国际化发展战略,这符合中共中央、国务院的要求,符合国家大政方针,也符合种业发展规律。

一 外商投资政策继续放宽

突出表现是 2020 年版《外商投资准入特别管理措施(负面清单)》继续减少对外资投资农作物种业的限制。2020 年版《负面清单》于 6 月 24 日公布,7 月 23 日实施,在 2018 年版本的基础上,进一步放宽小麦种业投资限制。将小麦新品种选育和种子生产须由中方控股放宽为中方股比不低于 34%。

小麦是常规种,生产自留种比例较高,商业价值不如杂交作物。但近年来,农民自留种比例降低,商业价值逐步提高,一些新品种也卖出了上千万的高价。我国小麦育种水平较高,单产在各小麦主产国中处于较为领先的地位,杂交小麦研究有突破。目前,我国还没有中外合作的小麦种业公司。小麦种业投资限制放宽,我们期待优秀外资进入,引进国外先进的人才、理念和技术,促进小麦品质和单产水平再上新台阶。

二 已有政策稳步实施

(一) 农业农村部开始给外资企业发放种子进出口许可证

根据中国种业大数据平台,农业农村部已经在 2020 年 4 月 3 日为青岛皇泷种子有限公司、2020 年 5 月 28 日为圣尼斯种子(北京)有限公司发放了种子进出口许可证。这两家都是外资种子公司,特别是圣尼斯,有着很大影响力。

1997 年,农业部、国家计委、外经贸部、国家工商行政管理局四部委发布《关于设立外商投资农作物种子企业审批和登记管理的规定》(简称《规定》),第二条为"暂不允许设立外商投资经营销售型农作物种子企业和外商独资农作物种子企业",外资种子企业实际上拿不到农业部的进出口资质,进口种子时由中方代理,增加了工作环节和运营成本。该规定已于 2019 年废止,相关规定自然取消,农业农村部及时地调整了具体的审批流程。

(二) 外国自然人亦可在我国成立种子公司

从中国种业大数据平台上查询到,2020 年 1 月 22 日,农业农村部为北京中联韩种子有限公司发放种子生产经营许可证。根据工商登记,这是一家外国自然人设立的一人有限责任公司。这是一个进步。按照 1997 年四部委发布的《规定》的第四条,"外方应是具有较高的科研育种、种子生产技术和企业管理水平,有良好信誉的企业",外国自然人原来是不能在我国设立种子公司的。蔬菜企业具有分散和家族化个人化的特点。外资企业为了减少风险,以个人身份来我国设立种子公司是合理的选择。2019 年《规定》废止,农业农村部很快落实了相关政策。

同样,我们注意到,农业农村部在 2020 年 4 月 3 日为海泽拉启明种业(北京)有限公司颁发种子生产经营许可证。海泽拉是全球知名的跨国蔬菜种子公司,来中国新申请许可,表明外资对中国种子市场前景看好。这是农业农村部营造内外平等、有序竞争营商环境的重要举措。

三 龙头企业加快国际化布局

（一）隆平高科引进日本三井

根据隆平高科 2020 年 6 月 12 日公告，6 月 11 日，隆平高科与日本三井物产株式会社达成合作协议。双方基于在蔬菜品种多样化、联合育种、海外市场开发等方面的战略互补性，确定通过股权转让的形式建立战略合作关系。具体为日本三井收购湘研种业 20％的股份，交易完成后，隆平高科持有湘研种业 60％股权，湘研种业仍为公司控股子公司。

这次交易额本身不会太大，合作的领域是蔬菜种子，不是主要农作物，但意义深远。一是外资以并购方式进入我国种业，这是公开报道的第一次。二是双方将共同开发海外市场，这将是我国种业"走出去"的一种全新探索。我方（隆平高科）在种质资源方面有比较优势，外方（日本三井）在商业化运作和全球市场开拓方面有优势，双方携手优势互补，可能是打开我国种业"走出去"的一条捷径。三是表明国家种业政策越来越宽松。

（二）先正达（中国）正式运转或突破了产业政策

6 月 18 日，先正达集团股份有限公司发布消息称，先正达集团（中国）在当天正式成立。新的公司架构采取了条块结合的灵活架构，从业务上分为植保、种子和植物营养。其中，中国的业务全部由先正达（中国）负责，总部位于上海。这彰显了先正达集团对中国业务的期待。先正达（中国）同时整合了中国中化和中国化工的农业业务，种子方面的业务则包括中国种子集团有限公司、安徽荃银高科、三北种业、寿光先正达等公司。

先正达集团从资本所有制上来说，是典型的国有企业，国资委是实际控制人。从集团公司注册地上来看，属于瑞士公司，当然是外资。而种业板块的总部设在美国，又是一个美国公司。按照目前种业的产业政策，实质上是不允许外资进入水稻和大豆种业的。而中国种子集团有限公司和安徽荃银高科都有相关业务，并且都是杂交稻的优势企业。目前的架构，可以说先正达集团在从事水稻和大豆业务，其是否突破了产业政策的限制值得探讨。

（三）大北农继续布局转基因种子

2020 年 6 月 23 日，农业农村部发布《2020 年农业转基因生物安全证书批准清单》，大北农有两个突破：一是 DBN9858 玉米品种名称公示，该品种能耐受标签推荐中剂量 4 倍的草甘膦和 2 倍的草铵膦，主要作为前期获批玉米性状产品 DBN9936 及后续升级产品的配套庇护所，为抗性昆虫治理提供有效解决方案；二是耐除草剂大豆 DBN－09004－6 性状产品获批，用途为加工原料，该性状产品已于 2019 年 2 月 27 日获得阿根廷政府的种植许可，将为我国进口做准备。

大北农继年初的转基因玉米品种之后，连续推出庇护所玉米品种，证明了该公司生物技术研发充分考虑了转基因品种产业化的配套技术问题。但是国内什么时候放开转基因品种产业化还是一个未知数。因国内不允许种植转基因大豆，大北农把科研成果转移到阿根廷转化，这可能会影响到南美的大豆种业和大豆生产供应格局。

本文写于 2020 年 6 月 26 日

参考文献

［1］马文慧.种业改革开放与种业走出去［J］.中国种业,2018(12)：7-9.

以开放的视角看待种子进口问题

吕小明

2020 年开始,由于新冠肺炎疫情,农业生产屡遭考验,粮食安全问题备受关注。这里对种子进口及种业安全问题谈几点看法。

一 种子进口是改革开放背景下的常态

粮食自给率是粮食安全的基础,粮食安全并不意味粮食自给率一定要达到 100%。粮食安全还受到国际粮食市场可购入量和准入程度、国内粮食储备数量、粮食替代品数量以及粮食的潜在生产能力等方面的影响。比如日本,国土面积不大,2018 年粮食自给率(含饲料)为 37%,远低于我国,但据经济学人智库发布的 2018 年《全球粮食安全指数报告》,日本在被评估的全球 113 个国家中,粮食安全排名为第 18 位,中国排在第 46 位。

如同不能将粮食自给率等同于粮食安全,种子有一定量的进口并不代表种业不安全。在改革开放的背景下,通过引进外资的优良品种以及直接进口部分种子,促进国内种业发展、调节种子供应结构、满足高端农产品生产用种需求,是正常的经济现象。在目前以及可预见的未来,我国种子供应不可能绝对自给,没有可能也没有必要。改革开放之前,我国种业基本处于农民自留种阶段,种子自给率达到 100%,问题是品种水平低、农业生产效率低,这种情况自然不怕国外"断供",但只是一种低水平的安全。

二　"引进来"为我国种业发展做出了重要贡献

　　改革开放40多年来,我国种业引进和利用外资,经历了三个阶段。改革开放至1997年为快速发展期,先后有80家外资企业在我国设立独资或合资的种子公司。1997—2018年为调整优化期,由于市场竞争、知识产权保护等原因,至2018年持证外资种子企业数量减少至25家。2018年至今为扩大开放期。2018年版《外商投资准入特别管理措施(负面清单)》修订,取消小麦、玉米之外农作物新品种选育和种子生产须由中方控股的限制,种业投资政策进一步开放,外资种子企业数量恢复到目前的30家左右。

　　除直接设立独资和合资企业外,外资企业还往往通过商品种子直接进出口、品种和种质资源合作、科研与人才合作等方式开发我国种子市场。通过"市场换技术",促进了国内粮食生产发展,也丰富了国人的"菜篮子""果盘子",国内种子企业在与外资企业合作竞争中逐步发展壮大。

　　例如,玉米种子质量国家标准对发芽率的要求是85%。在2010年之前,国内企业普遍采取收获后自然晾晒的方式,种子发芽率能够达到国家标准,对应的玉米种植方式是"穴播",需要间苗。中美合资的登海先锋和敦煌先锋公司引进了玉米果穗烘干等技术,减少自然晾晒时病菌对种子健康和活力的影响;加大种子筛选力度,加强质量内部控制,玉米种子发芽率达到95%以上;促进玉米种植由"穴播"向"单粒播"转变,降低了劳动强度,推动了生产进步。国内企业纷纷仿效先锋的先进做法,全国玉米种子发芽率整体提高5%～10%。2004年至2016年,我国玉米单产持续提高,粮食产量屡创新高,"先玉335""德美亚"等跨国种子公司玉米品种做出了重要贡献。

　　又如,我国原有的蔬菜品种大多不适合大棚生产。随着20世纪90年代设施蔬菜产业的发展,从国外引进了适合弱光的蔬菜品种,满足了国内生产需要。小番茄、无刺黄瓜、西兰花、紫茄子等蔬菜品种我国原本没有,开始时只能靠进口。随着外国品种资源的进入,国内专家在此基础上开展品种创新,国内品种与进口品种的差距逐步减小,相关种子的进口量降低。

三 进口种子目前不会影响种业安全

当前,进口种子有以下几种情况:① 高端蔬菜种子直接进口。为防止亲本流失,保护知识产权,外资企业往往将价值高的蔬菜种子在用种地以外制种,出口到种植国,如小番茄、胡萝卜、甜菜、西兰花等种子。② 部分牧草、草坪草和花卉种子进口,种植的产品作为高端草坪、观赏花卉和部分畜禽饲料的种源。③ 少数杂交玉米种子亲本进口。部分外资企业在国外生产亲本种子,出口到我国后在西北等地制种,例如德美亚系列种子的亲本。④ 国内外科研育种合作需要进口的种子。据估计,蔬菜花卉种子占我国种子进口额的85%以上。

据中国种子贸易协会公布的信息,2018年中国农作物种子进口量为7.27万吨,进口总额为4.75亿美元。同年,全国种子市场终端市值是1 200亿元人民币,估计种子生产经营企业销售额是720亿元人民币。以2018年平均汇率6.62计,2018全年中国农作物种子进口额占种子生产经营企业销售总额的4.37%。因进口作物主要是蔬菜、牧草和花卉种子,估计2018年全年蔬菜、花卉、牧草等种子进口额占相应作物种子企业销售总额的15%左右。

目前看,进口的粮食作物种子基本上都是亲本,用来在国内制种;进口的蔬菜、花卉种子在国内基本有类似的替代品种;进口种子量和进口额占国内的比例较低,不会直接影响粮食及农业生产安全。

一些媒体记者和专家一直担心蔬菜、花卉种子的供种安全,可能基于以下原因:一是进口种子虽然只占15%的市场,但在寿光等设施蔬菜生产比较集中的地区占比更高,容易引起社会关注;二是进口种子集中在番茄、黄瓜、茄子、西兰花等少数商业价值较高的作物上;三是很多记者和专家有着朴素的"三农"情节,高度关心种子供应安全。

四 相关建议

进口种子暂时不会影响供种安全及种业安全,社会对此的关注,实际上反映了有识之士对民族种业竞争力的担心。改革开放以来，我国种业发展取得显著成效，为农业稳定发展提供了重要支撑。但与欧美等发达国家和地区相比，我国种业市场化的时间很短，科研体制机制尚未完全理顺。虽然我们在杂交稻等个别作物上全球领先，但总体上与美国有较大差距，特别是在玉米、大豆等作物上，近年来的单产差距仍在扩大。为解决这个问题，笔者认为应该注意三个原则：一要循序渐进，遵循科学规律，逐步解决问题，不要想着一蹴而就；二要坚持"引进来"与"走出去"并重，积极参与全球竞争，只有在竞争中才能真正发展壮大；三要在战略上轻视、在战术上重视种子进口问题，开展种业安全的监测和预警，努力将种子自给率保持在合理水平。

本文写于 2020 年 9 月 26 日

参考文献

[1] 马文慧.种业改革开放与种业走出去[J].中国种业,2018(12)：7-9.

从正大集团看中国种业的国际化基因

吕小明

谈起中国种业国际化，一般认为是从改革开放之后特别是 20 世纪 90 年代开始的。考察泰国正大集团的发展可以发现，国人在 20 世纪上半叶就到东南亚发展种子事业，正大公司与中国种业国际化发展有着密切的关系。

一 正大集团源自中国、起于种子

泰国正大集团创始人谢易初（1896—1983 年），原名谢进强，祖籍广东澄海蓬中村。1922 年，一场罕见的风灾突袭潮汕地区，面对破碎的家园，谢易初决定告别家乡，以 8 块银元做盘缠赴泰国谋生。1924 年，谢易初与弟弟谢少飞一道在曼谷创办正大庄，贩卖家乡种子，后来又成立了正大庄菜籽行。以正大庄菜籽行为基础，集资创办正大公司，经营菜籽、饲料。几经艰苦创业，最终发展成正大国际投资有限公司。

1950 年，谢易初携夫人回国，他先后担任国营澄海农场技术员、副场长，国营白沙农场副场长，县人委委员，县侨联主席，省政府委员，全国侨联委员等职。他专注于农业科研，除引进优良蔬菜品种外，还与干部职工一起探索试验，先后培育和选育出"澄南"水稻、白沙早白玉米、白沙早花椰菜 11 号、白沙杂交早萝卜、白沙中花椰菜、白沙早椰菜、鸡心早大菜等一大批优良品种，其中部分良种还远销东南亚各国。1965 年，谢易初重回泰国。

二　改革开放后正大集团率先进入我国

改革开放后,当其他外资企业驻足观望、举棋不定时,正大集团成为第一家来华投资的外资企业。1989 年,正大集团出资与上海电视台成立正大综艺公司,制作由大众参与的娱乐节目《正大综艺》,并开始在中央电视台播出。"正大"的名号渐渐深入人心,成为 70 后、80 后的集体记忆。

农牧食品业是正大集团在中国的主要投资项目,目前已经建立了从畜禽和水产种苗到饲料、饲养、屠宰、食品加工的"一条龙"生产经营体系,并涉足种子、油脂、生化工程等产业。正大集团 2017 年度年报显示,其农牧食品业务总收入达到 56.38 亿美元,其中中国农牧食品业务收入同比增长21.6%,达到 36.91 亿美元(约合人民币 237 亿元)。以下是正大集团在我国的主要行业和品牌:① 农牧食品业:正大种子、正大饲料、正大畜禽、正大食品、正大餐饮、正大酒业、正大名茶。② 商品零售业:卜蜂莲花购物中心。③ 制药业:正大制药集团。④ 工业:大阳摩托、易初明通。⑤ 房地产业:正大置地、正大广场。⑥ 金融业:正大国际财务有限公司。⑦ 传媒业:正大综艺。

三　正大集团深耕中国农作物种业

改革开放以来,我国积极引进外资种子公司,引进了国外先进管理技术和种质资源,对促进国内种业发展发挥了重要作用。目前,我国有外资种子公司 25 家。其中,仅正大集团就有 4 家公司取得农业农村部发放的农作物种子生产经营许可证,2 家企业从事玉米种子业务,2 家企业从事蔬菜种子业务。

(一) 襄阳正大农业开发有限公司是我国第一家从事玉米种子业务的外资公司

早在 1996 年,国内还在销售散装玉米种,正大农业率先推出了精选包衣的 1 公斤、2 公斤小包装种子,并贴有防伪标志。经过现代化种子加工设备精选的正大种子,籽粒均匀,颗颗精良,更纯、更净、更高产,树立了"正大种子"优质品牌形象,博得了广大农户的喜爱。

根据"天眼查"工商注册时间,目前在我国从事玉米种子研发和生产经营的 6 家中外合资公司中,襄阳正大农业开发有限公司成立最早,于 1996 年 7 月 25 日在湖北襄阳注册,而且是唯一一家来自发展中国家的外资企业。此外,中种国际种子有限公司(前身是中种迪卡种子有限公司)于 2000 年 8 月 22 日成立,山东登海先锋种业有限公司于 2002 年 12 月 4 日成立,敦煌种业先锋良种有限公司于 2006 年 9 月 6 日成立,垦丰科沃施种业有限公司于 2014 年 12 月 15 日成立,恒基利马格兰种业有限公司 2015 年 7 月 21 日成立。

2009 年 11 月 19 日,襄阳正大投资成立了云南正大种子有限公司。经营范围包括玉米农作物种子的生产、杂交玉米种子及其亲本种子的加工、农作物种子的销售、农作物种植技术的指导及咨询以及饲料原料和化肥销售等。

(二) 江苏正大和东方正大是较早从事蔬菜种子业务的外资公司

江苏正大种子有限公司是泰国正大集团在中国投资的首家瓜菜类种子"育繁推一体化"的现代化企业,成立于 1993 年 3 月,注册资本为 390 万美元。公司充分利用泰国正大集团 90 多年积累的优质品种资源、先进育种研发技术,致力于热带血缘种子资源的耐热抗病育种,先后建立了昆明宜良育种改良中心、广西武鸣瓜类/茄果类示范推广农场和江苏如东十字花科类品种引进示范推广农场,现已开发出"飞机牌"抗病耐热瓜菜品种 100 多个,推广到长江流域及其以南的十几个省区市。

东方正大种子有限公司于 1996 年在北京注册成立,为正大集团子公司,致力于优良蔬菜种子的开发、生产、经营以及进出口业务。山东正大农业科技有限公司成立于 2007 年 3 月,为东方正大种子有限公司独立股东的内资公司,承担正大集团中国北方区以及相似气候带的世界范围优良蔬菜品种的试种、示范、改良、推广以及山东地区农民农业科技义务教育工作。

四　有关启示

（一）种业在开放中才能发展壮大

种业具有天然的国际化发展基因。一个国家的种质资源是有限的，只有掌握尽可能多的种质资源才能持续不断培育出好品种。先锋、孟山都、先正达等跨国种子公司都经历了从国内到国外、从小到大、从弱到强的发展历程。正大集团起家于种子，在种业方面具有相当的优势，这与正大集团的国际化发展战略应该有很大关系。

（二）在学习欧美国家经验的同时不应忽视发展中国家的先进经验

欧美国家一直是我国种业发展学习的标杆，但我们在学习的同时，不应忽视发展中国家的先进经验。正大集团在我国构建了相当完整的产业链，既有种子公司，又有展示示范和种植公司，还有饲料和养殖企业，基本可以实现全产业链协同。具有这种模式的国内企业还相当少，因此，应加强对正大模式的学习研究。东南亚是水稻主产区，正大集团在泰国产业基础较好，国内企业可加强与正大集团的合作，共同开发东南亚水稻种子市场，为全球粮食安全做出更大的中国贡献。

专题五

生物育种产业

转基因产业化的冷思考

吕小明

2019 年末,2 个玉米品种和 1 个大豆转基因品种获得转基因生物安全证书,无疑给沉闷的种子行业带来一阵惊雷,一些专家和媒体欢欣鼓舞,认为转基因玉米产业化指日可待,部分投资机构和股民也摩拳擦掌跃跃欲试。的确,与 10 年前的 3 个品种获得转基因生物安全证书相比,新增加 3 个获得转基因生物安全证书品种,似乎让转基因科研与产业化的距离更近了。

从作物种类上看,10 年前有 2 个水稻品种和 1 个玉米品种,而这次是 2 个玉米品种和 1 个大豆品种。经过 10 多年的争论和科普,多数人认同,直接食用转基因水稻应该慎重。由于我们大规模进口大豆,部分专家希望大豆转基因产业化可以改变现状。故新释放的作物种类给大家很大期待。从研发主体来看,10 年前 3 个品种的研发主体全部是科研院所,而这次除大豆外,2 个品种的研发主体是企业。企业是产业化的主体,推动产业化的动力最足,公关能力也最强。在 10 多年的争论甚至是谩骂中,主管部门和相关机构做了大量科普工作,很多人对转基因的态度已开始转变,人们的兴趣点好像转变了。包括 MON810 在内的部分优秀基因已经过了专利期,我们可以用较小的代价享受国外已经证明有效的技术。

在惊喜和充满期待的同时,我们应清醒地认识到,转基因产业化的技术似乎已经不成问题,但我国转基因相关的法律制度与农业产业基础不匹配,在一定程度上成为转基因产业化的"拦路虎"。

我国转基因安全管理最核心的法律是《农业转基因生物安全管理条例》(在本文中简称《条例》)和《中华人民共和国种子法》(在本文中简称《种子法》)。这两部法律均在 2001 年出台。当时,世界贸易组织(WTO)谈判进入关键阶段。可能为了减缓国外进口粮食的冲击,当时的很多规定实际上限制了转基因作物在我国国内的产业化。发展到今天,我们发现,这些制度虽然挡住了国外品种对我国种业的冲击,但也束缚了我们自己科研成果转化的手脚。

《条例》第三章"生产与加工",第二十一、二十二和二十四条分别规定"单位和个人从事农业转基因生物生产、加工的,应当由国务院农业行政主管部门或者省、自治区、直辖市人民政府农业行政主管部门批准";"从事农业转基因生物生产、加工的单位和个人,应当按照批准的品种、范围、安全管理要求和相应的技术标准组织生产、加工,并定期向所在地县级人民政府农业行政主管部门提供生产、加工、安全管理情况和产品流向的报告";"从事农业转基因生物运输、贮存的单位和个人,应当采取与农业转基因生物安全等级相适应的安全控制措施,确保农业转基因生物运输、贮存的安全"。

这在种子生产加工环节似乎可以做到,但是进入农作物大田生产、运输、加工环节则是不可能的,因为我们千家万户的小农生产模式决定了转基因产业化后,转基因品种与非转基因品种混种混收是基本模式。混种混收的模式也决定了《条例》的基本要旨,即转基因生物的标识制度在我国适用于进口加工模式,对国内产业化也不可行。

2001年出台的《种子法》,仅在第三章"品种审定与选育"中第十四条对转基因做了原则性规定,"转基因植物品种的选育、试验、审定和推广应当进行安全性评价,并采取严格的安全控制措施。具体办法由国务院规定"。没有具体的限制措施。但2015年《种子法》修订,明显使得转基因产业化的难度加大。2015年修订的《种子法》将对转基因的原则性规定放在了第一章"总则"第七条,"转基因植物品种的选育、试验、审定和推广应当进行安全性评价,并采取严格的安全控制措施。国务院农业、林业主管部门应当加强跟踪监管并及时公告有关转基因植物品种审定和推广的信息。具体办法由国务院规定"。

目前,虽然行业内欢欣鼓舞,但农业农村部并没有根据《种子法》第七条的规定,公告有关转基因植物品种审定的信息。根据《主要农作物品种审定办法》,一个品种要经过审定,至少要进行2个生产周期的区域试验和1个生产周期的生产试验,这样要3年左右的时间。

综上,转基因产业化虽有一丝光亮,但前景并不明朗。《条例》和《种子法》是转基因管理最重要的两部制度,这两部制度尚有诸多与我国的小农生产模式不匹配的方面,衍生的一系列规章更有待进一步完善。转基因产业化是改变种子产业面貌难以逾越的环节,行业内有识之士应共同努力,不仅从技术上,也要从制度上解决产业化的障碍因素。

本文写于2020年2月1日

参考文献

［1］杜建中,孙毅,路贵和.中国转基因作物产业化与绿色农业关系研究［J］.农学学报, 2019,9(3):61-68.

［2］林兆龙,高建勋.我国转基因作物产业化的困境及法律对策［J］.农业经济,2019(4): 3-5.

转基因是如何被"妖魔化"的？

吕小明

美国在 20 世纪 70 年代开始转基因农作物（GMO）研究。1983 年首例 GMO 作物在美国问世。1994 年,世界上第一种 GMO 食品——转基因晚熟西红柿正式投放美国市场,开创了 GMO 作物商业应用的先河。至 2018 年,美国大豆、玉米和棉花等 3 种作物 90% 以上为转基因品种。巴西、阿根廷等国转基因产业化发展速度很快,而我国转基因发展却是一波三折。

一 起始阶段（2000 年之前）,进展较为顺利

我国的农业基因工程研究于 20 世纪 80 年代初期开始启动,起步并不算太晚。在 80 年代中期便开始将生物技术列入国家"863"高科技发展计划。1989 年我国进行了烟草、棉花、番茄等作物的转基因田间测试。1992 年,我国更是种植了世界上第一批商用转基因烟草。

1996 年,农业部正式公布实施《农业生物基因工程安全管理实施办法》。同年,河北冀岱棉种技术有限公司成立,这是一家专门从事转基因棉花研究推广的中外合资种子公司。1997 年,中国就开始进口转基因大豆,并陆续批准转基因玉米和油菜的进口。1998 年,岱字棉的第二家合资公司——安徽安岱棉种技术有限公司成立,我国开始规模化种植转基因棉花。

至 2000 年,我国已批准上市的国内自己开发的转基因植物有 5 种,进行研究的转基因植物种类达 47 种,涉及各类基因 103 个。已有水稻、小麦、玉米、大豆、番木瓜、烟草、马铃薯、杨树等 10 余种转基因植物获准进行田间或中间实验。

二 条例出台至 2009 年，法制化发展

2001 年，《农业转基因生物安全管理条例》出台。该条例在对转基因研究、生产与加工等环节进行规范化、法制化管理的同时，也对产业化设置了诸多障碍。第三章规定，从事转基因生物生产和加工应由省级农业行政部门批准，运输、贮存应当采取安全管理措施。这些措施与我国小农生产实际不符，实际上限制了产业化的可能。"混种混收"的可能模式也难以符合转基因标识制度的管理要求。

同年实施的《中华人民共和国种子法》（简称《种子法》）第 14 条规定"转基因植物品种的选育、试验、审定和推广应当进行安全性评价，并采取严格的安全控制措施"。这条规定不仅要求选育、试验、审定要有安全控制措施，还要求在推广时也有安全措施，在中国小农生产环境下实际上很难做到。

制度的起草有一个相当长的过程。出台这样的规定的原因可能是想对进口 GMO 大豆等有一些管控措施，也借此保护弱小的民族种子产业。值得一提的是，《种子法》出台时，我国大部分种子公司还是国有的。之前的《种子管理条例》规定，民营种子公司只能经营常规作物和蔬菜种子。而当时的孟山都、先锋已经成为跨国巨头。没有这些篱笆，民族种业的确难以抵挡。

在此期间，我国转基因产业化有三大进步、一个亮点。三大进步如下：一是实现 Bt 基因专利自主化，转基因棉花接连实现杂交化、双价转基因和三系配套，岱字棉两家外资公司节节败退。二是多种作物获得安全证书。转基因耐贮藏的番茄、抗病毒的甜椒和辣椒、抗病毒的番茄、抗病毒的番木瓜、改变花色的矮牵牛花等已获得生产应用安全证书。转基因杨树——"抗虫杨 12 号""转基因 741 杨"已由国家林业局批准商业化生产。三是主粮转基因产业化准备工作完成。抗虫的转基因水稻产业化前期准备工作已经完成，正在申请生物安全证书。我国自主研制的抗虫玉米已于 2003 年被批准进行生产性试验，产业化前期工作已基本就绪。一个亮点是"转基因生物新品种培育重大专项"于 2008 年启动实施，预计规模为 250 亿元，这也是农业领域唯一的重大专项。这个项目标志着我国的转基因必须走自力更生的

道路。

在 2009 年水稻、玉米获得转基因安全证书之前,对安全性的议论基本限于科学层面和学术界的讨论,外界关注较少,业内对转基因产业化信心较强。通过"中国知网"搜索"转基因"和"产业化"两个关键词,2010 年之前没有公开的反对文章。

三 2010 年后,舆论持续关注

2009 年 8 月,农业部对玉米、水稻共 3 个品种发放转基因安全证书,开始时并未引起舆论多大反应。2009 年 11 月,奥瑞金种业股份有限公司在美国纳斯达克的股价陡然上涨,路透社惊讶之余,才从奥瑞金公司获知以上审批信息。此消息传到国内,各大媒体普遍对转基因水稻乃至所有转基因作物的安全性发出质疑之声。

2000 年 3 月 19 日,绿色和平组织发布的报告称,美国零售巨头沃尔玛在华非法销售转基因大米。2010 年,湖南省常德市查出 5 个无生产许可证、无审定编号、无经营许可证的疑似转基因水稻品种。2012 年,湖南一小学转基因"黄金大米"非法试验。2014 年,央视报道 BT63 转基因水稻在湖北武汉种植和销售。一连串的转基因试验不规范或非法事件,加上广西种植转基因玉米导致大学生食用后精子量大量减少、老母猪不下崽、山羊产崽少、老鼠失踪等系列谣言,还有网站煽风点火,使得普通老百姓"闻转基因色变"。

通过"中国知网"搜索"转基因"和"产业化"两个关键词,2010 年当年就有 3 篇反对转基因的文章。

四 是什么打开了妖魔化转基因的魔盒?

表面上看,三个主粮转基因品种发放安全证书,开启了社会关注模式。深层次的原因,可能是以下几个方面交织在一起,造成了目前的困境:① 信息化在 2010 年前后迅速发展,信息传播速度加快,网络虚拟社区"意见领袖"空前发展。② 公众参与社会事务的意识增强,对食品安全空前关注。

③ 国内种子公司迅速发展壮大,对转基因产业化后生存空间被压缩感到恐惧。比如,谣传迪卡007、先玉335是转基因品种就很有针对性。④ 现代农业技术快速发展,转基因属于高精尖技术,相关科普较为滞后,相关部门在转基因作物产业化决策中,并未预料到社会关注度这么高,信息公开没有到位。

五　如何破解转基因困局?

时隔10年,2019年末,农业农村部再次给3个主粮品种发放转基因安全证书。这表明,转基因产业化是国家农业发展的坚定方针。如何破解转基因困局? 我认为,还是要贯彻落实习近平总书记的指示精神,自觉贯彻群众路线。除了技术自主、法律制度适合产业化发展外,必须深入做好科普公众、充分征求公众意见等工作。

转基因主粮产业化决策与我国公众健康、生态环境和社会发展等息息相关,属于重大民生问题。因此,决策机构不仅要认真调查和全面了解我国公众对转基因产业化的态度,而且应该充分听取广大公众的意见,尊重他们的知情权、选择权、参与权和监督权,这是我国转基因主粮产业化决策走向民主化的必然要求。

2015年,全国人大修订《种子法》,在对转基因产业化的规定中,已经增加"国务院农业、林业主管部门应当加强跟踪监管并及时公告有关转基因植物品种审定和推广的信息"的表述。

本文写于2020年2月3日

参考文献

[1] 李杨,金兼斌.网络舆论极化与科研人员对科学传播活动的参与[J].现代传播(中国传媒大学学报),2019,41(3):32-37.

[2] 李敏,姜萍.转基因技术的微博形象研究[J].科学学研究,2019,37(7):1203-1211.

玉米转基因产业化的可能契机

吕小明

2019 年底,2 个玉米和 1 个大豆转基因品种获得生物安全证书,引起转基因主粮产业化的呼声。但目前,我国只有棉花和木瓜实现了转基因产业化。

一 棉花转基因产业化的历程

20 世纪 90 年代初,中国华北棉田发出棉铃虫大范围肆虐、危害棉花的警报。棉铃虫在我国北方棉区大规模爆发成灾,在鲁西南、冀南、豫北等重灾区,棉花减产 50%,有的地区几乎绝收。传统的防治方法是喷施化学药剂,需每年给棉田喷药多达 15～20 次。连续喷施高浓度杀虫剂,使棉铃虫产生抗药性,对任何农药几乎"刀枪不入"。大量的剧毒农药又杀死了棉铃虫的天敌,棉铃虫更加肆无忌惮。中国农业科学院植保所专家估计,棉铃虫每年给北方棉田造成的直接经济损失达 10 多亿元,全国棉纺织业因此受到很大影响。

棉铃虫肆虐并造成严重损失引起国务院及各级地方政府高度重视。当时,美国岱字棉公司的转基因品种——保铃棉,是全世界种植面积最大的抗虫棉品种,是当时拯救中国棉花产业的最佳选择。

我国于 1996 年和 1998 年引入美国岱字棉公司(后并入孟山都),先后成立了河北冀岱棉种技术有限公司和安徽安岱棉种技术有限公司。迅速开始推广转基因棉花品种,这不仅拯救了棉花产业,也促进了国内棉花转基因技术的发展。我国成为继美国之后第二个拥有转基因抗虫棉自主知识产权的国家。目前,国内棉花主产区已基本为转基因品种。

二　木瓜转基因产业化历程

木瓜是典型的热带植物,我国的木瓜也是从国外流传进来的,古代称之为番木瓜。1948 年,人们在美国夏威夷发现了一种侵害木瓜的植物病毒,即番木瓜环斑病毒。随后几十年里,该病毒出现在世界多个木瓜产地,包括中国南方多个省份。该病毒对木瓜造成的危害包括叶子枯萎、果实扭曲,严重时可导致木瓜减产八九成,成为木瓜产业的主要限制因素。

1990 年,首个转番木瓜环斑病毒外壳蛋白基因的木瓜品系诞生。1992 年,人们在夏威夷开发出两个转基因品种"日出"和"彩虹",它们在 1998 年被批准商业化种植,直接挽救了美国的木瓜产业。美国转基因木瓜于 2003 年被加拿大批准进口,2010 被日本批准进口,2011 年底被日本批准种植,此外在泰国也得到了推广种植。

华中农大培育的转基因木瓜品种"华农 1 号"在 2006 年就获得农业部颁发的安全性证书。2010 年农业部批准引进转基因木瓜进行商业化种植。目前国内市场上销售的木瓜基本上都是转基因品种,当然,也包括从美国引进的转基因品种。

三　为什么人们不抗拒转基因棉花和木瓜?

棉花和木瓜能够顺利实现转基因产业化,客观原因有以下几点:① 病虫害肆虐,影响产业安全,利用传统的植物保护手段又很难解决当时的病虫害问题。转基因技术在国外证明有效,大家自然就引进转基因技术。② 棉花为工业原料,人们不直接食用,对安全性的关注较少。③ 木瓜是比较小众的水果,全国生产面积不超过 20 万亩,人们关注较少。

主观原因则是棉花和木瓜转基因产业化都发生在 2010 年之前。当时,网络和媒体没有现在这么发达,大众对转基因关注较少。转基因是否产业化,当时只从技术上评估,只要生产上需要,农业部就可以决定。

四 玉米转基因产业化的可能契机

从棉花和木瓜的例子可以看出,转基因技术产业化不仅拯救了相关产业,提升了生产力水平,也促进了国内生物技术的发展,转基因产业化是未来极具发展空间的道路。2009 年农业部发放了水稻和玉米品种转基因安全证书,2019 年发放了玉米和大豆转基因安全证书。因大众对直接入口的农产品的安全性更加关注,水稻产业化速度将会比较慢,而大豆则严重依靠进口。因此,最早能够实现产业化的作物应该是玉米。

目前,对玉米生产潜在影响最大的病虫害就是草地贪夜蛾。这种虫子的特点是"超级能吃、超级能生、超级能飞"。"超级能吃"指草地贪夜蛾寄主超过 300 种,明显嗜好禾本科,吃玉米、水稻最狠。据说缺乏食物时,可同类相食。"超级能生"指一只母蛾子每次可产卵 100~200 粒,相当于普通菜蛾的 10 倍,每个卵 2~3 周可达到性成熟。"超级能飞"指一晚可飞行 100 公里,母蛾子在产卵前可迁飞 500 公里。

2018 年以来,草地贪夜蛾在亚洲逐年向北、向南扩展,病虫害发生范围越来越大,已扩散至亚洲 16 个国家。据全国农技中心消息,2019 年 1 月,我国云南首次发现草地贪夜蛾入侵,5 月开始快速传播蔓延,2019 年草地贪夜蛾病虫害发生面积达 1 500 多万亩,实际危害面积为 246 万亩。河南、山东等黄淮海玉米主产区少数县已经发现草地贪夜蛾。

吴孔明院士表示,2019 年的草地贪夜蛾只是一些试探性进攻,2020 年可能全面爆发,防控形势十分严峻。入侵的草地贪夜蛾不携带对 Bt 基因(即苏云金芽孢杆菌基因,因其表达产物 Bt 毒蛋白具有杀虫效果好、安全、高效等优点)和新农药的抗性基因,这意味着酰胺类农药、Bt(苏云金芽孢杆菌)毒素和 Bt 作物可以有效防治草地贪夜蛾。

凡事都有两面性,危机是相对的。草地贪夜蛾防治的"危"就是转基因产业化的"机"。玉米是重要的粮食、饲料和工业原料作物,玉米生产的发展规模已成为左右我国粮食供求形势,决定畜牧业和玉米加工业发展的重要因素。黄淮海是玉米主产区,国家绝不会允许玉米产量出现大的滑坡。

我国主粮转基因产业化的道路一直曲曲折折,争议不断。玉米转基因产业化的道路是否会因为草地贪夜蛾而峰回路转,我们拭目以待。

本文写于 2020 年 2 月 10 日

参考文献

[1] 王友华,邹婉侬,柳小庆,等.全球转基因玉米专利信息分析与技术展望[J].现中国生物
　　　工程杂志,2019,39(12):83 - 94.
[2] 何超.全球转基因农作物商业化应用情况[J].湖南农业,2019(12):37.

以农垦为试点推进转基因主粮产业化

吕小明

一 我国转基因产业化政策

由于我国人口增长、人民生活水平不断提高,对优质植物油和肉类的需求增长,农业耕地和水资源压力持续加大,国家做出了进口转基因大豆和玉米的选择。2004 年,我国首次批准进口转基因大豆。2013 年,首次批准大规模进口转基因玉米。

在中美贸易争端的情况下,2019 年,我国仍进口转基因大豆 8 851 万吨。根据《中国统计年鉴》,2018 年我国大豆平均产量为 1 897.96 公斤/公顷。2019 年我国进口的大豆如果由国内生产,需要 6.99 亿亩耕地,高于同期国内玉米种植面积 6.19 亿亩。因此,进口转基因粮食作物是国家根据形势发展需要的战略选择而非权益之一。当前,转基因大豆和玉米不可替代。

国家分别于 2009 年和 2019 年两次发放过 6 个主粮品种的转基因生物安全证书,但这些品种还没有被批准种植。农业农村部也在新闻发布会和各种宣传中明确,我国还没有官方批准种植转基因主粮作物。因此,我国转基因产业化政策可以归纳为"进口调剂、暂不种植"。

二 现行转基因管理制度不适合小农生产

我国转基因安全管理最核心的制度是《农业转基因生物安全管理条例》(在本文中简称《条例》)和《中华人民共和国种子法》。这两部制度均在

2001 年出台。当时，WTO 谈判进入关键阶段。可能为了减缓国外进口粮食的冲击，当时的很多规定实际上限制了转基因作物在我国国内的产业化。比如，《条例》第三章"生产与加工"，第二十一、二十二和二十四条的规定。

《条例》的每次修改，都会引起社会的轩然大波。围绕《条例》，还有标签管理、安全评价等诸多管理制度，都需要一一修订。

三 农垦系统可实现转基因主粮的闭环生产经营

《条例》规定的隔离等制度，在种子生产加工环节可以做到，但是进入农作物大田生产、运输、加工环节时，几乎不可能做到，因为我国农业生产的基本现状是小农生产。转基因产业化后，转基因品种与非转基因品种混种混收是基本模式。但是，我国特殊的农垦制度，为现行转基因制度框架下产业化发展留下了一扇"天窗"。

目前，全国 31 个省区市共有 35 个垦区，1 780 个国有农场。垦区耕地为 9 316 万亩，占全国耕地总面积的 4.6%。农垦是保障国家粮食和重要农产品安全的屏障，粮食种植面积为 7 000 多万亩，总产 680 多亿斤①，每年提供商品粮 500 亿斤以上。黑龙江、新疆、江苏、安徽、河南、甘肃、湖北、上海、重庆等垦区的种子生产供应能力强，农垦种子企业常年种子产量达 1 040 余万吨。

目前我国有两个最重要的垦区：一个是新疆生产建设兵团，实行党政军企合一的体制，由中央直接管理，年粮食播种面积为 2 000 万亩；另一个是黑龙江省农垦，实行"部省双重领导、以省为主"的管理体制，年粮食播种面积为 4 000 万亩。两个垦区共有 6 000 万亩耕地，占垦区粮食种植总面积的 85% 以上。两个垦区具有实力较强的种子生产加工营销、粮食生产加工仓储、饲料生产加工、肉类养殖转化系统，可实现转基因粮食的全产业链转化。若能加强管理，能够实现转基因粮食内部循环不外流，转化为饲料和肉类后再进入流通领域，实现与现有转基因安全制度的对接。

综上，我国转基因产业化政策的实质是"进口调剂、暂不种植"，现有管

---

① 1 斤 = 0.5 公斤。

理制度不适合小农生产,但农垦具有较好的管理、隔离和全产业链优势。建议以新疆和黑龙江两个垦区为试点,在 6 000 万亩耕地上开展转基因主粮产业化,探索适合我国国情的转基因产业化管理制度,消除公众疑虑,最终消除转基因主粮产业化发展的体制机制障碍。

本文写于 2020 年 3 月 9 日

参考文献

［1］张在一,毛学峰,杨军.站在变革十字路口的玉米主粮还是饲料粮之论[J].中国农村经济,2019(6):40-53.

［2］黄毓骁.转基因技术对中国农业发展的影响分析与建议[J].中国集体经济,2019(24):12-13.

我国转基因主粮产业化的两个策略

吕小明

一 棉花和木瓜转基因产业化都是"虫势所逼"

目前,经我国政府批准,合法种植的转基因作物只有棉花和木瓜,其转基因产业化的批准都发生在 2010 年之前,当时大众并不太关注转基因问题。棉花产业化直面的问题是棉铃虫肆虐,木瓜产业化是因为番木瓜环斑病毒无法控制,这两种病虫害当时已经危及相关产业安全。

棉花和木瓜转基因产业化都走了"技术引进"的路子。目前,国内棉花主产区已基本为转基因品种,市场上销售的木瓜基本上都是转基因品种。当然,已经商业化的棉花和木瓜品种也包括从美国等国引进的品种。

二 草地贪夜蛾将加快转基因主粮产业化进程

草地贪夜蛾是一种严重威胁农业生产的害虫,2016 年起经过短短 3 年入侵了非洲、亚洲 50 多个国家和地区。我国于 2019 年 1 月 11 日首次在云南省江城县发现其为害,当年发生面积超过 1 600 万亩。

2020 年 3 月 5 日国务院联防联控机制新闻发布会上,农业农村部种植业管理司司长潘文博介绍,今年虫源基数大,北迁时间要提早,预计是重发生态势。2019 年底中央已经下拨草地贪夜蛾冬春防控经费 5 000 万元,并下拨 4.9 亿元资金支持各地提前做好防控的物资准备。

吴孔明院士介绍,入侵的草地贪夜蛾不携带对 Bt 基因和新农药的抗性基因,这意味着酰胺类农药、Bt(苏云金芽孢杆菌)毒素和 Bt 作物可以有效防治草地贪夜蛾。

三 转基因主粮产业化的两个策略

除草地贪夜蛾外,新冠肺炎疫情防控期间,多个国家禁止粮食出口,非洲沙漠蝗虫围攻国门,引起了社会对粮食安全的严重关切。总体上,我国粮食储备充足,病虫害防控措施得力,新冠肺炎疫情对粮食生产影响有限,粮食安全短期内不会有大的问题。但农业农村部等主管部门仍应抓住这次难得的机会,加大科普宣传力度、完善相关法律法规、调动大型种子企业的积极性,加快审批,促进玉米等主粮转基因产业化早日实现。针对农业生产规模小、千家万户的生产模式,我国转基因主粮产业化可以采取以下两种策略。

策略一是混种混收。见《农业转基因生物安全管理条例》(在本文中简称《条例》)第三章"生产与加工",第二十一、二十二和二十四条。这种严格的管控制度,在种子生产加工环节可以做到,但是进入农作物大田生产、运输、加工环节时则难以做到。但是短期内很难彻底改变我国千家万户的小农生产模式。因此,如果推进转基因产业化,只能将经过安全评价的转基因品种等同于非转基因品种进行管理。但这对消费者的选择权以及我国农产品的声誉都是严重的侵害。我想,我国农业生产实际、粮食安全形势等都不会允许采取这种策略。

策略二是有限放开。我国农业生产千家万户,但规模偏小。近年来,土地流转加快,规模化快速推进,形成了很多家庭农场、农民专业合作社种粮大户、田园综合体等新型农业生产主体。截至 2018 年 6 月,全国承包耕地流转面积占总耕地面积的比例达 32%,土地承包面积是 2008 年的 13 倍多。我国农民专业合作社有 140 万家,农业流通企业超过 12 万家。这是转基因产业化的重要依托。同时,我国特殊的农垦制度为现行转基因制度框架下产业化发展留下了一扇"天窗"。

因此,建议对转基因产业化采取"有限放开"的策略,只允许符合转基因生产隔离条件的新型农业生产主体和农垦农场种植转基因主粮,农业农村部门加强监管,确保按照转基因生产安全的相关要求生产和加工。这样既能满足相关法律法规的要求,又能进一步促进农业生产规模化。

　　以上仅是一些浅显的探讨。建议相关部门加快研究,建立适合中国国情的转基因产业化发展模式。

本文写于 2020 年 5 月 3 日

参考文献

［1］乔娇娇.粮食安全视角下我国转基因农作物法律保障研究［J］.农业经济,2018(9):
　　17-19.

［2］高建勋.论转基因产业化的风险预防原则［J］.中国社会科学院研究生院学报,2017(2):
　　107-114.

转基因主粮产业化的三个影响

吕小明

转基因主粮产业化有很大可能将从玉米开始,这首先是因为我国玉米一年播种 6 亿亩以上,是种植面积最大的作物;其次,大部分玉米用作饲料和工业用途,直接食用所占的比例小,可减少人们对安全问题的关切;最后,转基因玉米技术成熟,美洲的玉米基本为转基因品种。推进转基因玉米产业化,可能会对经济社会发展带来三方面的影响。

一 种子企业分化

国以农为本,农以种为先。种业是我国的基础性、战略性产业。因为种植面积大,关系粮食安全,农民不能自留种子。长期以来,我国种业的核心是杂交玉米和杂交稻,简称"两杂"。"两杂"中,玉米品种适应性强,可大范围推广,种子企业更易获得横向发展的机会。

经过几十年的发展,杂交玉米品种的培育已并非绝对的"高科技",已被广大中小企业和多数科研院所掌握。我国的农业科研体制改革不彻底,国家和地方科研院所与企业没有形成合理分工。从 2015 年开始,《种子法》修订,大幅降低了品种审定门槛,玉米等作物品种"井喷"。于是,缺乏转基因等高科技的"技术拉动",玉米种子市场同质化竞争愈演愈烈。

2016 年,我国农业开始供给侧结构性改革,取消对玉米收储的托底政策,"镰刀弯"地区玉米种植面积调减,绝大多数玉米种子公司业绩连续下滑。上市公司中,登海种业、万象德农、敦煌种业利润持续减少,市值下降。

目前,我国还有玉米种子生产经营企业近千家。大的企业优势不明显,小的企业也能拿出看似不错的品种，产品差别不大。转基因是一项高科技技术，对于育种科研过程、种子生产经营的条件要求较高，如果产业化，将淘汰部分中小企业。同时，基因专利非常集中，不掌握基因专利的中小企业即使有品种，也要支付专利费，这将更加促进行业集中。根据国外的经验，转基因玉米一旦放开，三年左右将扩展到总面积的80%，这会极大促进行业集中。

因此，转基因玉米产业化，将首先改变我国玉米种子企业多、小、散的现状，促进资源向隆平高科、大北农、荃银高科等优势企业集中。我国玉米种子企业将分化发展，少数企业发展壮大，多数企业将转变成大企业产业链的一环。

二 土地规模化加快发展

我国的小农生产模式很快解决了温饱问题，但限制了农业的进一步发展。长期以来，促进农业规模化是农业农村部门的重要任务。农业部门支持生产合作社的发展、支持家庭农场，采取了很多措施，取得显著成效。截至2018年6月，全国承包耕地流转面积占总耕地面积的比例达32%。2016年农业供给侧结构性改革，玉米等粮食生产效益下降，一些地方出现了耕地退租现象。从长远看，农业科技会进一步提高粮食综合生产能力，粮食价格会持续走低，通过行政手段推动农业规模化发展效果难以持久。

《农业转基因生物安全管理条例》对转基因农产品生产规定了严格的隔离、运输和加工条件，只有规模化的主体才能做到。在生产效益方面，种植转基因品种比非转基因品种有着明显的优势。为了种植转基因品种，农业生产经营主体首先要实现适度规模经营，这势必促进农业生产土地流转，也将促进农业生产服务、农产品收储加工等实现精准化，促进农业提质增效。

三 有机食品、绿色食品行业迎来春天

在我国，推进转基因主粮产业化很可能以合作社和农垦农场等规模化

经营主体为基础,采取"有限放开"的模式。从理论上说,有限放开可以实现对转基因生产的有效控制。但是,我国农业生产的"盘子"很大,基层情况千差万别,农业执法力量非常薄弱,放开转基因,很可能会出现以下后果:① 田间生产过程中,非转基因产品被转基因产品的花粉污染;② 转基因植物种子在田间脱落,污染下季作物;③ 粮食收购、运输、加工过程中转基因产品和非转基因产品混杂,这可能会导致部分人群更加重视食品质量,愿意出高价购买非转基因食品,这将反过来促进非转基因生产采取更为严格的管控措施,从而实现转基因安全管控措施。

综上,转基因玉米产业化不仅会改变种业的面貌,而且会促进农业生产规模化发展,农业生产提质增效。同时,可能会导致非转基因食品和转基因食品的价格分化,从而以市场的方式实现转基因安全管控措施的落实。

本文写于 2020 年 5 月 6 日

参考文献

[1] 乔娇娇.粮食安全视角下我国转基因农作物法律保障研究[J].农业经济,2018(9):17 - 19.

转基因玉米产业化的红利

吕小明

一 USDA 的经验

根据美国农业部(United States Department of Agriculture，USDA)
2014 年 2 月发布的报告《转基因作物在美国》(*Genetically Engineered
Crops in the United States*)，在美国，转基因作物的种植在 2000—2005 年增
长了 68%，2005—2013 年增长了 45%。至 2013 年，大豆、玉米和棉花转基
因作物比例分别达到 93%、90% 和 90%。

2001—2010 年，转基因大豆和玉米种子的实际价格上涨了 50%，转基
因棉花种子的涨幅更高。

转基因作物可以通过控制虫害，从而减少产量损失，使作物接近其潜在
产量。种植转 Bt 基因作物的可能性提高 10%，产量就会增长 1.7%。多重
性状种子产量较传统种子增产 25% 以上。

简单地说，美国用了 10 年的时间，基本达到转基因作物达到相应作物
种植总面积的 90%。转基因种子与非转基因种子相比，单产可提高 25% 左
右，价格上涨 50% 以上。相当于转基因作物的推广可以增加 45% 的种子市
场空间。

二 我国转基因玉米产业化红利的简单测算

我国常年玉米播种面积为 6 亿亩，因杂交种不能自留，种子商品化率为

100%,亩均用种量为 1.9 公斤。2018 年玉米种子终端零售价为 25 元/公斤。据此推算,玉米种子终端市场总市值为 6×1.9×25＝285 亿元。根据行业经验,从生产商到零售环节,玉米种子价格要增长 40%左右。据此推算,种子生产企业的总销售额为 200 亿元左右。

参照美国的经验,如果推广转基因玉米,我国玉米种子终端市场的价值可以增长 128.25 亿元,达到 413.25 亿元。种子生产企业的销售额可以增长 90 亿元,达到 290 亿元。

三 资本市场看好转基因产业化

2019 年 12 月 30 日(周一),农业农村部公示 3 个主粮转基因品种,引爆资本市场。大北农、隆平高科等上市公司股价飙升。从 2019 年 12 月 30 日品种公示的上一交易日 12 月 27 日(周五)至 2020 年 5 月 8 日(周五),9 家种子上市公司除敦煌种业 ST 外,股价平均上涨 59%(见表 5-1)。而同期,上证综指下跌 3.66%,深证成指和创业板指微涨(见表 5-2)。

表 5-1　2019—2020 年大北农等 9 家种业上市
公司转基因品种股价上涨情况

上市公司	大北农	隆平高科	登海种业	荃银高科	丰乐种业	农发种业	神农科技	万向德农	ST敦种
2019 年 12 月 27 日收盘价/元	4.12	12.53	8.27	8.82	8.16	2.73	3.54	11.93	4.88
2020 年 5 月 8 日收盘价/元	9.92	18.3	13.83	14.12	11.63	4.25	3.86	15.01	4.01
2020 年 5 月 8 日市值/亿元	416.18	241.01	121.7	60.76	51.01	45.99	40.04	33.78	21.16
股价涨幅/%	140.78	46.05	67.23	60.09	42.52	55.68	9.04	25.82	−17.83

表 5-2 2019—2020 年股市指数和转基因品种情况

股 市 指 数	上证综指	深证成指	创业板指
2019 年 12 月 27 日	3 005	10 233	1 767
2020 年 5 月 8 日	2 895	11 001	2 125
涨幅/%	−3.66	7.51	20.26

从表 5-1 可以看到,大北农股价累计上涨 140.78%,是转基因和养猪双重利好。2019 年,种子销售收入仅占大北农销售总收入的 2.44%。但大北农高度重视种业,在这次获得转基因安全证书的 2 个玉米品种中,大北农拥有其中之一。大北农的主营业务是饲料、养殖和兽药,受非洲猪瘟和新冠肺炎疫情影响,养殖板块股价上涨更猛。隆平高科、登海高科、荃银高科、丰乐高科、农发种业都有玉米种子板块,股价都有 50% 左右的上涨。神农科技上涨只有 9.04%,可能是因为地处海南,主营业务是水稻。

因种业在大北农业务板块中占比较小,如以其市值的 10% 测算其种业市值,则 9 家上市公司因股价上涨而增加的市值约为 210 亿元。

四 相关讨论

美国用了 10 年的时间使转基因作物覆盖率达到 90%。如果放开转基因,我国可凭借后发优势,少走弯路,5 年内转基因玉米覆盖率将达到 90%。这将为我国玉米种子生产企业带来持续的增长红利,达到每年 90 亿元。

资本市场对转基因产业化抱有很大的信心,不到半年的时间,在股市总体低迷的情况下,9 家种子企业中,8 家股价上涨,只有 1 家股价下跌。9 家上市公司因股价上涨,累计新增市值 210 亿元,高于 2019 年全国玉米种子生产企业的总销售额。但我国玉米种子企业有 1 200 多家,行业分散。以上 9 家种业上市公司 2019 年玉米种子销售额为 20 亿元左右,仅占全国市场的 10%。转基因产业化可提高行业门槛,促进行业集中,上市公司的价值将进一步凸显。综上,从中长期价值看,我国种业上市公司应该还有较高的投资价值。

本文写于 2020 年 5 月 12 日

参考文献

［1］张在一,毛学峰,杨军.站在变革十字路口的玉米主粮还是饲料粮之论［J］.中国农村经济,2019(6):38-53.

［2］谭一泓.转基因作物商业化态势仍在［J］.高科技与产业化,2019(9):40-42.

我国转 Bt 基因作物抗性治理策略的初步探讨

吕小明

转 Bt 基因（即苏云金芽孢杆菌基因，其表达产物 Bt 毒蛋白具有杀虫效果好、安全、高效等优点）作物能杀死鳞翅目和鞘翅目害虫，但也存在少量存活下来的害虫，经过几代繁殖后，可能产生抗 Bt 蛋白的抗性害虫。为了阻止和延缓害虫抗药性的产生，延长转 Bt 基因作物的使用寿命，需要制定实施预防性的抗性治理策略。抗性治理策略主要有高剂量/庇护所策略、中低剂量/天敌策略以及聚合多基因策略等。目前，高剂量/庇护所策略在北美成功实施，有效地延缓甚至避免了靶标害虫产生抗性，被各国科学家普遍认同是转基因害虫抗性治理的根本策略。为推进转基因主粮产业化，应根据我国农业生产特点，及早制定适宜的 Bt 作物抗性治理策略。

一 高剂量/庇护所策略原理

高剂量/庇护所策略是根据昆虫种群遗传学和昆虫生态学理论，采用计算机模拟研究提出的策略，但其必须满足以下 3 个条件：① 转 Bt 基因作物的毒素表达是高剂量的，即毒素高表达，且抗性遗传方式是隐性或不完全隐性的；② 大田害虫种群的抗性等位基因起始频率很低；③ 在种植转 Bt 基因作物周围种植一定面积的非转基因作物，以提供足够数量的敏感个体与转 Bt 基因作物田间存活下来的极少量的抗性纯合子进行交配，产生的后代不能在高表达转 Bt 基因作物上存活，从而使害虫种群中抗性等位基因频率维持在很低的水平，达到延缓和阻止抗性产生的目的。这些专门种植的非转基因作物称为庇护所。

二 高剂量/庇护所策略的两种实施模式

高剂量/庇护所策略在美国、加拿大以及澳大利亚等国长期应用，并取得了良好效果。美国是最早实现转基因产业化的国家，但至今没有发生严重的抗性问题。转基因抗虫作物商业化种植初期，抗性治理策略的落实是自愿的，但很快成为美国国家环境保护局（EPA）的强制性要求。

EPA 规定，所有出售转 Bt 基因玉米的公司，在销售转 Bt 玉米种子时，必须在销售袋里附有 10% 的非转基因玉米的小口袋。农民购买种子时要签合同，同意按规定栽种 10% 的庇护所玉米。其目的是让非转基因玉米成为害虫的庇护所，绝大部分的害虫在转 Bt 基因的玉米上被杀死后，还有10% 的害虫在非转基因玉米上没有死，保证了没有抗性的害虫群体占统治数量。如果农民不按合同规定终止庇护所非转基因玉米，第一次犯规时会接到种子公司警告书，若第二次违规，则种子公司将取消该农民 3 年内购买转基因玉米的权利。如果 EPA 发现很多农民都不遵守庇护所规定，就会吊销这个公司转 Bt 基因玉米的生产销售证书。美国这种在转基因作物周围种植非转基因作物、落实高剂量/庇护所策略的模式一般被称为结构化庇护所策略。

近年来，在波多黎各、巴西、阿根廷等地屡次发生因草地贪夜蛾产生抗性而导致一些 Bt 玉米抗虫性丧失的事件。尤其是在热带和亚热带地区，多数 Bt 玉米品种商业化种植仅 3 年就丧失了对草地贪夜蛾等靶标害虫的抗性。其重要原因之一就是农民没有种植足够的庇护所，使得高剂量/庇护所这一抗性治理基本策略得不到落实。如巴西生物技术行业协会制定并推广了科学的抗性综合治理策略，但庇护所在巴西种植业者中难以落实。巴西种业协会估计，庇护所落实率不到 20%。

在结构化庇护所策略推行难度较大、种植者执行不充分的现实情况下，另一种类型的庇护所策略——种子混合庇护所策略在美洲 Bt 玉米种植地区逐步推广。该策略将一定比例（一般为 5%～10%）的非 Bt 种子和 Bt 种子混合包装出售，使种植的玉米中同时具有 Bt 玉米和非 Bt 玉米，农民更容易操作,且保证了庇护所的有效性,成功解决了结构庇护所策略无法有效执行的难题。结构化的庇护所不利于源自 Bt 玉米和非 Bt 玉米的成虫交配,而种子混合庇护所策略有利于成虫在田间均匀分布,促进了源于 Bt 玉米和非 Bt 玉米的成虫交配,从而延缓靶标害虫 Bt 抗性演化。对靶标害虫在作物间迁移的室内和田间研究也表明,在种子混合策略中包含 5% 或 10% 的非 Bt 种子能够提供足够的对 Bt 敏感的靶标害虫,是一种有效的庇护所策略。但该策略也存在 Bt 基因漂移及靶标害虫抗性显性度提高等缺陷,因此仍需高度重视田间抗性监测工作。

三 我国高剂量/庇护所策略宜采用"双轨制"

我国农业生产高度分散,种子企业数量众多,基层农业执法非常薄弱,想要像美国那样由环保部门执法更是困难。但我国以新疆生产建设兵团和黑龙江省农垦为代表的农垦系统力量强大,全国 31 个省区市共有 35 个垦区,1 780 个国有农场,耕地面积达到 9 316 万亩,占全国耕地总面积的 4.6%。同时,我国粮食生产专业合作社和家庭农场蓬勃发展,规模化生产主体逐步发展壮大。建议适应我国小农生产和规模化生产两种模式,建立"双轨制"的高剂量/庇护所策略。

连片种植面积在 1 000 亩以上的规模化生产主体,可以采用结构化的庇护所策略,由生产主体向种子公司订购种子,定制的种子单独附 10% 的庇护所非转基因种子。规模化生产主体庇护所策略落实情况由种子公司监督,由县级农业农村主管部门抽查。若发现问题,则依法处罚生产者,相应种子公司负连带责任。规模化生产主体通过结构化的庇护所策略,可以将转基因产品和非转基因产品分开收获。转基因产品受病虫害危害较少,理论上价格高,可以部分弥补落实结构化庇护所策略的成本。其他小规模生产主体通过购买市场上混合包装种子落实庇护所策略。

需要说明的是,我国 Bt 棉的商业化应用已经 20 多年,没有庇护所相关要求,也没有产生严重的抗性问题,其中的原因可能有以下三个方面:一是 Bt 棉周边种植的玉米、大豆、花生以及蔬菜等多种非 Bt 作物,扮演着自然庇护所的角色;二是推广的品种已逐步由单价基因发展到双价基因,相当于采取了聚合多基因策略;三是转基因 Bt 棉的推广主产区黄淮海、长江中下游棉区已严重萎缩,目前已不到高峰面积的两成,受到的关注越来越少。

本文写于 2020 年 10 月 10 日

参考文献

[1] 王月琴,何康来,王振营.靶标害虫对 Bt 玉米的抗性发展和治理策略[J].应用昆虫学报,2019,56(1):12 - 23.

[2] 何康来,王振营.草地贪夜蛾对 Bt 玉米的抗性与治理对策思考[J].植物保护,2020,46(3):1 - 15.

巴西转基因产业化的得与失

吕小明

一 巴西被动放开转基因

1996 年,阿根廷和美国同时种植了孟山都公司研发的转基因耐除草剂大豆,大豆生产成本降低。巴西南部与阿根廷接壤,是主要的大豆种植区。大豆是自花授粉作物,农民可以自留种。受阿根廷影响,巴西农民开始走私转基因大豆种子。当时,巴西法律禁止种植和销售转基因大豆,一旦发现,不但加以没收并销毁,还要追究刑事责任。由于政府监控不力,1997 年以来,巴西国内大豆种植户根本不顾禁令,转基因大豆的种植面积不断扩大。在此期间,孟山都等公司组织农民现场参观转基因和传统非转基因种子在同一地块种植的对比试验,转基因种子增产效果明显,巴西民间非法转基因作物种植迅速泛滥,已经无法控制。

巴西农场主、转基因跨国公司与反对转基因的民间非政府组织之间经历了多年的激烈争论。最终,巴西政府迫于现实和各方面压力,做出了转基因作物产业化的选择。巴西总统于 2003 年 9 月 25 日颁发"4846 号行政命令",同意生产者于 2003—2004 年在国内种植和销售转基因大豆。2005年,巴西政府正式通过新的《生物安全法》,转基因种子的种植和推广取得合法地位。2007 年 3 月,巴西政府进一步修改《生物安全法》,把批准转基因作物释放的国家生物安全技术委员会委员票数从"2/3 多数票通过"调整为"简单多数制",即只要赞成票高于反对票即可通过,进一步打通了转基因产业化的道路。

二 巴西转基因产业化的"得"：农业快速发展

美国、巴西、阿根廷等美洲国家地广人稀，农业资源丰富，为农产品出口外向型农业。在激烈的国际粮食市场竞争中，转基因品种带来的成本优势是非常关键的。据估计，通过应用含有抗草甘膦基因的转基因品种，大豆生产平均成本可降低 20 美元/公顷。如果没有转基因技术，国际大豆价格将会上涨 14%。

巴西虽在 1996 年就已经种植转基因大豆，但并未普遍应用。通过 2003 年至 2007 年逐步理顺转基因安全管理制度，巴西转基因作物种植面积大幅增长。2008—2009 年，巴西大豆、玉米和棉花三大作物转基因品种比例分别是 58%、10% 和 8%；而 2010—2011 年，三大作物转基因品种比例分别提高至 78%、55% 和 54%。2016 年，巴西转基因作物种植面积达到 4 910 万公顷，占全球转基因作物总种植面积的 27%，仅次于美国。转基因品种推广显著提高了巴西大豆单产和综合生产能力。2016 年，巴西大豆单产超过 200 公斤/亩，比 2000 年增长 27%，年复合增长率为 1.5%；2016 年，巴西大豆种植面积 5 亿亩，比 2000 年增加 148.3%，年复合增长率为 5.85%；2016 年，巴西大豆总产超过 1 亿吨，比 2000 年增长了 214.3%，年复合增长率为 7.42%；巴西大豆出口快速增长，2016—2017 年出口 5 870 万吨，占总产量的 57%，比 2001—2002 年增加 304.7%，从 2011 年起超越美国成为全球第一大大豆出口国。目前，巴西是我国大豆进口第一大来源国。

三 巴西转基因产业化的"失"：种业受制于人

巴西转基因产业合法化前后，美国孟山都和杜邦先锋两大跨国种业公司通过兼并本土的种子企业，将专利技术应用于当地的农作物品种，迅速占领种子市场。

孟山都公司早在 1963 年就正式进入巴西，长期从事农化和种子业务，20 世纪 90 年代兼并了巴西最大的大豆种子生产商 FT Sementes 和 Monsoy 公司。1996 年，孟山都公司还兼并了巴西另一家国有大豆公司

Terrazawa；2007 年收购巴西玉米种子公司 Agroestes；2009 年，孟山都购买巴西棉花种子公司（MDM）49％ 的股份。截至 2016 年，拜耳（孟山都）公司在巴西 11 个州拥有科研单位以及种子加工、生产、销售、分销及行政办公室等 36 个机构，主要从事玉米、大豆、棉花和蔬菜的除草剂和种子生产产品。杜邦先锋公司在 20 世纪 80 年代早期进入巴西种子市场。1999 年 3 月，杜邦先锋公司建立了巴西杜邦分部，并接管了巴西某规模较大的种子公司；5 月，杜邦先锋公司收购了巴西另外两家规模较大的种子公司；2007 年 6 月，杜邦先锋公司宣布将在巴西中北部设立一个新的玉米和大豆种子研究中心，以加强其在基因和生物技术方面的领先优势。

目前，在巴西转基因种子的商业化生产上，跨国种业公司占据主导地位。拜耳、先正达、陶氏益农等国际巨头基本垄断了巴西转基因农作物种子市场。据说，巴西、阿根廷政府为摆脱转基因种子市场被少数企业垄断的局面，有意引进其他国家的转基因研发单位。大北农自主研发的转基因抗除草剂大豆产品于 2019 年获得阿根廷政府的正式种植许可。

四　相关启示

第一，毫不动摇地推进转基因产业化。巴西等国的实践证明，转基因产业化可以有效降低农业生产成本，提高单产，提高农业竞争力。我国转基因研究起步较早，技术较为领先，但陷入了无效争论的尴尬境地，迟迟实现不了产业化，这是导致我国玉米和大豆单产近 20 年来与美洲国家差距持续拉大的重要原因之一。当前，杂交育种技术已经达到瓶颈期，转基因产业化是种业发展壮大不可逾越的阶段，应创造条件持续推进。创造条件，支持国内转基因研发单位"走出去"，服务全球农业发展。

第二，坚持自主创新与技术引进相结合。巴西依靠技术引进，依靠国家科研力量与外资企业的合资合作，实现了转基因产业化的快速发展，实现了农业的跨越式发展。我国与巴西虽然同为发展中大国，但巴西农业资源丰富，是外向型农业，而我国农业以内循环为主。巴西可以失去种业，我国却必须紧紧抓住种业这个核心。当然，在种业市场经济条件下，政府人为设置的障碍无法有效阻止跨国种子企业的进入和扩张，我们必须加快构建自主创新体系,充分依靠外资但不能依赖外资,走引进、消化、吸收转基因技术并与外资共同进步、互利共赢的路。

第三,加快构建适合产业化发展的转基因管理制度。一方面,要吸取巴西被动放开转基因产业化的教训,在政策放开之前严格管理,防止非法转基因种植泛滥。另一方面,我国现行的转基因安全生产、产品标识制度不适合产业化发展的需要,抗性治理制度缺失。应加快研究,建立健全适合产业化发展的转基因安全评价、产品标识和种植监管制度,为转基因产业化做好制度准备。

本文写于 2020 年 10 月 16 日

参考文献

[1] 侯军岐,黄珊珊.全球转基因作物发展趋势与中国产业化风险管理[J].西北农林科技大学学报(社会科学版),2020,20(6):104-111.

[2] 于滔,曹士亮,张建国,等.全球转基因作物商业化种植概况(1996—2018年)[J].中国种业,2020(1):13-16.

专题六

主 要 作 物

玉米种子企业走出"低谷",水稻种子企业继续"探底"

吕小明　王　薇

2019 年 8 月,种业基金投资管理团队对黑龙江、河南、江苏、广东等地部分"两杂"骨干种子企业进行了调研。垦丰种业是黑龙江最大的玉米种子公司,河南秋乐和金苑种业是黄淮海地区排名前五的玉米种子公司,江苏红旗和广东金稻均为本省排名前三的杂交稻种子公司,五家公司均为信用骨干企业,具有较强代表性。结合调研和了解到的其他情况,可总体判断我国部分骨干玉米种子企业已经走出 2016 年以来的行业低谷,但水稻种子企业将继续探底。

一 部分骨干玉米种子企业走出行业低谷

2004 年至 2015 年,我国粮食产量实现"十二连增"。与此同时,我国玉米种子企业获得飞速发展。一方面,东北等地玉米种植面积扩大,玉米种子市场容量增加;另一方面,在先玉 335 等美系品种带动下,穗烘干、单粒播种等技术迅速推广,优秀种子企业获得大发展。转折点在 2016 年,国家取消对玉米收储的托底政策,"镰刀弯"地区玉米种植面积调减,绝大多数玉米种子公司业绩连续下滑。经过近几年的调整,目前部分龙头种子企业已经走出低谷,业绩回暖。

(一)业绩实现恢复性增长

位于北方春播玉米区的垦丰种业,2015 年利润为 4.56 亿元,2016 年和2017 年滑落至 3.46 亿元和 1.22 亿元,2018 年恢复到 1.72 亿元,预计 2019

年将突破 2 亿元。位于黄淮海夏播玉米区的秋乐种业 2015 年处理无效库存，当年亏损 4 700 万元，2016 年利润为 1 300 多万元，2017 年为 1 700 万元，2018 年增长至 2 800 万元，预计 2019 年将达到 3 500 万元。同样位于黄淮海夏播玉米区的金苑种业 2016 年盈利 2 000 多万元，跌至近年最低点，2017 年和 2018 年稳步回升。

（二）推出苗头性新品种

依靠"郑单 958"这一代表性品种，秋乐种业曾经过着"躺着赚钱"的好日子。"郑单 958"保护期结束后，秋乐种业曾花费 1 600 万元巨资购买"宇玉 30"品种，却没有达到预期的市场效果。2017 年，秋乐种业开始推出企业自育的"秋乐 368"，2018 年推广面积即超过 200 万亩，一举成为黄淮海地区的"明星"品种。"伟科 702"是河南金苑种业购买的当家品种，最多的时候一年可推广 1 000 多万亩，目前已降至 400 万亩左右。经过多年的科研积累，2017 年金苑种业推广自育的"郑原玉 432"，2019 年其推广面积已达到 300 万亩。

（三）开始上市前的准备

随着业绩复苏，玉米种子骨干企业再燃上市梦想。垦丰种业 IPO 申请已于 2019 年 6 月获得中国证监会正式受理，预计今年末或明年初就能得到反馈信息。秋乐种业正在积极谋划 IPO，我们去调研之前刚刚开过动员大会，张新友院士亲自到会激励员工。金苑种业正在广泛接触券商，寻找合适的中介机构。

二 水稻种子企业继续探底

水稻种植面积虽未出现像玉米那样的断崖式调整，但水稻产业链短、南方"双改单""籼改粳"趋势较为明显，2018 年国家有计划地下调水稻种植面积，多数杂交稻种子企业销量持续下降，种业基金调研的 2 家企业也不例外。

位于华南双季稻区的广东某种子公司主营杂交水稻种子，最近 5 年水稻种子销量和营业收入逐年下降,2018 年度销量只有 2014 年的 1/3,营业收入下降了近 60%。该种子公司负责人介绍,虽然销量下降,但他们公司在本省仍排名第一。水稻种子销量下降在业内较为普遍,农民种粮极性不高是主要原因。

位于华中单双季稻区的江苏某种子公司主营稻麦种子,近年来常规稻业务收入稳中有增,杂交稻业务收入总体持平。国内杂交稻业务逐步萎缩,为打开销路,该种子公司积极拓展海外市场,2015 年出口杂交稻 800 吨,2016 年出口 2 300 吨,2017 年出口 2 500 吨,2018 年出口 3 000 吨。扣除出口收入,该种子公司国内杂交水稻业务下降趋势明显。

此外,根据上市公司财报,行业排名前列的隆平高科和荃银高科 2018 年度杂交稻业务盈利能力放缓,隆平高科 2019 年上半年水稻种子营业收入甚至比上年同期下降了 38%,这也从侧面印证了水稻种子企业遭遇困境,探底过程尚未结束。

三 原因探讨

决定种子企业是否盈利的最主要因素仍然是市场供求状况。作物播种面积决定了种子的需求量,而作物制种面积决定了种子的供应量。

从需求端看,根据国家统计局最新年度数据,2014—2018 年,我国玉米播种面积持续下滑,而水稻播种面积总体上保持相对稳定(见表 6-1)。相应地,玉米种子需求量在减少,而水稻种子需求量相对稳定。因此,单从需求端看,并不能很好地解释玉米种子企业能够走出低谷而水稻种子企业继续低迷的原因。

表 6-1　2014—2018 年我国玉米和水稻播种面积

项　　目	2014 年	2015 年	2016 年	2017 年	2018 年
玉米播种面积/亿亩	6.45	6.75	6.63	6.36	6.32
水稻播种面积/亿亩	4.61	4.62	4.61	4.61	4.53

对供应端的分析最能说明问题。根据《2019 年中国种业发展报告》，2014—2018 年，玉米制种面积先升后降，而杂交稻制种面积持续上升。2018 年，全国玉米制种面积为 233 万亩，比高峰期 2016 年的 410 万亩减少43％，也是最近 10 年的最低值（见图 6 - 1）。相反，杂交稻制种面积从 2014年的 140 万亩提高到 2018 年的 169 万亩，年均增长 4.45％，共增长了 21％（见图 6 - 2）。常规稻制种面积虽有下降，但远没有玉米制种调减幅度大。

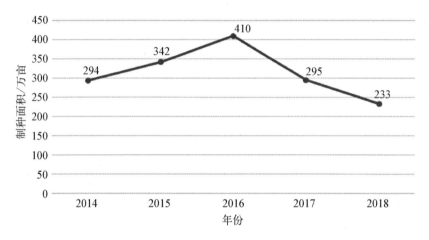

图 6 - 1　2014—2018 年我国玉米制种面积

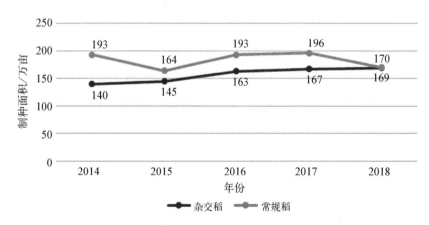

图 6 - 2　2014—2018 年我国水稻制种面积

造成玉米和水稻种子企业不同发展态势的原因，有企业发展状况、知识产权保护、粮食进出口等诸多因素，但玉米制种面积下降、水稻制种面积上升及由此导致的库存变化差异应该是最主要的原因。

　　同样面临库存加大的严重问题，为什么玉米种子行业能够把制种量减下去？种业基金投资团队分析认为，最主要的因素是价格机制。自 2016 年国家取消玉米临时收储政策至今，玉米市场收购价格波动幅度较大。2014—2015 年，国内玉米临时收购价格最高达到 2 260 元/吨；2017 年 1 月，市场收购价降至 1 520 元/吨；目前，玉米收购价又回升至 1 900 元/吨左右。而国家一直对稻谷实行最低收购价，2016—2019 年，价格有所下降，但下降幅度较小（见表 6-2），未能充分贴合市场实际状况。不同的价格信号传递至种子企业，玉米和水稻种子企业产生了不同的反应，最终导致目前的局面。

表 6-2　2014—2019 年我国水稻最低收购价

年份	早籼稻最低收购价/（元/斤）	中晚籼稻最低收购价/（元/斤）	粳稻最低收购价/（元/斤）
2014	1.35	1.38	1.55
2015	1.35	1.38	1.55
2016	1.33	1.38	1.55
2017	1.3	1.36	1.5
2018	1.2	1.26	1.3
2019	1.2	1.26	1.3

四　结论与建议

　　玉米和稻谷不同的价格形成机制传递给种子企业，产生了不同反应。玉米收购价波动幅度较大，玉米种子企业为规避风险，大幅调减制种面积，库存压力改善，逐步走出行业低谷；而稻谷收购价受国家保护，温和下降，水稻种子企业反应较小，风险意识不足，制种面积还在增加，导致水稻种子库存加剧,整个行业效益降低,水稻种子企业将继续"探底"。

水稻种业"破局"的关键在于调减面积、减少库存。行业主管部门应加强信息监测,及时发布预警信息,相关企业切实加大风险意识,本着宁少勿多的原则,科学制定制种规划。

需要说明的是,本次种业基金调研范围有限,未涉及吉林、辽宁等其他玉米主产区,观点仅供大家参考。在调研中,我们也了解到,玉米和水稻种子行业还面临品种"井喷"、知识产权保护难等共性问题,需要种子企业和行业主管部门共同努力,创新手段,加以解决。

本文写于 2019 年 9 月 5 日

试从种业角度简析三大粮食作物单产增长

吕小明　罗凯世

一　基本情况

数据来源：以国家统计局网站收集的"粮食单位面积产量""稻谷单位面积产量""小麦单位面积产量"和"玉米单位面积产量"四个项目1998年至2018年共21年的数据作为基础数据。

时段划分：共分为1998—2003年，2004—2015年，2016—2018年三段。如此划分的原因是2004年之前国家粮食生产滑坡；2005年，国家高度重视粮食生产，采取了"四补贴"等粮食生产鼓励政策，粮食生产实现"十二连增"；2016年，国家开始农业供给侧结构性改革，调整粮食收储政策，粮食生产迎来新一轮的调整。

数据结果（见表6-3）如下：

(1) 1998年至2018年的21年间，粮食作物单产累计增长22.92%，年均增长1.15%。其中，稻谷单产累计增长10.12%，年均增长0.51%；小麦单产累计增长22.92%，年均增长1.15%；玉米单产累计增长16.5%，年均增长0.82%。单产年均增速小麦＞玉米＞水稻。

(2) 1998年至2003年，粮食单产累计降低3.65%，年均降低0.73%。其中，稻谷单产累计降低4.87%，年均降低0.97%；小麦单产累计降低0.06%，年均降低0.01%；玉米单产累计降低8.42%，年均降低1.68%。在此期间，小麦单产基本保持稳定，而玉米单产降幅最大。

(3) 2004年至2015年，粮食单产累计增长25.34%，年均增长2.11%。

其中,稻谷单产累计增长 13.03%,年均增长 1.09%;小麦单产累计增长 32.41%,年均增长 2.70%;玉米单产累计增长 21.30%,年均增长 1.77%。单产年均增速小麦＞玉米＞水稻。

(4) 2016 年至 2018 年,粮食单产累计增长 1.22%,年均增长 0.41%。其中,稻谷单产累计增长 1.97%,年均增长 0.66%;小麦单产累计增长 0.45%,年均增长 0.15%;玉米单产累计增长 3.62%,年均增长 1.21%。玉米增长幅度最大。

表 6-3　1998—2018 年主要粮食作物单位面积产量和年增长率

年份	粮　食		稻　谷		小　麦		玉　米	
	单位面积产量/(公斤/公顷)	增长率/%	单位面积产量/(公斤/公顷)	增长率/%	单位面积产量/(公斤/公顷)	增长率/%	单位面积产量/(公斤/公顷)	增长率/%
1998	4 502.21	—	6 366.19	—	3 685.29	—	5 267.83	—
1999	4 492.59	−0.21	6 344.79	−0.34	3 946.61	0.07	4 944.71	−6.13
2000	4 261.15	−5.15	6 271.59	−1.15	3 738.22	−5.28	4 597.47	−7.02
2001	4 266.94	0.14	6 163.33	−1.73	3 806.13	1.82	4 698.44	2.20
2002	4 399.4	3.10	6 188.96	0.42	3 776.51	−0.78	4 924.46	4.81
2003	4 332.5	−1.52	6 060.68	−2.07	3 931.84	4.11	4 812.59	−2.27
2004	4 620.49	6.65	6 310.61	4.12	4 251.92	8.14	5 120.2	6.39
2005	4 641.63	0.46	6 260.18	−0.80	4 275.3	0.55	5 287.34	3.26
2006	4 745.17	2.23	6 279.6	0.31	4 593.4	7.44	5 326.32	0.74
2007	4 756.09	0.23	6 432.98	2.44	4 607.72	0.31	5 166.67	−3.00
2008	4 968.57	4.47	6 562.54	2.01	4 761.96	3.35	5 555.7	7.53
2009	4 892.37	−1.53	6 585.33	0.35	4 739.05	−0.48	5 258.49	−5.35

续 表

年份	粮 食		稻 谷		小 麦		玉 米	
	单位面积产量/（公斤/公顷）	增长率/%	单位面积产量/（公斤/公顷）	增长率/%	单位面积产量/（公斤/公顷）	增长率/%	单位面积产量/（公斤/公顷）	增长率/%
2010	5 005.69	2.32	6 553.03	−0.49	4 748.45	0.20	5 453.68	3.71
2011	5 208.81	4.06	6 687.31	2.05	4 837.21	1.87	5 747.51	5.39
2012	5 353.12	2.77	6 776.89	1.34	4 986.25	3.08	5 869.69	2.13
2013	5 439.52	1.61	6 717.27	−0.88	5 055.57	1.39	6 015.93	2.49
2014	5 445.89	0.12	6 813.21	1.43	5 243.51	3.72	5 808.91	−3.44
2015	5 553.02	1.97	6 891.28	1.15	5 392.62	2.84	5 892.85	1.45
2016	5 539.17	−0.25	6 865.77	−0.37	5 396.88	0.08	5 967.12	1.26
2017	5 607.36	1.23	6 916.92	0.75	5 481.23	1.56	6 110.3	2.40
2018	5 621	0.24	7 027	1.59	5 416	−1.19	6 108	−0.04
合计增长	—	22.92	—	10.12	—	32.80	—	16.50
年均增长	—	1.15	—	0.51	—	1.64	—	0.82

二 数据简析

（1）小麦。在三大粮食作物中，我们常常忽视小麦，然而小麦单产增长最快，为粮食单产增长做出的贡献最大。分析推测，小麦良种覆盖率的提升应是主要推动因素。自 2003 年小麦良种补贴政策设立后，主产区通过统一供种等落实措施，极大提高了小麦良种的覆盖率。对采用常规种的小麦来说，提升用种质量对增加单产的作用是巨大的，效果肯定远大于已经普遍采用杂交种的水稻和玉米。除政策、品种、栽培技术等因素外，小麦抗灾能力强,单产最稳定也是重要因素。在 1998 年至 2018 年的 21 年间,粮食单产降低的年份有 5 年。其中,稻谷单产降低的有 8 年,玉米是 7 年,而小麦单产降低只有 4 年。

（2）水稻。因长期受到超级杂交稻宣传的影响,水稻单产在三大粮食作物中增长最为缓慢的结果,也出乎意料。有以下几个可能的原因:一是水稻育种起步早、基础好,单产继续增长的难度大。我国在 1976 年已经开始推广杂交稻。1998 年,单产已经达到 6 366.19 公斤/公顷,折合 424.44 公斤/亩,已经达到较高水平。二是杂交稻占比降低,拉低单产。杂交稻面积 1995 年达到 2 089.78 万公顷的历史最大面积,占当年水稻面积的 67.97%。但之后呈缓慢下降趋势,至 2013 年降至 1 617.87 万公顷,占水稻面积的 53.37%。目前,我国水稻年播种面积为 3 000 万公顷,杂交稻和常规稻旗鼓相当。主要原因是人力成本的提高导致直播的种植方式普及率提高,直播需种量大,而杂交稻种子成本高、农民购种压力大,这在早稻市场尤为明显。近年来,南方水稻主产区土地流转加快,合作社和家庭农场等新型经营主体因为有农业品牌支撑,更加青睐常规稻。

（3）玉米。2005 年至今,玉米单产增加。主要原因是"郑单 958"于 2000 年通过黄淮海审定、于 2004 年通过东华北审定,而"先玉 335"于 2004 年通过审定。这两个代表性品种大规模推广都在审定后的 3 年左右。这是两个划时代的品种,特别是"先玉 335",改变了我国玉米生产模式。直到今天,这两个品种仍然是推广面积最大的品种,品种审定对照品种也是它们两个。可见,真正超越的品种还未出现。同时,2005 年至 2015 年,玉米面积快速增长,大部分增长的地区为高纬度冷凉地区或不适宜地区,拉低了平均单产。因此,玉米单产增长没有想象中的高。

三 有关启示

（1）粮食作物单产增长最快的时段是"十二连增"国家大力发展粮食生产时期,可见,政策仍是粮食单产增长的最主要刺激因素。但政策刺激不一定长久,最终要看市场需求,如同当年的玉米。据悉,稻谷和小麦的库存已经比较大,市场化收储是迟早的事情。因此,今后应更加注重发挥市场机制的作用。

（2）长期以来，农业农村主管部门和科研院校高度重视杂交稻、杂交玉米等"两杂"种业，对"两杂"种业发展和科研支持力度最大。然而，不太受到重视的小麦单产增长却最快。今后的种业，不应忽视小麦、粳稻等常规作物发展，应加强知识产权保护，制定措施，继续保持常规种的良种覆盖率。

（3）按照三大作物1998—2018年单产平均增速以及2016—2018年三年的平均单产进行预测（见表6-4），2032年和2040年，小麦单产将分别达到6 820.47公斤/公顷和7 768.40公斤/公顷，赶超玉米和水稻单产水平。2062年，玉米的单产可以达到8 682.73公斤/公顷，超过水稻单产水平。考虑其他因素影响，20年内，小麦单产很可能超过玉米。

表6-4 主要粮食作物单位面积产量预测 （单位：公斤/公顷）

年　份	稻　谷	小　麦	玉　米
1998—2018年平均增长率/%	0.51	1.64	0.82
2016—2018年平均单产/（公斤/公顷）	6 936.56	5 431.37	6 061.8
2019	6 971.94	5 520.44	6 111.51
2020	7 007.49	5 610.98	6 161.62
2021	7 043.23	5 703.00	6 212.15
2022	7 079.15	5 796.53	6 263.09
2023	7 115.26	5 891.59	6 314.44
2024	7 151.54	5 988.21	6 366.22
2025	7 188.02	6 086.42	6 418.42
2026	7 224.68	6 186.24	6 471.06
2027	7 261.52	6 287.69	6 524.12
2028	7 298.55	6 390.81	6 577.62

续　表

年　份	稻　谷	小　麦	玉　米
2029	7 335.78	6 495.62	6 631.55
2030	7 373.19	6 602.15	6 685.93
2031	7 410.79	6 710.42	6 740.76
2032	7 448.59	6 820.47	6 796.03
2033	7 486.58	6 932.33	6 851.76
2034	7 524.76	7 046.02	6 907.94
2035	7 563.13	7 161.58	6 964.59
2036	7 601.71	7 279.02	7 021.70
2037	7 640.47	7 398.40	7 079.27
2038	7 679.44	7 519.73	7 137.32
2039	7 718.61	7 643.06	7 195.85
2040	7 757.97	7 768.40	7 254.86
2045	7 957.83	8 426.65	7 557.22
2050	8 162.83	9 140.68	7 872.19
2055	8 373.12	9 915.20	8 200.29
2060	8 588.82	10 755.36	8 542.06
2061	8 632.63	10 931.75	8 612.11
2062	8 676.65	11 111.03	8 682.73

本文写于 2019 年 12 月 17 日

谨慎乐观安排 2020 年玉米制种面积

吕小明　罗凯世　邱　军

2019 年底,在与部分玉米种子企业负责人交流的过程中发现,很多企业计划大规模增加 2020 年制种面积。诚然,经过 2017—2019 年三年的去库存,玉米种子企业有"触底回升"的态势。但经客观分析,未来两年玉米种子需求未必会大幅增加,价格亦承担压力。希望广大玉米种子企业冷静分析形势,做好风险管控,合理安排制种面积。

一　需求方面：短期内玉米种子总需求难有大规模增长

2000—2019 年我国玉米种子消费情况如表 6-5 和图 6-3 所示。

表 6-5　2000—2019 年我国玉米消费情况

年份	国内消费量/千吨	食用消费/千吨	饲料消费/千吨	工业消费/千吨	种用量/千吨	其他消耗量/千吨
2000	111 890.00	5 850.00	86 800.00	8 300.00	1 840.00	9 100.00
2001	112 560.00	6 100.00	84 550.00	10 600.00	1 910.00	9 400.00
2002	112 670.00	6 400.00	82 380.00	12 300.00	1 890.00	9 700.00
2003	117 310.00	6 700.00	84 030.00	15 700.00	1 780.00	9 100.00
2004	125 540.00	6 600.00	88 910.00	18 100.00	1 830.00	10 100.00
2005	135 560.00	6 880.00	89 820.00	26 100.00	1 920.00	10 840.00

年份	国内消费量/千吨	食用消费/千吨	饲料消费/千吨	工业消费/千吨	种用量/千吨	其他消耗量/千吨
2006	141 157.00	6 681.00	86 810.00	35 140.00	2 377.00	10 149.00
2007	153 806.00	7 526.00	95 270.00	37 610.00	2 054.00	11 346.00
2008	167 997.00	6 834.00	111 020.00	36 610.00	2 012.00	11 521.00
2009	178 407.00	7 170.00	119 427.00	39 760.00	1 833.00	10 217.00
2010	200 278.00	7 588.00	135 400.00	45 100.00	1 650.00	10 540.00
2011	206 477.00	7 611.00	139 557.00	47 500.00	1 419.00	10 390.00
2012	220 541.00	7 890.00	155 781.00	45 700.00	1 160.00	10 010.00
2013	209 278.00	8 100.00	146 288.00	41 240.00	1 100.00	12 550.00
2014	186 978.00	8 300.00	122 258.00	40 800.00	1 120.00	14 500.00
2015	198 975.00	8 500.00	119 665.00	54 200.00	1 110.00	15 500.00
2016	241 186.00	8 700.00	148 781.00	66 100.00	1 105.00	16 500.00
2017	281 021.00	8 810.00	171 396.00	80 540.00	1 095.00	19 180.00
2018	303 522.00	8 850.00	161 787.00	108 300.00	1 085.00	23 500.00
2019	304 116.00	8 880.00	160 760.00	113 500.00	1 096.00	19 880.00

数据来源：Wind 资讯。

（一）非洲猪瘟对玉米饲料消费影响有限

现阶段,饲料消费占我国玉米总消费量的 50％ 以上。玉米种子企业有扩大 2020 年制种面积的冲动,也主要源于对 2021 年生猪生产恢复所带来的饲料需求上升的预期。但细观我国玉米消费结构的变化,非洲猪瘟对玉米需求的影响可能并不如想象中那么巨大。

2018 年 8 月,我国首次发生非洲猪瘟疫情,造成猪养殖数量大幅下降,

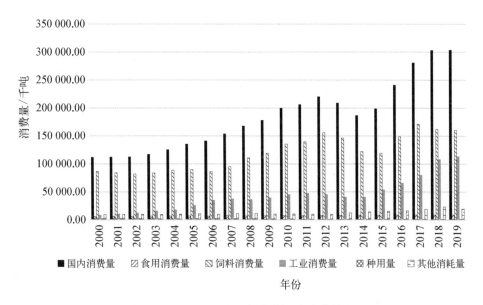

图 6‑3　2000—2019 年我国玉米消费情况

饲料玉米消费总量下降 960 万吨(－5.61%)。2019 年非洲猪瘟疫情更加严重,但可能因为鸡鸭等禽类养殖量增加,饲料玉米总需求基本持平。

由此可见,非洲猪瘟对我国玉米年消费量的影响不超过 1 000 万吨,约占我国玉米消费量的 3.3%,玉米产量的 3.9%。因此,即使生猪生产在 2021 年恢复至非洲猪瘟疫情前的水平,单一因素带来的用种量增加估计也就是 3%~4%。

(二) 玉米工业消费量有见顶趋势

2015 年起,我国玉米的工业消费大幅增加,每年消费量增长都超过 1 000 万吨。但 2019 年起,增速骤然放缓。实际上,2019 年玉米的工业消费已经承压,之所以还能维持增长,是因为玉米深加工产能继续大幅增长,抵消了部分行业开工率下降和稻谷替代玉米生产燃料乙醇的影响。加之国际石油保持较低价格,预计未来玉米工业消费难有过大增长。

(三) 饲料利用率提升将减少用种需求

养殖水平和种畜禽生产性能提高,饲料利用率提升,节粮效果将持续显现。2019年12月10日,韩长赋部长在海南现代种业发展及南繁硅谷建设会议中提道:"我国年出栏7亿头生猪,如果育肥猪百公斤生长日龄提前10天,可少吃400亿斤饲料,相当于节约5 000万亩耕地。"根据业内专家估计,实际情况是最近10年,我国肥猪百公斤生长日龄平均每年提前1天,相当于每年节约500万亩耕地。"十三五"期间,我国肉鸡料肉比从1.8降到1.6,每只鸡节省0.1公斤饲料,相当于0.06公斤玉米。以全国每年出栏90亿只鸡计算,可节省玉米5.4亿公斤,相当于100万亩耕地。估计"十三五"期间,因饲料利用率提升,每年总体可节约玉米饲料田500万亩左右,相当于玉米播种面积的1%。下一步,我国生猪等畜牧业养殖,节省饲料的空间还相当大。

(四) 进口替代将抑制粮价提升

中国加入WTO之后,农业是开放程度较高的部门。我国农产品的加权平均关税已经从2000年的40.87%降至2011年的7.01%,不但低于发展中国家的平均水平,甚至低于部分发达国家。其中,玉米配额外关税为65%,但玉米的替代品关税水平普遍较低,如大麦为3%,高粱为2%,酒糟蛋白(DDGS)为5%。主要畜产品的进口关税水平同样较低,无骨牛肉为12%,猪肉为12%,羊肉为15%。若国内外玉米和畜产品价格差扩大到一定程度,低关税势必带来进口替代,挤占国产玉米的市场份额,这是我国玉米供给容易过剩的直接原因。

受加征关税影响,2018年中国自美农产品进口减少到162.3亿美元,同比下降了32.7%;2019年1—10月,中国自美进口104亿美元农产品,同比又下降了30.8%。因此,近两年玉米种企或许没有感受到来自进口冲击的压力。2019年12月14日,中美达成第一阶段经贸协议。在国务院新闻办公室新闻发布会上,农业农村部韩俊明确表示,"这个协议实施以后,我们大幅度增加美国农产品进口"。这将对我国农产品市场产生巨大而深远的影响,也势必波及我国玉米种业市场。

(五) 行业研究或高估了玉米需求

韩昕儒博士认为,中国畜产品产量数据存在"虚高"的可能性,导致现有玉米需求估计与现实脱钩。以 2010 年为例,国家统计局公布的猪肉产量为 5 071.20 万吨,而几位学者推测值的中位数为 4 197.87 万吨,相差接近 900 万吨。900 万吨的猪肉产量相当于 2 447 万吨饲料粮需求量,其中 1 662 万吨为玉米的饲料需求量。因为其他畜产品产量同样存在不同程度的"虚高"问题,因此按照国家统计局的畜产品产量数据推算得到的玉米饲料需求量可能会高出实际量 2 000 万吨以上。

二　价格方面:品种"井喷"将刺激低价竞争

《种子法》于 2015 年 11 月 4 日修订,2016 年 1 月 1 日起实施。据全国种业大数据,2014—2016 年的 3 年间,国家级和省级审定玉米品种数量平均 566 个。而 2017 年至 2019 年,国家级和省级审定玉米品种数量增加至平均 1 681 个,且有继续增长的态势(见表 6 - 6)。

表 6 - 6　《种子法》实施前后玉米品种审定数量

年　份	2014	2015	2016	2017	2018	2019
品种数量/个	526	622	549	1 071	1 705	2 266

虽然实际推广的品种数量可能没有这么多,但每一个新审定的品种都要试制一部分试验试种品种。2017—2019 年全国审定玉米品种 5 042 个,以每个品种试制种 100 亩计,试制种面积将超过 50 万亩。

在品种"井喷"的压力下,玉米大品种推广面积减小。全国农技中心统计,2015 年,全国推广面积前十的玉米品种总面积为 16 035 万亩,占 10 万亩以上玉米品种推广总面积的 32%。而 2018 年,全国推广面积前十的品种总面积为 11 998 万亩,占 10 万亩以上玉米品种推广总面积的比例下降至 27%(见表 6 - 7)。在这种激烈竞争的局面下,多数企业势必下调价格,低价竞争将成为常态。

表 6-7 2015 年和 2018 年全国推广面积前十的玉米品种

品种名称	2015 年推广面积/万亩	品种名称	2018 年推广面积/万亩
郑单 958	4 630	郑单 958	3 074
先玉 335	3 735	先玉 335	2 027
浚单 20	1 417	京科 968	1 738
京科 968	1 242	登海 605	1 369
德美亚 1	1 093	德美亚 1	751
登海 605	979	伟科 702	701
隆平 206	879	裕丰 303	653
伟科 702	870	浚单 20	606
中单 909	700	隆平 206	568
绥玉 10	490	联创 808	511
总 量	16 035	总 量	11 998

三 库存方面：2020 年将回归较合理水平

玉米种业"触底回升"的主要原因是主动调减制种面积。外部原因为粮食去库存进展顺利，进口替代压力减小，玉米价格回升，农民种植积极性有一定提高，对包括种子在内的农资投入积极性恢复。内部原因则是玉米种子企业在严峻的形势下，主动调减玉米制种面积。2016 年，全国玉米制种面积达到创纪录的 342 万亩。2017—2019 年分别为 295 万亩、233 万亩和 256 万亩，全国玉米制种面积下降明显。

全国农技中心预测，2019 年新产种子 9.9 亿公斤，有效库存为 6.5 亿公斤左右，2020 年春夏播玉米种子总供给量约为 16.4 亿公斤，而玉米种子总需求约为 13 亿公斤（见表 6-8）。预计 2020 年会产生 3.4 亿公斤的库存，约占全年用种需求的 26％,杂交玉米种子产需基本平衡,库存将回到较合理水平。

表 6 - 8   2014—2019 年玉米播种和制种面积

年　份	2014	2015	2016	2017	2018	2019
播种面积/亿亩	6.45	6.75	6.63	6.36	6.32	6.19
制种面积/万亩	294	342	410	295	233	256

四 友情提示:抑制盲目扩张冲动,谨慎乐观安排制种面积

综上,我们估测未来两年由玉米饲料消费量增加带来的用种增长仅为 3％～4％;与此同时,品种数量"井喷",品种推广面积"细碎化",玉米种子价格继续承压。因此,我们认为玉米种业发展形势依然严峻,不宜盲目乐观。

总体来看,玉米种子毛利率较高,谨慎安排生产经营很少会出现亏损。业内资深人士总结,玉米种子企业出现大的亏损,基本上是由盲目扩大制种面积、种子积压后转商造成的。玉米种业自 2016 年以来,经过 3 年多的努力,才等来"触底回升"的良好局面,切勿因为盲目扩大制种面积而陷入新一轮的行业低潮。

本文写于 2019 年 12 月 20 日

参考文献

[1]卞靖.去库存背景下我国玉米产业发展现状及趋势研判[J].中国经贸导刊,2019(2):
61-64.

[2]李鹏,白永新,张润生,等.浅议我国玉米育种发展现状与方向[J].种子科技,2019,37
(2):18-19.

[3]韩昕儒.全球化背景下中国玉米的供求、贸易与预测[M].北京:经济管理出版社,2019.

差异化发展才能拯救国产大豆

吕小明

正值东北地区春耕备耕关键时期,随着黑龙江等地商品大豆涨价,农民种植大豆积极性显著提高,好豆种"一种难求",大豆问题再次引起社会关注。

一 大豆进口量可能已经趋于稳定

国内外经验表明,人们刚解决温饱问题时,喜欢大鱼大肉。随着生活水平提高,饮食多样化,对于大豆的需求将增长,这基于三方面原因:① 为了健康,动物油越吃越少;② 肉类消费增长,畜禽养殖需要蛋白质,豆粕是最好的饲料蛋白来源;③ 对植物蛋白和优质植物油的需求同时增长。

1995 年之前,我国大豆自给自足,仅有少量出口。1996 年之后,进口量超过出口量。1996 年至 1999 年,大豆进口量分别为 111 万吨、279 万吨、320 万吨和 432 万吨。2000 年大豆进口量突破 1 000 万吨。

2001 年,我国加入 WTO,取消了大豆的进口配额,只收取 3% 的关税,进口量继续稳步增长。2004 年突破 2 000 万吨;2007 年突破 3 000 万吨;2010 年突破 5 000 万吨;2013 年突破 6 000 万吨;2014 年突破 7 000 万吨;2015 年突破 8 000 万吨;2017 年达到 9 554 万吨,属于历史最高值;2018 年和 2019 年回落至 8 803 万吨和 8 551 万吨。

2017 年至今,我国大豆进口量为什么有一定量的回落?直接原因有三个:① 受到与美国贸易争端的影响;② 非洲猪瘟导致 2019 年生猪存栏量减少 25％,饲料需求减少;③ 中央提出大豆振兴计划,2019 年国内大豆种植面积增长 1 332 万亩,同比增长 10.9％。深层次的原因可能是我国经济发展已经进入调整结构的"新常态",城乡居民消费增长速度放缓,肉类和植物油需求增速同步放缓。

二　进口大豆绝非权宜之计,而是解决国内环境资源压力的重大方针

近三年来,我国大豆进口量基本为 8 500 万吨左右。根据国家统计局数据,我国大豆平均单产为 1 900 公斤/公顷。进口的大豆如果由国内生产,需要 6.7 亿亩耕地,而我国的玉米年播种面积也为 6 亿亩左右。大豆与玉米生产是"跷跷板"关系,已经不可兼得。

黄淮海、东北地区等粮食主产区地下水超采、化肥农药过量使用,土地不堪重负。这些问题已经引起国家的高度重视。2016 年以来,国家陆续推出轮作、休耕等政策,国内水资源、耕地资源压力将长期存在。大豆的缺口必须主要依靠进口来解决,国内增长空间有限。2019 年,中央一号文件提出大豆振兴计划,当年,全国大豆种植面积增长 10.9％,达到 1.4 亿亩。但大豆面积的进一步增长势必需要压减玉米种植面积。我们的核心问题是资源不够。

有一段时间,国内舆论认为我国大豆被控制。实际上,加入 WTO 时取消大豆进口配额,是一个重大的战略举措。大豆进口解决了需求问题,也有效缓解了国内环境资源压力,使国家有开展轮作休耕试点、休整地力的可能。我们的耕地和水资源,能够基本解决温饱问题,但要保证大家"吃得好",就必须统筹用好国际和国内两个市场、两种资源。

三　培育非转基因大豆市场,慎重推进大豆转基因

美国、巴西、阿根廷是我国进口大豆的主要来源国,因为规模化生产,基本上是抗除草剂转基因大豆。目前,国内大豆生产面积在 1.3 亿亩左右,黑龙江占一半,年产 1 700 多吨,全是非转基因大豆。2019 年底,农业农村部

发放了一个大豆品种转基因生物安全证书,部分媒体和专家也呼吁放开转基因大豆生产。如果国内放开,生产规模又小,将与进口大豆同质化,这将使我国非转基因大豆失去与转基因大豆差别化竞争的潜力。

目前来看,受到新冠肺炎疫情影响,一些国家禁止粮食出口,制造粮食紧张气氛,影响我国大豆进口。因此,黑龙江等地出现商品豆涨价、农民大豆种植积极性提高、大豆种子价格上涨的现象。然而新冠肺炎疫情对包括大豆在内的农业生产的影响有限;国内生猪养殖恢复常年水平尚需一定时日,饲料需求增长有限;全球经济疲软,石油和大宗农产品价格下降。因此,商品大豆价格上涨应该属于短暂现象。如果黑龙江等地进一步扩大大豆生产面积,随着后期进口畅通,可能会碰到"卖难"的问题。

从趋势看,绿色食品、健康食品、有机食品的市场需求会越来越大,非转基因大豆发展前景广阔。在北京京客隆等超市,黑龙江九三牌5升一桶的非转基因大豆油要比同规格的转基因大豆油贵5元。2016年6月份,俄罗斯联邦委员会(议会上院)批准法案,除了科学研究用途外,禁止在俄罗斯境内种植转基因植物和饲养转基因动物。日本、韩国生产酱油、纳豆、豆腐等传统食品,也倾向于进口我国东北的转基因大豆。

目前,我国非转基因大豆蛋白、大豆异黄酮产品出口全球60多个国家和地区,在国际贸易中占50%的市场份额。伴随全球饮食文化变革推进,消费观念和健康观念的提档升级,安全、绿色的健康食品将为我国大豆产业发展提供更加巨大的市场空间。

综上,大豆振兴,应该坚持发展高蛋白食用豆,促进国产大豆优质优价机制形成。慎重发展转基因大豆,打造国产非转基因大豆品牌,稳定并扩大国际市场。国内通过轮作和结构调整,适当扩大油菜、花生、油葵、油茶种植面积,提高油料自给率。油用大豆仍然以进口为主。为防止大豆进口贸易纠纷,应通过市场信号,帮助开发俄罗斯、中亚等国际上其他国家和地区的大豆生产潜力,建设相应的收储物流码头港口,促进大豆进口多元化,形成一个持续稳定、安全的全球农业食品供应网络。

本文写于 2020 年 4 月 5 日

参考文献

［1］黑龙江省农业农村厅.大豆产业未来十年发展形势［J］.大豆科技,2019(2)：55.

［2］刘忠堂.六十年大豆育种之感悟［J］.大豆科学,2019,38(1)：3 - 4.

大豆及油料作物生产供应及种业基本情况

吕小明

一 我国食用油消费量是否还有增长空间？

历史经验表明，随着人们生活水平提高，对优质植物油的需求就会增长。国务院发展研究中心程国强研究员介绍，早在 20 世纪 90 年代初期，国际四大粮商就曾经找到我国从事粮食收储贸易的两家头部央企谈合作，准备融资进行南美大豆生产、仓储、运输、加工基础设施建设。当时，我国的大豆还属于净出口，相关企业没有进行战略投资，错失了提早布局的战略机会。

中国粮油学会分析，2019 年度我国人均食用油的消费量为 28.4 公斤，其中人均食用消费量为 25.1 公斤（不含工业及其他消费和出口量），超过 2017 年度世界人均食用油消费量（24.4 公斤）的水平。我国食用油消费量是否还有增长空间？生产供应方和卫生健康部门给出的答案是不同的。粮油学会认为，我国食用油消费量仍有增长空间，主要理由是中外对比。国外的人均消费量如下：美国是 34 公斤，马来西亚是 32 公斤，欧盟是 29 公斤，阿根廷是 27 公斤。但根据国家卫生计生委疾控局发布的《中国居民膳食指南(2016)》，我国植物油人均消费量已达推荐量的 2 倍以上。

中外饮食文化、烹饪习惯不同，食用油消费量直接对比参考意义不大。一方面，我国家庭食用油直接消费可能存在较多的重复利用情况；另一方面，健康饮食的观念逐步深入人心，少油、少盐的食品越来越受到欢迎。因此，未来我国食用油人均消费量会有一定程度的增加，但幅度不会过大。同时,我国人口数量已经基本到顶,总的消费量很难明显提高。

二 大豆和主要油料作物生产及种业基本情况

新冠肺炎疫情防控期间,粮油生产和进出口问题受到很大关注。多数人的意见是提高自给率,提高单产。本文无意对具体政策进行过多探讨,这里仅列出大豆和五大油料作物生产供应、进口以及种业基本情况。

(1) 从面积看,2019 年,我国大豆及油料作物总面积为 3.3 亿亩,占农作物总播种面积 24.8 亿亩的 13.3%,与同期我国小麦播种面积相当。

(2) 从国内主产地看,大豆和主要油料作物主产地集中在黑龙江、黄淮海等粮食主产地区,结构进一步调整的余地有限。

(3) 从进口情况看,2019 年,我国进口大豆和油料 9 026 万吨(全部压榨可产食用油 1 571 万吨)、食用植物油 1 169 万吨。国内生产大豆和油料 5 192 万吨(全部压榨可产食用油 1 443 万吨),我国食用植物油自给率为 34% 左右。

(4) 从国内生产结构看,花生的面积虽然小于油菜,但单产高、用途广、生产集中,且油料产品品牌基础好,有助于提高油料自给率,应该给予更多支持。

(5) 从种业情况看,国内已有隆平高科、丰乐种业等龙头企业介入油料作物种业,圣丰种业成为油料作物种子行业的领军企业。油菜和花生市场空间大,但持证种子企业数量少于向日葵,原因是油葵、食葵种子进口量大、价值高。

本文写于 2020 年 6 月 11 日

参考文献

[1] 崔宁波,刘望.全球大豆贸易格局变化对我国大豆产业的影响及对策选择[J].大豆科学, 2019,38(4):629-634.

玉米种业的困境分析及突破方向

吕小明

玉米是人类培育最为成功的农作物。在我国,玉米种业是农作物种业的核心。第一,近年来我国玉米年播种面积为 5 亿～6 亿亩,居各类农作物首位;第二,玉米用途广泛,除用作饲料外,还可以加工成淀粉、果糖,制作成酒精替代石油,需求稳定;第三,玉米品种对光温不太敏感,品种适应性广,单是"郑单 958"一个品种就几乎覆盖了全国玉米主产区;第四,玉米杂交优势明显,基本没有自留种。

玉米种业毛利率高达 50%,吸引了众多的从业者。2004 年开始,国家补贴粮食生产,对玉米实行临时收储政策,玉米面积连年增长,大小玉米种子公司都获利。2011 年《国务院关于加快推进现代农作物种业发展的意见》(国发〔2011〕8 号)出台时,全国有 8 700 多家种子公司,玉米种子公司不下 2 000 家。当时审定制度还没有改革,区试审定资源稀缺,玉米品种价格越来越高。2015 年,国审玉米品种价格甚至高达每个品种 2 000 万元。但 2016 年之后,多数玉米种子企业利润下滑,甚至出现亏损,玉米种业进入"寒冬"。目前,全国玉米种子企业下降至 1 700 多家。为什么会出现这种情况呢?

一 玉米种业困境的直接原因

(1) 2016 年农业供给侧结构性改革,玉米收购价格几乎"腰斩",国家和主产省主动调减玉米生产面积,玉米种业发展空间缩小。

(2)《种子法》于 2015 年修订,2016 年施行。农业部根据《种子法》改革了品种审定制度,"绿色通道""联合体试验"等拓宽了区试渠道。同时,审定标准放宽,玉米品种"井喷"。2018年部省两级审定玉米品种1705个,2019年审定2267个。审定的品种不一定正式推广,但会有一些试种和示范,大品种市场空间变小,推广品种进一步分散。

(3)第一大品种"郑单958"植物新品种权在2017年到期,成为一个公共品种。几乎所有玉米种子企业都有"郑单958"的亲本,意味着任何公司都可以卖"郑单958",这在一定程度上加剧了市场低端竞争。

(4)多数玉米种子企业"野蛮成长"。一方面,盲目扩大制种面积,导致玉米种子库存积压非常严重,甚至达到全国一年不制种也不怕缺种子的地步。另一方面,各企业盲目投资于基建和加工设备,导致背负沉重的资产压力。

二 玉米种业困境的深层次原因

(1)科技的行业分层功能失效。紧凑型的种质资源通过回交获得亲本、杂交优势利用等技术已经被科研单位、种子企业广泛掌握,各企业都自认为可以做研发。被行业寄予厚望的双单倍体(doubled haploid)育种(简称DH育种,是利用诱导系诱导或花药离体培养等手段诱导产生单倍体植株,再通过染色体组加倍使植物恢复正常染色体数的育种方法)由于缺乏优异资源的输入,没有起到行业"分层"作用。国外已经商业推广了几十年的转基因技术,在我国由于种种原因迟迟得不到合法批准,反而成全了一些违法小企业。基因编辑技术逐步走向成熟,但我国还没有出台基因编辑品种的监管原则和制度。

(2)品种管理制度尚未解决品种同质化问题。"DF30"与"先玉335"DNA指纹相同,但根据DUS测试,两者的性状稍有不同,品种同样获得保护、通过审定。从以上公开案例看,品种管理制度还有一些漏洞。行业内很多人把希望寄托在实质性派生品种制度上,此项制度在国外已经实施多年,但鲜有公开的案例。实质性派生品种制度是否能够改变我国玉米品种同质化问题,我们将拭目以待。

(3)国发〔2011〕8号文件科研分工的要求尚未落实。种业现代化的纲领性文件——国发〔2011〕8 号提出，国家和省级科研院所从事公益性、基础性研究，种子企业从事商业化育种研发，明确要求"引导和积极推进科研院所和高等院校逐步退出商业化育种"。从该文件的执行情况看，其他的措施已得以落实，但科研院所和高等院校退出商业化育种仍面临较大争议。

根据《2018 年中国种业发展报告》，2018 年，我国推广面积前 10 位的品种分别是郑单 958、先玉 335、京科 968、登海 605、德美亚 1 号、伟科 702、裕丰 303、浚单 20、隆平 206 和联创 808。其中，郑单 958、京科 968 和浚单 20 的育成单位分别是河南农科院、北京市农林科学院和河南省浚县农科所；先玉 335 和德美亚 1 号的育成单位分别是美国先锋公司和德国 KWS，是从国外引进的品种；登海 605、伟科 702、裕丰 303、隆平 206 和联创 808 是企业审定品种。这表明，我国玉米科研投入已经多元化，没有企业的商业化育种组织模式，科研单位的创新链与产业链难以结合，科研投入使用效率难以提高。建设具有中国特色的种业研发体系，我们还是应该回到国发〔2011〕8 号文件的要求上来。

因此，玉米种业的问题，既有行业发展的阶段性问题，也有行业管理问题，更多的是体制机制问题，核心是科研体制问题。玉米种业商业价值高，具有强强的投资吸引力和再投入能力。2020 年初，农业农村部发放 3 个主粮品种的转基因生物安全证书，以大北农为首的 8 个种业上市公司的市值在 10 个交易日内增加了 200 亿元以上。可见，科研体制优化、品种管理制度顺畅、国家引导性投入，加之政策创新开放，将可带动玉米种业快速进入轨道、实现大发展。

三 发展方向

从行业内部看，虽然整个行业不景气，但仍有黄淮海地区少数玉米种子企业长期坚持科研投入、审慎经营、细心呵护市场，取得了逆势上涨。从当前看，发展较好的玉米种子企业有几种类型：一是靠"模仿"，但随着制度的优化，"模仿"不可持续。希望这些企业依靠积累的利润，实实在在从种质资源开始逐步扩大育种规模，走上自主创新的路子。二是靠机收品种。玉米机械收获,正在从收穗向直接收籽粒转变。缩水快、秸秆硬、籽粒不宜破碎的品种才适宜机收籽粒。谁先推出适宜的品种,谁就能占领先机。登海种业、联创、金苑、秋乐等先后推出了机收籽粒品种,最终效果要靠市场检验。三是靠营销。东北等地的一些企业,将其他行业产品营销的手段引入种业,通过高密度的营销,提升了销量。玉米种业的发展靠以上方式解决短中期问题。从长期看,建议布局转基因、基因编辑等生物技术,"走出去"开拓"一带一路"国际市场。

本文写于 2020 年 7 月 7 日

参考文献

[1] 王向峰,才卓.中国种业科技创新的智能时代"玉米育种 4.0"[J].玉米科学,2019,27(1):1 - 9.

[2] 李建华.种业企业持续发展之路探析[J].中国种业,2019(3):66 - 67.

浅析水稻种业发展问题

吕小明

一 我国杂交稻全球领先的主客观原因与产业政策

我国杂交稻全球领先的主观原因是国家高度重视,科研持续进步。我国人多地少,解决粮食问题必须提高单产。国家一直高度重视粮食生产,科研育种一直是国家农业科技的重点支持方向。改革开放以来,随着国家综合实力的全面提升,实施了一系列科研计划,对包括杂交稻科研育种在内的财政支持经费逐年增长。在国家的重视和支持下,40 多年来,我国科学家利用丰富的种质资源,在杂交稻亲本资源创制、强优势品种的选育和制种技术改进方面,取得了一系列突破性成果,如两次不育系的杂交稻育种革命和五次恢复系的更新换代,杂交稻品种选育实现了连续的阶段性飞跃。

我国杂交稻全球领先的客观原因是产业拉动。我国水稻种植面积仅次于印度,2019 年达到 4.3 亿亩,杂交水稻占 50%。南方杂交水稻产区经济发达,农民愿意购买高价的杂交稻种子。我国杂交稻种子的市值规模达到 140 亿元人民币,培育了隆平高科、荃银高科、丰乐种业、神农基因等上市公司。此外,水稻产业区域性强,全球化竞争不充分。全球 90% 的水稻集中在亚洲。世界十大水稻生产国分别是中国、印度、印度尼西亚、孟加拉国、越南、泰国、缅甸、菲律宾、巴西和日本。其中,只有一个在南美,只有日本是发达国家。欧美发达国家和地区的水稻种植面积较小,历史上孟山都、先锋等种业巨头对水稻种业不重视、投入有限。

同时,我国的水稻种业政策也是水稻种业保持领先的重要因素。我国是水稻的起源国,种质资源丰富,稻米是主要口粮。基于保持水稻研发领先优势、保证口粮绝对安全等原因,我国水稻种业一直处于较为严格的保护之下。目前,农业农村部批准设立的30多家外资种子公司,没有一家从事水稻种业。外资不能投资水稻种业,主要的管理依据是外商投资产业指导目录,目前已改为《外商投资准入特别管理措施(负面清单)》(简称《负面清单》)。2020版《负面清单》规定"禁止投资中国稀有和特有的珍贵优良品种的研发、养殖、种植以及相关繁殖材料的生产(包括种植业、畜牧业、水产业的优良基因)"。

但我国杂交稻种业政策受到挑战。2000年之前,外资对水稻种业并不感兴趣。近年来,国际种业巨头陆续完成对杂交玉米、大豆、高端蔬菜种业的布局,水稻种业日益受到重视。跨国种子公司通过技术合作、人才合作、资源合作等方式获取我国先进的杂交稻资源和技术。在我国全方位改革开放的背景下,继续以"稀有""特有"等原因挡住外资进入杂交稻种业的难度越来越大。

二 我国水稻种业需要"鲇鱼效应"

由于产业拉动,技术进步,我国杂交稻种业取得长足发展。一是培育了隆平高科、荃银高科、中种、丰乐种业、金色农华等一批种业龙头企业,形成了较好的产业发展格局。二是商业化育种体系基本建立。根据中国种业发展报告,2018年杂交稻推广面积前十的品种是晶两优华占、晶两优534、隆两优华占、C两优华占、两优688、天优华占、深两优5814、泰优390、宜香优2115和隆两优534。排名第一、二、三和第十位的品种,均为隆平高科选育或隆平合作选育,说明该企业的商业化育种体系较为健全。一半品种为企业与优势科研单位合作开发,表明该企业的资源整合能力较强。三是龙头企业开始国际开发。20世纪80年代开始,我国杂交稻种子就大量出口到东南亚国家。隆平高科、荃银高科、丰乐种业、中种等公司早在20世纪90年代就在东南亚设立独资或合资的研发机构,从事杂交稻种子研发推广,取得一定成效。

近年来,我国杂交水稻发展面临着新的挑战。在国内,由于合作社、家庭农场等规模化新型经营主体快速发展，更加重视投入-产出效益，越来越多的经营主体选择常规稻。一是常规稻米质较好；二是常规稻种子价格低，适合直播、抛秧等粗放式管理方式；三是常规稻单产也越来越高，与杂交稻单产的差距在缩小。通过上市公司的公开年报，多数企业库存较高，近年来杂交稻经营利润持续下滑。在国外，东南亚一些杂交稻种子进口国对种子生产本地化的要求越来越高，我国杂交稻种子出口量有下降趋势。同时，拜耳、柯迪华等跨国种子公司在瓜分完玉米、大豆等其他作物种子市场后，开始重视水稻研发，纷纷进入水稻种业市场。此外，我国西南地区每年需要从湖广地区调入稻谷。随着我国与东南亚国家联盟合作的深入，西南地区与东南亚国家经济交往增多，我国将面临东南亚地区低价稻谷进口的冲击。

我国杂交稻目前面临的困境与20世纪90年代中期杂交玉米单产徘徊不前比较类似。但杂交玉米种业从90年代中期开始，先后引入先锋、孟山都、泰国正大等国外种子公司，引进了先进的技术、资源和理念，促进杂交玉米单产持续提高。先锋公司的"先玉335"让我国玉米生产从穴播转变为单粒播的模式，极大提高了生产效率；也带动了我国玉米种子从自然晾晒到穗烘干的加工过程，普遍提高了玉米种子质量。孟山都的迪卡系列品种，显著提高了西南地区的玉米单产。德国KWS公司的德美亚系列品种将我国玉米种植带北移，为种植业结构调整、粮食连年增产做出了突出贡献。杂交稻种业持续进步，发展较快，在持续"量变"的基础上，具备划时代的"质变"基础。适当引进外资，也许是发展趋势。

三 优化水稻种业政策的建议

中国是水稻起源国，有着丰富的水稻种质资源，目前杂交稻育种研发、生产加工技术具有明显的比较优势。但是与一流跨国企业相比，我们在理念、管理，特别是国际拓展、全球运营方面，仍有欠缺。在东南亚一些国家和地区，我国的品种正在被赶超，领先优势在减弱。拜耳、巴斯夫、柯迪华等跨国种子公司有着全球运作的丰富经验，但在水稻种业发展上缺乏经验、资源和人才。中外优势企业合作，共同改造国内种业市场，促进生产进步，共同开发国际市场，服务全球农业发展，将是一个多赢的选择。

2020 年 6 月 18 日,先正达集团股份有限公司正式成立。先正达(中国)整合了中国中化和中国化工的农业业务,种子方面包括中国种子集团有限公司、安徽荃银高科、三北种业、寿光先正达等。

2020 年 7 月 1 日,种业龙头隆平高科宣布与巴斯夫集团签署合作协议,双方将共同开发适用于中国市场的全新非转基因水稻系统,推动农业生产力升级。

上述案例说明,水稻领域的国际合作日渐开启。建议国家可抓住 2020 版《负面清单》实施的有利时机,乘"一带一路"东风,以自贸区自贸港为试点,进一步推进国内外水稻种业研发合作。同时,适当放宽水稻亲本出口限制,鼓励国内企业与国际种业巨头合作,共同开拓国际种子市场,为我国及全球粮食安全做出更大贡献。

本文写于 2020 年 7 月 14 日

参考文献

[1] 王振忠,刘作凯,李翔,等.我国水稻商业化育种现状与发展建议[J].中国农业科技导报,2020,22(3):1-5.

[2] 李黎红,张宇.我国杂交水稻优势、面临挑战与国际化策略[J].中国稻米,2019,25(4):1-4.

关于小麦种业为什么"行"及优化种业科研体制的讨论

吕小明

在抗击新冠肺炎疫情期间,夏粮产量创历史新高,成为国民经济的"亮色",也为我们打赢疫情防控攻坚战提供了坚强保障。单产提高成为夏粮增产的主要因素。据国家统计局新闻,全国小麦单产达到 386.5 公斤/亩,比上年增长 1.8%,成为夏粮增产的主力。

长期以来,因为杂交稻、杂交玉米杂种优势明显,种子利润高,管理手段较为完善,农业、科技主管部门和种业从业者最为重视。而小麦为常规种,农民可以自留种,种子利润低,不为管理部门和从业者重视。与我们的想象不同,虽然不受重视,20 多年来,小麦的增产幅度在三大主粮中是最明显的。根据国家统计局官方网站,1998 年至 2019 年的 22 年间,粮食作物单产累计增长 24.72%,年均增长 1.18%。其中,小麦单产累计增长 36.75%,年均增长 1.75%;玉米单产累计增长 19.91%,年均增长 0.94%;稻谷单产累计增长 10.58%,年均增长 0.50%。单产增速,小麦最快,玉米次之,水稻最慢。

杂交稻最受关注,增产最慢。小麦最不受关注,增产最快。主要原因可能有以下几点:一是杂交稻、杂交玉米单产基数高,进一步增产的难度大,这可能是主要原因。二是小麦为多倍体物种,抗灾能力较强。黄淮海等小麦主产区生产较为集中,政府抗灾减灾动员能力强,小麦减产的年份相对较少。稻谷减产的年份有 8 年,玉米是 7 年,而小麦只有 4 年。三是小麦种业适合我国的育种研发"举国体制",这是体制机制方面的重要原因。

一 主要粮食作物育种研发主体的多元化发展

在基本解决化肥和农药问题后,粮食的增产主要靠优良品种。育种研发一直是农业科研的重点支持方向。从计划经济时期一直到 2000 年之前,我国农业育种研发的经费主要靠国家投入,供种主体也是各级的国有种子公司。2000 年颁布的《种子法》确定了种业的市场化发展方向。2006 年国务院办公厅印发《国务院办公厅关于推进种子管理体制改革加强市场监管的意见》,强力推进种子生产经营与管理"政企脱钩",国有种子公司改制。目前,我国供种的主体已经多元化,育种研发的主体逐步多元化,但不同作物情况不同。杂交稻、杂交玉米、蔬菜瓜果等商业价值高的作物,社会投入积极性高,而小麦、大豆等常规作物仍然以国家投入为主。

通过大品种的育成人所在单位,可以推测相应作物育种投入主体。根据《2018 年中国种业发展报告》,2018 年杂交稻和杂交玉米推广面积排名前十的品种,科研单位是第一育种人的品种均为 3 个;而小麦推广面积排名前十的品种,科研单位是第一育种人的有 9 个(见表 6-9)。这说明,我国杂交玉米育种研发已经形成国内企业、外资企业和国家科研院所"三分天下"的局面。因产业政策问题,外资不能从事水稻种业,杂交稻育种研发是企业和科研单位"平分秋色"。而小麦种业基本上是科研单位"一家独大"。

表 6-9 三大作物 2018 年全国推广面积排名前十品种及其育种单位

品 种		育 种 单 位
杂交玉米	郑单 958	河南农科院
	先玉 335	美国先锋公司
	京科 968	北京市农林科学院
	登海 605	山东登海种业股份有限公司
	德美亚 1 号	德国 KWS 公司
	伟科 702	郑州伟科作物育种科技有限公司/河南金苑种业有限公司

续　表

品　种		育　种　单　位
杂交玉米	裕丰 303	北京联创种业股份有限公司
	浚单 20	河南省浚县农业科学研究所所
	隆平 206	安徽隆平高科种业有限公司
	联创 808	北京联创种业股份有限公司
杂交稻	晶两优华占	袁隆平农业高科技股份有限公司/中国水稻研究所/湖南亚华种业科学研究院
	晶两优 534	袁隆平农业高科技股份有限公司/广东省农业科学院水稻研究所/深圳隆平金谷种业有限公司/湖南隆平高科种业科学研究院有限公司
	隆两优华占	袁隆平农业高科技股份有限公司/中国水稻研究所用品种
	C 两优华占	北京金色农华种业科技股份有限公司
	两优 688	福建省南平市农业科学研究所
	天优华占	中国水稻研究所/中国科学院遗传与发育生物学研究所/广东省农业科学院水稻研究所
	深两优 5814	国家杂交水稻工程技术研究中心/清华深圳龙岗研究所
	泰优 390	湖南金稻种业有限公司/广东省农业科学院水稻研究所
	宜香优 2115	四川省绿丹种业有限责任公司/四川农业大学农学院/宜宾市农业科学院
	隆两优 534	袁隆平农业高科技股份有限公司/广东省农业科学院水稻研究所/深圳隆平金谷种业有限公司/湖南亚华种业科学研究院
小麦	百农 207	河南百农种业有限公司/河南华冠种业有限公司
	鲁原 502	山东省农业科学院原子能农业应用研究所/中国农业科学院作物科学研究所
	济麦 22	山东省农业科学院作物研究所
	中麦 895	中国农业科学院作物科学研究所/中国农业科学院棉花研究所

续 表

品 种		育 种 单 位
小麦	山农 28	山东农业大学/淄博禾丰种子有限公司
	郑麦 9023	河南省农业科学院小麦研究所
	西农 979	西北农林科技大学
	郑麦 379	河南省农业科学院小麦研究中心
	山农 29	山东农业大学
	烟农 19	烟台市农科院

二 国发〔2011〕8 号文件确立的科研改革方向

欧美发达国家和地区都经历了育种研发由公共机构到私营部门的转变。美国在 1960 年至 1996 年间,植物育种的私营科研经费增长了 1 300%,与此同时,公共机构科研经费只有微小增长。20 世纪 30 年代,随着玉米杂交品种的商业化,玉米品种的研发支出第一次从公共机构转移到私营机构。私营公司在植物育种研发上的投入比重从 1970 年的近 50% 提升到 1989 年的 70% 以上。私营机构在改良小麦品种上的研发有限。其结果是农民依赖公共机构的小麦品种作为新的小麦种子来源。公共机构也重视许多非主要农作物研发,比如燕麦和大麦。尽管有大量植物育种研发从公共机构转移到私营机构,但这两个行业仍然存在大量的研究机会。

为了解决我国种业市场主体与研发主体的"错位"问题,2011 年国务院发布《国务院关于加快推进现代农作物种业发展的意见》(国发〔2011〕8 号),提出种业"科研分工",培育企业商业化育种能力的改革方向。2013 年《国务院办公厅关于深化种业体制改革提高创新能力的意见》(国办发〔2013〕109 号)更是明确提出,"鼓励有实力的种子企业并购转制为企业的科研机构。确定为公益性的科研院所和高等院校,在 2015 年底前实现与其所办的种子企业脱钩;其他科研院所逐步实行企业化改革"。

由于农业种业的特殊性和国家科研体制改革的总体布局,8号文件确定的正确改革方向尚未完全落实。从最近几年的实际情况特别是新一轮的机构改革趋势看,农业类科研院所的实力在增强,没有以育种研发为主要业务的科研机构转制为企业,更没有科研机构被种子企业并购。

三 "十四五"种业改革应回到国发〔2011〕8号文件确定的正确方向上来

2019年末,3个主粮品种获得农业农村部转基因生物安全证书,大北农、隆平高科、荃银高科等种业上市公司股票平均上涨50%以上,市值一周增加200亿元以上,相当于国家转基因重大专项总体投资额。

2018年,国家重点研发计划中,分5年投资20多亿用于"七大农作物育种"重点专项。根据《2018年中国种业发展报告》,2018年种子规模企业(注册资本≥3 000万元)科研投入达31.68亿元,占企业销售额的7.14%。其中,前十名企业的科研投入为8.63亿元,占种子销售额的8.42%。

以上情况表明,杂交稻、杂交玉米等作物育种研发的社会投入机制已经基本健全。育种科研是种业发展的基础。科研体制不顺,种业很难做大做强。我国目前的科研体制对于小麦等常规作物是基本适合的,应该坚持;对于杂交稻、杂交玉米等作物已经造成资源浪费,应该逐步退出。

建议"十四五"种业的改革重新在科研体制优化方面,应切实发挥市场在资源配置中的决定性作用,回到国发〔2011〕8号文件确立的正确路线上来:一是改变农业科研院所的评价机制,强化国家科研院所的种业基础性、公益性研究,为育种研发奠定基础;二是进一步理清公共科研部门在种业研发上的定位,分类推进农业科研院所改革,由中化、中农发等大型国有企业并购农业科研院所,为种业发展创造良好的体制环境;三是系统总结、进一步优化小麦育种研发和种子供应的成功做法,从机制上理顺小麦种业育种研发与供种企业分离的问题。

本文写于2020年7月21日

参考文献

[1] 吴海彬,卢兵友,刘江,等.深化科企合作 加快小麦商业化育种步伐[J].中国种业,2019
(1):28-30.

小麦种业的隐忧与发展方向

吕小明

我在本书《关于小麦种业为什么"行"及优化种业科研体制的讨论》一文中提到,20多年来,小麦的增产幅度在三大主粮中是最明显的。我国目前的科研体制对于小麦等常规作物的发展是基本适合的,应该坚持。本文进一步讨论小麦种业存在的问题与发展方向。

一 自留种与种子商品化问题

小麦是播种面积最大的常规作物。农民可以自留种,这对于种业发展来说有利有弊。有利的方面是农民可以通过自留种降低用种成本,良种得以迅速推广,促进生产。不利的方面是如果自留种大面积推广,种子商品化率降低,种子推广企业和科研单位可得利益减少,企业和科研单位育种研发再投入的积极性降低。

长期以来,我国农民有自留种和串换种子的传统。2000年以前,黄淮小麦主产区小麦种子商品化率可能不到30%,西北等其他地区更低。2003年,国家实施良种补贴政策,通过统一供种等措施,主产区小麦种子商品化率逐年提高,2010年超过50%。目前,主产区小麦种子商品化率达到80%左右。但最近几年,由于良种补贴政策实施方式由"补种子"转为"补现金",多数地方不再统一供种,种子商品化率增速减缓,有些地方甚至下降。特别是随着土地流转速度加快,家庭农场、农民专业合作社兴起,自留种节约成本的作用凸显,一些合作社甚至购进种子加工设备,不仅为本合作社(农场)供种,还为周边农户供种,影响到种子企业的利益,长此以往将影响种业健康发展。现行的《种子法》保护农民自留种的权利,但一些合作社打"擦边球"的供种行为不应受到保护。

《农业农村部办公厅关于种子法有关条款适用的意见》(农办法〔2019〕1号)对"农民自繁自用"种子有明确界定,《种子法》第二十九条第二项所称农民,是指以家庭联产承包责任制的形式签订农村土地承包合同的农民个人。农民专业合作社、家庭农场等新型农业生产经营主体使用授权品种的繁殖材料用于生产的,不属于农民自繁自用,应当取得植物新品种权人的许可。农业执法本来就难,合作社自留种具有很强的隐蔽性。很多小麦种子企业反映,目前这个问题具有较强普遍性。

二　产品需求问题

种子需求是种业发展的根本动力,小麦种子的需求取决于小麦的消费量。小麦作为主要口粮,产业链较短,缺乏需求弹性,近年来已经存在产品库存量较高的问题。如果没有国家的最低收购价托市,种植面积将快速下降。

小麦消费按用途结构可分为制粉消费、饲用消费、工业消费、种子消费和损耗。有研究表明,经济增长对一国小麦消费的影响在不同经济发展阶段有明显不同的表现:居民人均收入处于低水平时,温饱问题的解决会推动人均小麦消费量的增加,主要表现在小麦面粉消费量的增长;人均收入处于中等水平时,居民饮食结构中动物性食品比重提高,人均小麦消费量经历先升后降、波动变化并趋于稳定的过程,主要表现为人均小麦面粉消费量会不断减少,人均工业和饲用小麦消费量成为小麦消费的主要增长点;人均收入处于高水平时,居民饮食结构已相对稳定,小麦消费量增长主要取决于人口增长。

目前,我国可能处于第二阶段至第三阶段转变的时期,小麦消费总量将在下降中趋稳,小麦制粉消费将继续小幅下降,小麦饲用消费将成为小麦消费的主要增长点,小麦工业消费量将保持趋势性增长。

农业农村部食物与营养发展研究所刘锐博士介绍,2019年底我国小麦库存估计达1.4亿吨,其中托市小麦预估超过9 000万吨,能满足我国一年以上的消费需求。刘锐强调,我国小麦生产连年结余,库存小麦不仅没有短缺,还面临着去库存的压力。从未来看,保持小麦面积稳定的难度越来越大。同时,随着农业生产水平的提高、精量播种的发展,小麦种子的需求可能会持续减少。

三 产品进口问题

2017年,"挂面第一股"克明面业在新疆乌鲁木齐保税区投资建立了6.3万吨的挂面生产线。该生产线全部采用进口小麦生产"陈克明"品牌高端挂面,产品品质明显改善,价格不涨。其中的秘诀就是从哈萨克斯坦进口优质春麦,在乌鲁木齐制粉后配合国内面粉生产高端挂面。每吨挂面节省成本400元。据悉,克明面业已经在哈萨克斯坦和俄罗斯尝试小麦种植。从以上地区无配额进口小麦,仅比国内价格高0.1元/斤,但品质高出一截。

我国小麦总体上供应平衡有余,但品种混杂,产品不稳定,存在结构性短缺问题。每年要进口优质专用强弱筋小麦300多万吨。我国对小麦进口实行配额管制,配额内实施1%低关税,配额外关税为65%。

目前,我国小麦的进口来源地主要是加拿大、澳大利亚、俄罗斯和欧盟。但是未来,从俄罗斯和哈萨克斯坦等国进口的压力可能增大。一方面,2020年小麦进口配额全部用完的概率较高,增加了很多新的进口来源地。2019年小麦进口配额是963.6万吨,仅用了1/3。2020年1—6月小麦进口量为335万吨,占全年小麦进口配额964万吨的35%。外国媒体报道,我国进口商近期正积极从美国和澳大利亚进口小麦,我国今年小麦进口配额全部用完的概率很高。另一方面,哈萨克斯坦、俄罗斯远东地区有着很好的生产条件,小麦品质好、价格低,只是目前生产技术水平较低。随着上海合作组织框架内经贸关系的发展,未来很有可能加大就近的小麦进口量。小麦很可能继大豆、玉米之后,面临进口的压力。小麦种子生产经营企业也将受到产品进口的影响。

四 小麦种业的发展方向

(一)内部整合,与玉米种业形成互补

黄淮海一年两熟,是玉米、小麦主产区。玉米和小麦种子在田间生产、

加工、销售时间上是错开的,且种子生产加工设备具备通用性。同时经营两种作物,不至于顾此失彼,还可以充分利用人力资源和加工设备,弥补市场空档期,加速资金周转,提高经营效益。

(二)科企合作,打造"育繁推一体化"企业

目前,小麦育种力量集中在国家科研院所。小麦种业龙头企业的小麦育种研发总体上还处于起步阶段。建议突破体制机制,允许国家科研院所持股小麦种业龙头企业。由中国种子集团公司、农发种业等国有大型企业整合小麦优势科研院所,保留科研院所事业单位性质不变、待遇不减,实现小麦种业"育繁推一体化"发展。

(三)产业协同,实现种粮共同发展

小麦加工企业缺乏稳定的粮食供应,小麦种子企业缺乏稳定的销售渠道,大型小麦生产单位没有稳定的收购商。三者协同发展、优势互补、各取所需,具有很好的前景。国内已经有很多企业进行了有益探索,应该给予鼓励和支持。

(四)走出去,开拓国际市场

哈萨克斯坦是世界耕地潜力最大的国家,74%以上的土地适合农业生产,但只有25%的土地是耕地,最重要的农产品是小麦,2019年的出口量为600多万吨。我国西北地区需要调入小麦。国内已有新疆九圣禾、河南秋乐、克明面业等企业在哈萨克开展试验试种,取得初步成效,将来可能是发展方向。

本文写于2020年7月28日

参考文献

[1] 吴海彬,卢兵友,刘江,等.深化科企合作 加快小麦商业化育种步伐[J].中国种业,2019
(1):28-30.

大豆的主要问题不是单产低

吕小明

大豆问题备受世人关注。在中美贸易争端的拉锯中,2019 年度,我国大豆进口量仍然达到 8 551.1 万吨。据海关数据,2020 年 7 月份我国大豆进口再破千万吨,达到 1 009.1 万吨。2020 年 1—7 月我国大豆累计进口量高达 5 513.5 万吨,同比增加 17.7%。

一些媒体和多数民众认为,我国大豆的主要问题是单产太低。从表面看,这个说法很有道理。2019 年,世界大豆平均单产是 182.65 公斤/亩。其中,美国是 209.15 公斤/亩,巴西和阿根廷分别是 222.83 公斤/亩和 201.9 公斤/亩。而我国 2019 年的单产是 129 公斤/亩,比世界平均水平低 53.65 公斤/亩,比美国、巴西、阿根廷等大豆主产国低 100 公斤/亩左右。

但如果继续分析主产区自然条件、生产规模化程度以及转基因品种应用等影响单位面积产量的主要因素,我们就会发现,大豆的主要问题不是单产低,种业为大豆问题背了太长时间的"黑锅"。

一 影响大豆单产的 3 个主要因素

(一) 主产区自然条件

20 世纪 90 年代至今,我国大豆生产一直北移。吉林、辽宁等黄金大豆带大豆种植面积已经很少,低于河南、安徽等地。目前,大豆主产区已经北移至黑龙江和内蒙古北部地区,两省(区)占全国大豆播种面积的 50% 以上。这些地方虽有寒地黑土、冬季自然休耕的产地优势,但受大豆种植效益较低的影响,生产者多选择丘陵、洼地等不适合水稻、玉米种植的土地种植大豆。特别是第五、第六积温带,积温太低,不宜倒茬,重茬严重,病虫害较严重,造成大豆单产和质量下降。黑龙江和内蒙古以外的地区,如安徽、山东、河南、四川,农民多数将大豆与夏玉米间套种,当作副产品生产,田间管理随意性较强。而美国大豆主产区位于黄金玉米带中南部,积温高、生产条件好。南美大豆的生产条件更好,产量自然高。也就是说,我国大豆主产区被安排种植在最寒冷、生产条件最差的边缘地带,其他地区农民将大豆当作副产品种,产量都高不了。

(二) 生产规模化程度

规模化生产是大豆实现标准化种植、机械化生产的重要基础,也是挖掘品种潜力的重要环节。美国农业部统计,2015 年美国大豆种植户平均种植面积在 667 公顷以上,家庭农场占大豆总种植户的 85％ 以上,占大豆总产量的 73％。巴西马托格罗索州的一个农场种植了 2 万公顷大豆,只有 2 个品种,实现了栽培技术统一、病虫害防治统一、机械化耕作统一,除了大豆高产、高效外,还保证了大豆品质的一致性。相比之下,黑龙江省的大豆生产多以农户和小型合作社为主体,除农垦系统外,大豆还是以一家一户或合作社小面积的方式经营。生产条件较差、生产规模小、机械化程度不高、技术使用标准不到位,致使黑龙江省大豆产区没能发挥出品种和技术的增产潜力,限制了大豆生产的发展。

(三) 转基因品种应用

转基因作物可以通过控制虫害,从而减少产量损失,使作物接近其潜在产量。美国用了十年的时间,基本达到转基因作物占相应作物种植总面积的 90％。转基因种子比非转基因种子单产可提高 25％ 左右。美国、巴西、阿根廷三个最主要的大豆出口国,已基本实现转基因品种全覆盖。2020 年初,农业农村部批准了 1 个南方大豆品种安全证书,但至今没有进行品种审定,也就没有产业化。这个品种的适应区域是长江流域南方大豆区,非大豆主产区。

二 国家统计产量的分析

以上分析了中外大豆产量差异的可能性因素。国家统计局统计的全国及分省大豆单位面积产量数据,也能间接证明以上分析(见表 6‑10)。

表 6‑10　2014—2018 年全国及主产地区大豆单位面积产量

(单位:公斤/公顷)

地　区	2018 年	2017 年	2016 年	2015 年	2014 年
全国平均	1 897.96	1 853.59	1 789.23	1 811.44	1 787.33
黑龙江	1 843.66	1 845.61	1 746.17	1 873.97	1 840.45
内蒙古	1 639.50	1 644.39	1 632.55	1 559.28	1 545.05
安　徽	1 500.10	1 515.26	1 509.46	1 531.06	1 330.53
河　南	2 478.80	1 458.91	1 375.12	1 360.86	1 349.06
山　东	2 822.38	2 687.44	2 692.19	2 539.56	2 367.69
四　川	2 355.44	2 325.00	2 295.00	2 337.24	2 383.91

(1) 黑龙江和内蒙古单产水平接近全国平均水平,但黄淮海和南方大豆单产明显高于全国平均水平。山东省 2018 年的单产水平是 2 822.38 公斤/公顷,已经高于 2019 年世界平均水平。山东与美国大豆主产区纬度接近,都属于温带地区。黑龙江和内蒙古已属于寒温带地区,大豆主产区已接近寒带地区。

(2) 为什么河南 2017 年以前以及安徽的单产水平都很低?河南、安徽的自然气候和生产条件与山东类似,即使差也不至于在单产上表现得如此明显。河南 2018 年单产突增。查阅相关资料,并没有找到原因。可能的原因是大豆用途不同或统计口径不同。大豆用途不同,是指安徽和河南统计的是"毛豆"(即鲜食大豆)的成熟产量。鲜食大豆不成熟就采收,可以用鲜豆荚产量估算大豆产量。考虑到河南和安徽不可能有如此大面积的鲜食大豆,因此最有可能的原因是河南在 2017 年之前以及安徽省统计的大豆产量是间作、套作亩产量,不能完全算是"亩产"。大豆和玉米间套作,玉米是产量的大头,大豆产量低。如果是非间作、套作种植,大豆单产可能会提高一倍。

(3) 在主产区黑龙江省内,农垦的产量水平明显高于地方。黑龙江垦区现有耕地 4 300 多万亩,其中大豆种植面积在 1 000 万亩以上,占比为 25% 左右。黑龙江农垦总局领导介绍,由于种植技术水平高,垦区大豆品质优、产量高、商品率高,垦区大豆平均单产高出全国 50～60 公斤/亩,高出黑龙江平均水平 30～40 公斤/亩,与美国单产非常接近。

三　相关结论

综上,我国大豆平均单产为 130 公斤/亩,比世界平均水平低 50 公斤,比美国、巴西、阿根廷等大豆主产国低 100 公斤/亩左右。导致我国大豆产量低的最主要的原因如下:一是产地北移,主产区光温条件差;二是生产分散、规模化、机械化程度低,影响了品种产量的发挥;三是未实现转基因产业化。

我国大豆产量低不是因为品种差。在黄淮海,我国大豆亩产已经达到世界平均水平。如果实现像黑龙江农垦那样的规模化生产,大豆亩产也能提高到世界平均水平。若能实现转基因品种产业化,大豆产量能进一步提高,与美洲国家的差距不会像现在这样明显。

因此,大豆的问题主要是产业化政策、进口问题以及利用国际和国内两个资源的问题。作为大豆原产国,国家高度重视大豆品种研发,我国大豆品种水平并不低。我国与美洲国家在大豆上的差距,主要是耕地、水资源的差距。为缩小这种差距,需要"组合拳",仅靠对种业的重视是远远不够的。

本文写于 2020 年 9 月 9 日

参考文献

[1] 蔡中雨.浅谈我国大豆产业现状与存在问题[J].现代农业,2019(5):107.

[2] 王新刚,喻佳节,司伟.2020 年大豆产业发展趋势与政策建议[J].大豆科技,2020(1):1-3.

专题七

思考与建议

品种管理的"两条线"及其融合

吕小明

一 品种管理"两条线"独立发展

（一）"两条线"的确立

早在 20 世纪 60—70 年代，我国就借鉴苏联的品种管理制度，对部分主要农作物品种进行适应性试验和评比试验。1989 年《中华人民共和国种子管理条例》第十二条规定，"国务院农业、林业主管部门和省、自治区、直辖市人民政府农业、林业主管部门分别设立农作物品种审定委员会和林木良种审定委员会，负责审定农作物新品种和林木良种"。这标志着我国品种审定制度正式设立。

《中华人民共和国种子管理条例》颁布实施时的品种选育和推广基本上还处于"计划"体制，国家科研教学单位育种，国家所属的各级种子公司经营，全部是"公共"权利，在品种管理上没有"私权"的概念。

进入 20 世纪 90 年代，我国改革开放的力度持续加大，品种再也不是一个公共产品，必须加以保护。一方面，外资企业纷纷进入，至 1997 年，外资在我国设立了 80 家左右的种子公司。另一方面，国内育种主体多元化发展，民营种子企业逐步发展壮大。外资和民营企业的发展使得种业不再是一个公益性事业，促使品种保护制度的建立。在加入 WTO 的谈判中，外方也对我国施加压力。1997 年，国务院颁布《中华人民共和国植物新品种保护条例》，品种才有了"私权"。

至此，《中华人民共和国种子管理条例》和《中华人民共和国植物新品种保护条例》分别规定主要农作物品种审定制度和植物新品种权保护制度,这是我国品种管理制度的"两条线"。

(二)"两条线"的管理内核

品种审定的核心是对品种农艺使用价值的考察,也称为 VCU(value for cultivation and use)测试。其目的是为农业生产提供植物新品种的农艺性状适应性、抗病性、加工品质特性与利用途径及适宜的栽培方法与技术,使新品种的使用者获得较好的经济效益。

植物新品种保护主要通过对育种者独占权的保护来促进育种创新,管理的核心是 DUS 测试。

VCU 测试和 DUS 测试应该相互配合,既保护育种者权利,也保护农民利益。

(三)"两条线"独立发展

审定分国家和省两级,两级审定没有高低之分,只有地域的区别。保护制度只有国家一级。在国家层面,两项制度均由农业农村部实施,但由于部门分工问题,审定一直由农业农村部的种子管理部门实施,而保护一度由农业农村部科技教育司实施。

由于保护是一个"舶来品",职能在科技教育司。保护的授权在农业农村部一级,执法在省级以上农业部门。但长期以来,基层种子管理部门不重视、不理解品种权保护。同时,DNA 指纹技术没有快速应用,导致了品种管理上"一品多名""一名多品"等问题。

二 新《种子法》促进"两条线"融合

品种审定的基础虽然是 VCU 测试,但隐藏了一个 DUS 测试的前提。一个品种之所以可以称为一个"品种",一定是具备了特异性、一致性和稳定性。因此,DUS 不仅是植物新品种保护的基础,也是品种成立的基础,理所当然成为品种审定的基础。一份繁殖材料或者"种质",经过 DUS 测试,具备了特异性、一致性和稳定性,才能上升为一个"品种"。如果这个"品种"具备一定的"新颖性"条件,经过申请并获得国家相关部门授权,就成为一个具备独占性的"新品种"。如果这个品种经过 VCU 测试,通过品种审定,就具备大规模商业推广的合法性。

2001 年《种子法》颁布实施,确立了我国种业市场化发展的方向。遗憾的是,在品种管理方面,虽然重申了主要农作物品种审定和植物新品种保护制度,但未强调两者的协调和统一。

2011 年,农业部种子管理局成立,植物新品种保护职能由科技教育司转移到种子管理局,为进一步协调品种管理制度奠定了组织基础。

2015 年修订的《种子法》,对品种管理制度进行了优化。一是对五种主要农作物进行品种审定,对列入名录中的非主要农作物进行品种登记。二是重申植物新品种保护制度。三是将 DUS 测试作为品种审定、登记和保护的基础。新修订的《种子法》经过广泛调研,尊重科学,将 DUS 作为品种管理的基础,打通了品种管理的"两条线",推动品种管理朝着市场化的方向发展。

三 目前的问题

品种审定、登记与保护一直有着不同的管理思路,目前存在的问题也不尽相同。

(1)品种审定站在保护公共权利、保护农民利益的立场上,侧重于国家安排 VCU 测试任务、国家承担相关费用。随着育种主体的市场化和多元化发展,VCU 测试需求增多,国家试验容量日益不足。这也导致了《种子法》修订时品种审定制度是否保留的激烈讨论。新《种子法》甚至明确规定了品种审定绿色通道制度。目前,杂交稻、杂交玉米品种审定除了国家和省级的官方试验外,还有"育繁推一体化"大企业自行试验的绿色通道、企业和科研单位的联合体试验。各种试验渠道同时运行,减缓了国家财政的压力,也带来了潜在问题:① 试验渠道田间管理不一致,大量的非官方试验难以有效监管;② 国家试验审定通过的品种,若大田生产发生非种子质量损失,承担品种审定区域试验的单位是否应承担赔偿责任?

(2)品种登记类似于品种审定,只是试验由育种者自行开展。《非主要农作物品种登记办法》自 2017 年 5 月实施,三年的时间内 29 种作物已经登记了接近 2 万个品种。考察登记办法有三个问题值得探讨：①《非主要农作物品种登记办法》第六条规定，"省级人民政府农业主管部门负责品种登记的具体实施和监督管理，受理品种登记申请，对申请者提交的申请文件进行书面审查"。第十八条规定，"农业部自收到省级人民政府农业主管部门的审查意见之日起二十个工作日内进行复核"。上述规定中，省级农业部门的审查和农业部的复核，均为书面审查，没有人对申请材料的真实性进行实质性审查。这为部分不诚信申请人留下了制度漏洞。②《非主要农作物品种登记办法》第十四条规定，"本办法实施前已审定或者已销售种植的品种，申请者可以按照品种登记指南的要求，提交申请表、品种生产销售应用情况或者品种特异性、一致性、稳定性说明材料，申请品种登记"。首批列入登记名录的 29 种作物，大部分是《种子法》修订前各省已经审定的作物。在2017 年办法实施前已经审定或者销售的品种，如果不能出具 DUS 测试报告，只提交品种生产销售应用情况即可。这也为不诚信申请人留下了一个制度漏洞。③《非主要农作物品种登记办法》第三十条规定，"品种适应性、抗性鉴定以及特异性、一致性、稳定性测试，申请者可以自行开展，也可以委托其他机构开展"，这充分展现了"放管服"的改革思想。但是抗性鉴定和DUS 测试专业性很强，需要标准的对照品种和专业知识。在目前社会诚信机制的情况下，此种规定比较超前。④《非主要农作物品种登记办法》规定的监管责任在省级，而由农业部统一公告。比如，规定省级人民政府农业主管部门若发现已登记品种存在种子样品不实，应当向农业部提出撤销该品种登记的意见。但在实际操作中，农业部统一管理样品，省级很难发现样品不实，很可能导致监管真空。

（3）品种保护的初衷是保护育种者的私权，吸收国外成熟的制度，采取了育种者自愿申请并缴纳相关费用的做法。通过缴费等经济手段，可以调节申请量，促进保护质量的提高。2017 年，为了刺激市场主体知识产权保护意识，国务院决定停止征收包括品种权审查费、年费在内的植物新品种权相关费用。随之带来的问题如下：① 品种权申请量"井喷"，国家测试体系压力加大，品种申请时间变长，品种授权率低。截至 2018 年底，中国植物新品种申请量为 30 488 件，授权量为 13 434 件，授权率为 44%。另据科技发展中心网站，2019 年 1 月 1 日至 12 月 31 日，全国植物新品种申请公告量为 5 318 件，而授权量仅为 2 368 件,不足申请量的一半。这一问题必须用市场化的方法加以化解。② 部分申请人不负责任,申请的品种鱼龙混杂,新品种权质量不高。

四　发展方向

综上,2015 年之前,品种管理审定和保护制度"两条线"独立发展。新修订的《种子法》促进了品种管理制度的融合。品种登记是一个新制度,在制度设计上还有很多需要优化的地方。该制度已经实施了三年,应该好好总结制度经验和得失。品种保护应该考虑在不收费的条件下,如何强调申请人责任、提高效率。

国务院新一轮的"放管服"改革中,将品种审定、登记和保护列入"行政确认",这是非常科学的界定。行政确认是指行政主体依法对行政相对人的法律地位、法律关系或有关法律事实进行甄别,给予确定、认定、证明(或证伪)并予以宣告的具体行政行为。

品种管理制度进一步的改革,应当基于行政确认的定位:

(1) 以 DUS 测试作为品种审定、登记和保护的基础,坚持官方测试,允许自主测试。自主测试的机构应该经过官方评估,接受社会监督。

(2) 提高 DUS 测试指南中的品种差异性阈值,建立实质性派生品种制度,逐步解决品种同质化问题。

(3) 建立全国统一的品种实体标准样品库和 DNA 指纹库,逐步实现向社会公开。品种管理以 DNA 分子指纹图谱作为基本前提,申请人自行提交查重报告。发现问题,再安排 DUS 测试。

(4) 坚持农业农村主管部门在品种管理中的裁决者地位,品种 VCU 试验原则上由申请人承担。管理部门的主要责任是制定规则,事后监督,只承担市场积极性不高的常规作物和小作物 VCU 测试的开展。

(5) 建立品种管理诚信制度,落实对不诚信申请人的处罚。

(6) 以"优化标准,告知承诺"为方向,逐步将品种审定和登记合并为国家品种注册或登记制度。

本文写于 2020 年 8 月 6 日

农作物与畜禽品种管理的对比分析

吕小明

品种管理是种业管理的核心，农作物品种管理与畜禽品种管理有哪些异同之处？又有哪些可以相互借鉴的地方？

一 农作物与畜禽品种都有"审定"制度

（一）农作物品种审定及登记制度回顾

1989 年《中华人民共和国种子管理条例》第十二条规定了品种审定制度。同年，农业部发布《全国农作物品种审定办法（试行）》，我国品种审定制度正式设立。当时，审定作物范围很广泛，包括水稻、麦类、玉米、高粱、谷子、薯类、大豆、油料、棉麻、蔬菜、糖料、桑树、桑蚕、烟草、茶树、果树等农作物。2001 年《种子法》颁布实施，将农作物分为主要农作物和非主要农作物，只对主要农作物进行品种审定。2001 年 2 月 13 日，《主要农作物品种审定办法》发布，审定作物范围为稻、小麦、玉米、棉花、大豆以及农业部规定的马铃薯、油菜以及各省规定的 1～2 种主要农作物。2015 年《种子法》修订，将审定作物范围缩减至稻、小麦、玉米、棉花、大豆 5 种主要农作物，列入名录的非主要农作物实行品种登记。目前，登记的作物有 29 种，多数为原农业部和各省指定的主要农作物。

（二）畜禽新品种配套系审定和畜禽遗传资源鉴定制度回顾

与农作物品种审定制度相比，畜禽品种管理制度建立时间较晚。《畜禽新品种配套系审定和畜禽遗传资源鉴定办法》（在本文中简称《办法》）与《中华人民共和国畜牧法》(简称《畜牧法》)于 2006 年 7 月 1 日同时实施。《办法》所称畜禽新品种是指通过人工选育,主要遗传性状具备一致性和稳定性,并具有一定经济价值的畜禽群体。配套系是指利用不同品种或种群之间杂种优势,用于生产商品群体的品种或种群的特定组合。畜禽遗传资源是指未列入《中国畜禽遗传资源目录》,通过调查新发现的畜禽遗传资源。以上三者均由国家畜禽遗传资源委员会开展审定和鉴定工作,由农业部公告。目前,已经制定新品种配套系审定和遗传资源鉴定技术规范的物种有猪、家禽、牛、羊、家兔、马(驴)、毛皮动物(银狐、蓝狐、水貂、貉)、鹿、蜜蜂、犬共 10 类 17 个物种。《办法》自出台之后尚未进行过修订。

(三) 制度对比

农作物与畜禽品种审定要求和申请程序类似:一是品种均由特异性、一致性、稳定性和合适的命名等作为"品种"的基本要求。二是审定均以增产为重要指标。随着农业供给侧结构性改革的推进,审定标准逐步灵活,具备某种特性的品种也可以审定。三是在申请以前,农作物品种需要经过区域试验和生产试验,而畜禽品种需要经过中间试验。四是均需申请人自愿提出,由国家农作物品种审定委员会或国家畜禽遗传资源委员会审定。通过初审后,品种要经过公示并由农业农村部公告。两者不同点有以下几个方面:

1. 法律效力不同

主要农作物和畜禽品种在推广销售前必须审定(鉴定)。《种子法》规定,应当审定的农作物品种未经审定的,不得发布广告、推广、销售。《畜牧法》规定,培育的畜禽新品种、配套系和新发现的畜禽遗传资源在推广前,应当通过国家畜禽遗传资源委员会审定或者鉴定。两部法律都对未审先推行为设定了明确罚则。

而非主要农作物品种登记不是强制的。《种子法》规定,列入非主要农作物登记目录的品种在推广前应当登记。但只规定,应当登记的农作物品种未经登记的,不得发布广告、推广,不得以登记品种的名义销售。这意味着非主要农作物品种不登记也可以销售,但不可以发布广告、不可以推广。至于"推广"的概念,种子法中没有明确规定。2012 年修订的《中华人民共和国农业技术推广法》,将"推广"的概念定义为"通过试验、示范、培训、指导以及咨询服务等,把农业技术普及应用于农业产前、产中、产后全过程的活动"。

目前,不同主体对非主要农作物品种登记是否强制、如何执法有着不同的认识。但无论如何,《种子法》对审定和登记相关条文的表述是不一致的。一方面,主管部门应优化登记程序、强化主体责任、创造便利措施,吸引育种人进行品种登记;另一方面,农业行政执法部门在"对应当登记未经登记的农作物品种进行推广"类案件处理过程中,应该慎重。

2. 管理层次不同

主要农作物品种审定分为国家和省两级,非主要农作物品种登记只有国家一级,畜禽新品种配套系审定和遗传资源鉴定只有国家一级。

3. 收费情况和试验主体不同

农作物品种审定先收费、后公益。1989 年《全国农作物品种审定办法(试行)》规定,凡申请审定的每个品种,需交纳一定的审定费,试验由审定委员会统一组织。1997 年修订的《全国农作物品种审定办法》重申了申请时交纳审定费的规定。但到了 2001 年,国家承担了相关费用。《主要农作物品种审定办法》(简称《审定办法》)第三十四条规定,农作物品种审定所需工作经费和区域试验经费,列入同级农业行政主管部门专项经费预算。2016 年修订的《审定办法》继承了这一做法。

2001 年《种子法》实施前,基本是国有科研单位在育种,缴费单位多是国有企事业单位。2001 年《种子法》确立了种业市场化的发展方向,之后育种主体大幅增加。因审定办法取消了收费,又没有其他的调节手段,国家区域试验容量逐渐不足,这直接导致品种审定"绿色通道"制度的出台,也促进了《种子法》的修订。但 2015 年《种子法》修订,《审定办法》继续保留国家免费的做法,没有体现市场这只"看不见"的手的作用。好在杂交稻、杂交玉米品种审定绿色通道、联合体试验的开通,减轻了国家试验压力。目前,国家审定的区域试验、抗性鉴定、品质鉴定等费用均列入了农业农村部财政预算。国家财政承担试验经费,体现了国家对农业的重视,建议优化方向,减少承担市场化程度很高的杂交稻、杂交玉米的试验费用,加大常规作物、小作物的试验支持力度。

非主要农作物品种登记不做统一的试验，不收费。畜禽新品种配套系审定和遗传资源鉴定不直接收费，但需要育种单位自行开展中间试验，提供具有法定资质的畜禽质量检验机构最近两年内出具的检测结果。

试验主体不同，隐含了赔偿责任问题。品种审定由国家组织试验，不收费，由国家公告、指定销售区域，一旦发生种子质量纠纷，种子生产经营者容易以国家审定为由推卸赔偿责任。品种登记和畜禽品种审定的相关试验由申请人自行承担，登记和审定以书面审查为主，实际上是一种"行政确认"。一旦发生种子质量纠纷，行政管理部门可以站在第三方的角度，公正性地处理和解决问题。

4. 畜禽品种审定门槛较高

从《审定办法》看，申请畜禽品种审定的门槛远远高于农作物。一方面，农作物品种审定的试验由国家统一开展，不收费。另一方面，畜禽品种审定的各类试验均由申请人自行按照一定的标准开展，相关的鉴定也得由自己申请。更重要的是，畜禽品种审定的基本条件高。申请农作物品种审定，缴纳一部分合格种子、填写相关表格就可以，国家科研单位、普通的企业，甚至是个人育种家都可以达到条件。而根据《畜禽新品种配套系审定和畜禽遗传资源鉴定技术规范》，申请畜禽品种审定首先要有相当规模的养殖群体，这不是普通科研单位和企业能够达到的。比如，申请猪新品种审定，纯种基础母猪要达到 1 000 头以上，三代之内没有亲缘关系的家系应有 10 个以上。申请猪配套系审定，每个母系的基础母猪达到 300 头以上，每个父系的基础母猪达到 100 头以上。

二　农作物新品种有保护制度而畜禽没有

现行《中华人民共和国专利法》第二十五条规定，对动物和植物品种不授予专利权。但本条同时规定，对动物和植物品种的非生物学的生产方法给予专利保护。

除了《中华人民共和国专利法》以外，我国于 1997 年制定了《植物新品种保护条例》，对植物育种人的创造性劳动通过植物品种权给予保护。但对于动物，并不存在类似的保护条例。迄今为止，我国没有任何法律对动物品种权保护做出明确规定。

动物新品种不能获得保护的主要原因是动物品种似乎曾被看作是"自然产品",品种的再生被认为是靠自身的繁衍功能,而非依靠人类的力量,这不应视为人类的发明,不应通过专利由人类垄断。这似乎是"伦理学"的范畴。

根据《种子法》《植物新品种保护条例》,植物新品种权人对品种具有类似专利的排他权力。虽然《畜牧法》第十九条规定,畜禽新品种、配套系培育者的合法权益受法律保护,但缺乏可以实施的制度。实践中,畜禽新品种育种人可以通过署名权、技术诀窍等进行自我保护。同时,育种人不断进行品种改良,保持行业领先地位。

三 评述与相互借鉴

考察 DUS 测试指南、品种审定和登记标准,农作物品种管理的目标和思路主要是促进育种能力"短、平、快"地发展。在产业发展初期,这种管理制度适合模仿育种、快速出品种。一个优良品种推向市场后,其他育种人可以很快模仿,稍加改良后的模仿品种还可以通过审定获得知识产权保护。这虽然有利于优良品种的快速推广,但也造成了品种同质化、原始创新得不到有效激励等问题,不利于产业升级。因此,必须加快实施实质性派生品种制度。

与农作物品种不同的是,全球猪、牛、肉鸡等主要畜种规模化养殖所用的品种是趋同的,新审定的新品种品系数量非常少。除个别品种外,近年来农业农村部新审定(鉴定)的新品种组合和资源,基本上是满足特色养殖需要的小品种。同时,各种品种是敞开的,没有知识产权。在这种情况下,品种管理的重点不是审定,而是发挥好集中力量办大事的优势,开展品种联合攻关,不断促进品种改良,积累量变,促进质变,逐步提高品种性能,这更需要战略定力。

综上,农作物与畜禽品种管理既有相同点,也有很大的不同,在管理理念上有很多可以借鉴的地方。不论是农作物还是畜禽,在广义的品种管理上,政策优化的空间都非常大。比较遗憾的是,我国种业从业者虽多,但种子营销人员多、育种专家多,对品种管理等种业管理进行专门研究的人员很少。经过国家长期的投入,我国种业的基础设施、科研育种条件都得到了很大的改善和优化,是时候加强种业品种管理制度建设等工作了。

本文写于 2020 年 8 月 12 日

参考文献

［1］农业农村部种业管理司,农业农村部管理干部学院.种业法律法规汇编(2019 年版)
　　［M].北京:法律出版社,2019.

明年种子够用吗？

吕小明

近日,全国农业技术推广服务中心(简称"全国农技中心")发布全国夏季种子生产形势,今年杂交玉米制种面积同比减少 9.5%,杂交水稻减少 17%。明年杂交玉米和杂交稻种子是否够用？如何合理制订制种计划？因数据来源有限,本文仅进行了初步分析,希望引起行业重视。

一 "两杂"种子产需平衡点

(一) 播种面积

我国玉米播种高点是 2016 年的 6.63 亿亩。此后,受政策调整和市场引导,播种面积持续下降至 2019 年的 6.19 亿亩,比 2016 年下降 6% 以上。

2020 年,国家采取了对东北"玉米"和"大豆"种植面积双稳的整体部署,要求"适度增加玉米面积"。2020 年黑龙江省大豆补贴标准基本稳定在上年水平,而玉米补贴标准适度提高。大豆和玉米种植补贴差距的缩小,预计有助于延缓东北玉米种植面积下降的趋势。同时,受新冠肺炎疫情、非洲蝗虫以及部分国家粮食出口政策影响,在收益增加的预期下,预计 2020 年玉米种植面积下降的趋势将放缓。估计 2021 年玉米播种面积将稳定在 6.2 亿亩左右。

2016 年和 2017 年,我国水稻播种面积为 4.61 亿亩。2018 年和 2019 年,水稻播种面积分别下降至 4.53 亿亩和 4.45 亿亩。同样,受政策、舆论、疫情等各方面影响,估计 2020 年和 2021 年,水稻播种面积将稳定在 4.5 亿亩左右。其中,杂交水稻面积占 50%,即 2.25 亿亩。

（二）亩均需种量及需种总量

根据《2019 年中国种业发展报告》，全国杂交玉米和杂交水稻亩用种量比较平稳，2018 年杂交玉米和杂交水稻亩用种量分别为 1.89 公斤/亩和 1.14 公斤/亩。

播种面积乘以亩均需种量，可以得出 2021 年全国杂交玉米和杂交水稻需种量分别为 11.72 亿公斤和 2.57 亿公斤。

在种子生产经营活动中，有一定的生产加工和运输储藏损耗，一般情况下为 5%。种子企业在备货过程中，一般情况下要多备 10%。因此，理论上，杂交玉米和杂交稻种子田间生产量要达到 13.48 亿公斤和 2.96 亿公斤才能达到产需平衡。

（三）制种单产和合适制种面积推算

根据《2019 年中国种业发展报告》，2014 年至 2018 年全国杂交玉米亩均制种产量分别是 353 公斤、320 公斤、357 公斤、361 公斤和 389 公斤，平均为 356 公斤。全国杂交稻亩均制种产量分别是 162 公斤、164 公斤、171 公斤、168 公斤和 171 公斤，平均为 167 公斤。

以杂交玉米、杂交稻种子田间生产量 13.48 亿公斤和 2.96 亿公斤，平均单产 356 公斤/亩和 167 公斤/亩测算，全国杂交玉米和杂交稻种子达到产需平衡点的生产面积分别是 378 万亩和 177 万亩。这可以作为确定"两杂"制种面积是否处于合理区间的粗略对比值。

二 明年杂交玉米种子供应紧平衡，杂交稻仍供大于求

根据全国农技中心 2019 年"全国农作物种子产供需秋季形势分析秋季例会"纪要，2019 年全国杂交玉米制种收获面积 256 万亩，平均制种单产 387 公斤/亩，总产量为 9.9 亿公斤，期末有效库存为 6.5 亿公斤左右，2020 年春夏播玉米种子总供给量约为 16.4 亿公斤。2019 年全国杂交水稻制种收获面积 138 万亩，新收获种子 2.4 亿公斤，加上期末有效库存 1.6 亿公斤左右，2020 年可供种子总量仍保持 4 亿公斤左右高位。

2020 年全国杂交玉米和杂交水稻用种量为 12 亿公斤和 2.6 亿公斤左

右,因此,2020 年期末,杂交玉米和杂交稻可余种量为 4.4 亿公斤和 1.4 亿公斤。2020 年杂交玉米和杂交稻分别落实制种面积 230 万亩和 115 万亩,可制新种 9 亿公斤和 1.9 亿公斤。预计至 2020 年用种季末,全国杂交玉米和杂交水稻种子可供应总量分别为 13.4 亿公斤和 3.3 亿公斤。

也就是说,2021 年,全国杂交玉米和杂交水稻种子供应总量分别为13.4亿公斤和 3.3 亿公斤。根据本文第一部分的分析,如果 2021 年全国玉米和杂交稻播种面积分别为 6.2 亿亩和 2.25 亿亩,分别需种 12 亿公斤和 2.6 亿公斤。因此,2021 年,杂交玉米和杂交水稻种子供需比例分别是 1.17∶1 和1.47∶1。

这表明,杂交玉米种子行业经过 5 年多的调整,库存较高问题已经得到较好解决。而杂交水稻种子仍处于较为严重的供大于求状态,种子积压较为严重,去库存仍是重要任务。

本文写于 2020 年 8 月 17 日

参考文献

[1] 农业农村部种业管理司,全国农业技术推广服务中心,农业农村部科技发展中心.2019 年中国种业发展报告[M].北京:中国农业科学技术出版社,2020.

[2] 农业农村部种业管理司.中国种业大数据平台[DB/OL].[2019 - 05 - 24].http://202. 127.42.145/bigdataNew/ .

供种安全的三道防线、两个战略

吕小明

在新冠肺炎疫情、非洲飞蝗、南方水患的叠加影响下,2020 年虽然夏粮丰收,但小麦收储量仅为去年的一半。种子供应是粮食安全的基础,如何确保种子供应安全?《种子法》已经制定了较为完备的制度体系。

一 第一道防线,国家救灾备荒种子储备制度

国家早在 1989 年就建立了救灾备荒种子储备制度。1991 年,《中华人民共和国种子管理条例》对种子储备制度进行了明确规定。2000 年和 2015 年修订版以及现行的《种子法》均明确了国家种子储备制度的法律地位。现行《种子法》第六条规定,省级以上人民政府建立种子储备制度,主要用于发生灾害时的生产需要及余缺调剂,保障农业和林业生产安全。对储备的种子应当定期检验和更新。种子储备的具体办法由国务院规定。目前,农业农村部每年组织储备中央级救灾备荒种子 5 000 万公斤,储备任务的落实是结合种子生产经营企业的商业储备,国家财政补贴 5 000 万元左右。全国已有 20 多个省根据《种子法》的规定,建立了省级救灾备荒种子储备制度。

随着种子生产经营走向市场,种子短缺的时代一去不复返,救灾备荒种子调用率虽然不高,但仍然发挥着粮食生产"定心丸"的作用,重要意义不可替代。

二 第二道防线,改种以及调节种植结构

改种或调节种植结构是农业生产应对自然灾害的惯常做法。东北地区

积温较低,玉米春播后由于干旱不能出苗的灾害时有发生。有时候剩余的无霜期充足,可以补种。有的时候,只能改种比玉米生育期短的大豆、向日葵、马铃薯等其他作物。在西北地区,荞麦、谷子等短生育期的杂粮、杂豆是农业生产改种的重要作物,也是救灾备荒储备种子的重点。

三 第三道防线,使用低于国家标准的种子甚至以粮代种

由于不可抗力,种子生产大面积减少,种子供应不足,就只能牺牲质量,获得数量安全,满足农业生产用种需要。2013年,东北地区大部分粳稻种子还没有来得及晾晒至安全水分就下起了大雪,提前入冬。很多种子生产经营企业设施条件较差,没有种子专用烘干设备。种子在含水量较高的情况下结冰晶,大部分达不到85%的国家发芽率标准。个别地方政府批准动用低于国家规定标准的水稻种子,基层农业技术推广部门指导农民适当加大播种量,保障了农业生产用种安全。

对此,现行《种子法》第五十三条有明确规定,由于不可抗力原因,为生产需要必须使用低于国家或者地方规定标准的农作物种子的,应当经用种地县级以上地方人民政府批准。今年春播季节,商品大豆价格大幅上涨,带动大豆种植面积扩大,大豆种子价格明显上涨。部分地区可能默认了部分"以粮代种"行为。

值得注意的是,使用低于国家标准的种子甚至以粮代种时,一般情况下必须是常规种,杂交种以粮代种会给粮食产量造成很大的损失。

四 关于建立供种安全两个战略的建议

以上三道防线只能救助常规或中小规模的用种短缺或改种、补种问题。为确保农作物种子供应安全,还应当建立两个战略。

(一)战略种子储备

目前,国家救灾备荒种子制度的落实是依靠种子生产经营企业的商业化储备。国家财政的少量补贴相当于购买了种子一年的使用权,但种子的

所有权还在承储企业。一旦遭遇极端情况,储备的种子可能调不动、运不出来。因此,建议依托中化农业、中农发、中农种业等国有大型农资企业、供销系统,建立国家战略种子储备库,国家有这些储备种子的所有权和调用权,遇到特殊情况可通过特殊渠道调运,免费供种。

(二)南繁应急加代制种战略

当前,杂交种子生产日益集中在西北、西南等少数地区,这些地区一旦遭遇大的自然灾害,就会发生大面积的用种短缺。例如,甘肃省玉米制种面积达到 200 万亩左右,占全国的 60%。甘肃省的制种主要集中在张掖的少数区县。甘肃甘州区、古浪县等区县一旦在玉米扬花期遇到干热风或持续阴雨寡照天气,就会对全国的玉米种子供应造成影响。出于长远考虑,应当在海南储备玉米、水稻等主推品种的亲本种子,杂交稻、杂交玉米生产如遇大的损失,可以应急在海南南繁加代。甚至可以考虑在东南亚地区建立应急制种区,利用季节差运回国内,确保用种安全。

本文写于 2020 年 8 月 24 日

关注气候变化对种业的影响

吕小明

一 气候变化有利于粮食生产

（一）我国粮食主产区持续北移

宋代民谚称"苏湖熟，天下足"，明代中后期则称"湖广熟，天下足"，民谚的变化实际上折射了江浙经济结构的变动。江浙地区是宋代的产粮大区，故民谚称"苏湖熟，天下足"；到了明代中后期，这一地区商品经济发达，粮食作物的种植面积减小，经济类作物的种植面积扩大。明代主要的产粮区转移至湖广地区，因此民谚改称"湖广熟，天下足"。

改革开放以前，全国农村都是粮食主产区。中共十一届三中全会以后，东南沿海地区率先开放，粮食主产区北移。随着国家发展战略和产业政策的调整，20 世纪 90 年代以来，粮食主产区急剧减少，主销区明显增多。改革开放初期，我国有 21 个粮食主产区，其中包括广东、江苏、浙江。1993年，全国只剩下 9 个商品粮输出省份。1994 年，国务院在综合考虑各省粮食生产传统和资源差异等因素的基础上，依据粮食生产与消费量的多少，明确了海南、广东、福建、上海、天津、北京 6 省市为粮食主销区。同时，作为保障粮食安全的重要手段，国家实行粮食安全省长负责制。此后，在 2001 年进行的新一轮粮改中，国务院重新划分了粮食主产区、产销平衡区和主销区，包括 7 个主销区、11 个产销平衡区和 13 个粮食主产区。2003 年 12 月，我国财政部下发的《关于改革和完善农业综合开发若干政策措施的意见》确定了黑龙江、吉林、辽宁、内蒙古、河北、江苏、江西、安徽、山东、河南、湖南、湖北和四川 13 个省区为我国的粮食主产区,主销区则主要是指北京、天津、上海、浙江、福建、广东、海南 7 个省市,其余为产销平衡区。

(二)北方气候暖湿化

最近几年,西北包括新疆等传统干旱地区频传暴雨、洪涝灾害的新闻。气象监测和多数研究表明,1961 年以来西北干旱区呈现明显暖湿化趋势,其中冬季增温最快,夏季降水增加速率最大。伊犁河谷、塔城等地区增温趋势最大,北疆降水量增加最多。

2020 年 8 月 25 日,中国气象局发布《中国气候变化蓝皮书(2020)》。21 世纪初以来,西北、东北和华北地区平均年降水量波动上升,东北和华东地区降水量年际波动幅度增大。1961—2019 年,中国各区域降水量变化趋势差异明显,青藏地区降水呈显著增多趋势,西南地区降水呈减少趋势。

(三)气候变化总体上有利于粮食增产

粮食主产区的整体北移进一步提升了水资源对于粮食生产的重要程度,降水和有效灌溉面积对粮食产出的贡献率逐年递增,成为主产区粮食增产的关键要素。2004 年以来,国家粮食生产连年丰收,虽然政策和技术的因素很重要,但是我国粮食生产"靠天吃饭"的态势没有发生根本转变,北方暖湿化为粮食连年丰收发挥了关键性作用。

一方面,东北地区尤其是黑龙江省无霜日天数增加,积温带北移,促进了种植业结构调整。大豆改种玉米,每公顷可增产粮食 5 吨以上。2004 年至 2016 年,每年大约有 1 000 万亩大豆改种玉米,每年增产粮食 300 多万吨。另一方面,西北地区降雨量增加,压减春小麦和杂粮杂豆面积,改种玉米等高产作物。加上地膜技术的推广应用,有效利用了珍贵的降雨,旱作农业大发展,粮食自给率大幅提高。有关研究表明,1 毫米雨量可以多生产粮食 0.4~0.6 公斤/亩。越是干旱的地区,增产效果越明显。

二 浅议气候变化对种业的影响

在我国粮食生产"南退北进"的格局下,北方暖湿化有利于粮食增产。

农作物对气候变化很敏感,最近几年在种业特别是品种管理方面,已经体会到了气候变化的影响和挑战。

(一) 黄淮海玉米热害频发

2020年7月下旬,大部分地区夏玉米正处于从旺盛的营养生长到生殖生长转化的最关键时期,当玉米处在日平均最高气温大于等于35℃并持续5天以上,无效降雨持续8天以上的气象条件下,高温热害就必然发生。

玉米高温热害后,雌雄分化发育严重受阻、发育不良,花粉和花丝活力下降,甚至败育,花粉量少,散粉和受精时间短,造成授粉结实不良,果穗秃尖缺粒现象十分突出,减产严重的可以达到30%以上,更严重的有可能会导致绝产绝收。

2013年以来,黄淮海地区玉米高温热害减产事故频发。2017年、2019年山东、河南等地都发生了较严重的玉米高温热害事故。

(二) 小麦主产区赤霉病爆发

小麦赤霉病别名麦穗枯、烂麦头、红麦头,是小麦的主要病害之一。小麦赤霉病主要分布于潮湿和半潮湿区域,气候湿润多雨的温带地区尤其受害严重。赤霉病的一般流行年份可以引起10%~20%的产量损失,大流行年份可导致绝收。同时,还会产生呕吐毒素、玉米赤霉烯酮等多种真菌毒素,污染麦粒,导致小麦质量下降,甚至失去食用或饲用价值。2012年,黄淮海农业区某省小麦赤霉病发生面积约为2 460万亩,占全省小麦种植面积的68.3%,创下了该省小麦赤霉病发生的历史之最。虽经全力防治挽回产量损失20多亿斤,但仍然使小麦产量有一定损失,有农户因此绝产,蒙受重大损失。

赤霉病北移主要受全球气候变暖、雨区北移、小麦播种推迟等因素影响。20世纪小麦赤霉病仅在江苏省淮南地区发生,以沿江、苏南地区发病较突出,而近几年江苏省沿淮地区赤霉病已发生普遍。目前,病害常发区已扩展到黄淮南部麦区,西北麦区病害发生也明显加重。小麦赤霉病已经成为我国小麦主产区常发性重大病害。

（三）西北、西南制种安全受到挑战

西北地区的甘肃、新疆是我国主要的玉米和瓜菜制种区域,生产了全国80%的杂交玉米和70%的瓜菜种子。种子生产向西北集中,主要原因是西北地区"天干地不干"。"天干"指西北地区降雨量少,玉米等作物扬花不宜受到降雨影响。"地不干"指农作物播种和生长季节有冰川雪水灌溉,不怕干旱。西北暖湿化,玉米等作物制种有干热风或花期降水等方面的潜在风险。根据《中国气候变化蓝皮书(2020)》,我国西南地区降水呈减少趋势。近年来,四川、贵州屡屡发生干旱灾害。四川是我国杂交稻种子主产区,干旱对制种安全的影响应该引起重视。

三 建议加强气候对种业影响的监测和研究

当前,全球气候变化持续加剧,但我国农作物气候适宜性研究刚刚起步。搜索相关文献,概念性的提法比较多,实质性的分析很少。育种研究多,对产业影响的分析却几乎没有。建议农业农村部会同国家气象局,开展相关的监测和研究:一是开展理论分析,指导育种和种业结构调整实践;二是建立农作物气候适宜性模型,对未来农作物生长的气候条件进行预测,为调整和优化作物的种植结构和规划布局奠定科学的基础;三是加强对特殊气候条件下制种安全的研究,确保农业生产供种安全。

本文写于 2020 年 8 月 31 日

对种子法律法规体系的思考

吕小明

种业健康发展,离不开法律法规的保驾护航。我国种业法制化,经历了1989 年颁布的《中华人民共和国种子管理条例》、2000 年颁布的《中华人民共和国种子法》(简称《种子法》)以及 2015 年有较大幅度修订的《种子法》三个历史阶段,目前已基本做到"有法可依"。

一 基本情况和特点

围绕《种子法》和《植物新品种保护条例》,农业农村部等已颁布实施了一系列规章制度和强制性国家标准,构成了我国种业法制的基本框架,涵盖了种质资源保护、品种审定登记保护、种子生产经营许可、种子市场监管、植物新品种权保护、救灾备荒种子储备等种业发展的各个环节。2015 年《种子法》修订,在种业科技创新、植物新品种权保护、种业安全审查评估、转基因品种监管、种业发展扶持保护等方面进一步完善,促进了育种创新和简政放权,在保护农民利益和强化主体责任方面发挥了重要作用。

我国种子法律法规体系有三个特点:**一是**体系较为健全,涵盖了种子产业的各个环节。除了对种子生产加工、品种准入进行管理外,还对转基因产品的科研过程进行严格监管。**二是**制度的执行以农业农村部门为主。在对农药、化肥以及农膜等其他主要农资产品的管理中,农业农村部门的主要职责是配合;而在种子的管理中,农业农村部门处于绝对的主导地位,且管理手段较为健全。**三是**从"严管"向"服务"转变,体现了国务院"放管服"改革的要求。比如,对主要农作物实行较为严格的审定制度,而对蔬菜等非主要农作物实行较为宽松的登记制度。在种子生产经营许可方面,农业农村部下放了"育繁推一体化"种子经营许可证审批权限,许可管理上落实了"证照分离"的要求。

二　存在的问题

目前,我国种子管理体系主要存在四个方面的问题。

(1) 部门间协调力度不够,不利于种业"大治理"格局的形成。围绕种子产品,已经形成了一个市值为1 200亿元的产业。对产业的监管,需要相关部门协作配合。比如,对于进出口种子的管理,需要种质资源评价、病虫草害检疫、粮食进出口配额分配等诸多环节。种质资源评价是农业农村部门的职责,而检疫需要海关检疫部门与农业农村部门分工合作,粮食进出口配额由商务部门和发展改革部门审批。目前种子及种质资源进出口管理办法属于农业农村部部门规章,部门间协调力度不够,建议由相关部门制定跨部门的管理办法,便于管理,也方便当事人办理。

(2) 难以满足生物技术产业化发展的需要,前瞻性不够。我国于20世纪80年代开始了转基因改良作物的基础研究,随着转基因棉花独立研发成功,较完整的研发体系建立起来,在水稻、棉花和玉米领域,我国转基因研究已达到国际领先水平。然而,产业化发展始终徘徊不前。比如,在非转基因产品生产过程中,由于偶然或技术上的因素,出现微量转基因成分混入的情况很难避免。而我国现行转基因产品标识办法,只定性判断一个产品是不是转基因,检测标准没有设定"阈值",不能适应产业化发展的需要。目前,我国的基因编辑技术也处于世界前列,合理的政策法规对正确引导基因编辑育种技术的发展至关重要。

(3) 逐步适应了"引进来"的需要,而不利于"走出去"。《外商投资产业指导目录》和《负面清单》的优化,以及1997年农业部等四部委《关于设立外商投资农作物种子企业审批和登记管理的规定》的废止,逐步减少对外资的限制,已基本实现内资、外资企业平等对待。随着改革开放力度的进一步加大,我国种业正在由"引进来"向"引进来""走出去"并重转变。对种质资源严格的出口管制措施可能会对杂交稻等种业"走出去"造成限制,建议优化。

（4）对违法行为的罚则缺乏梯度，执行起来较困难。只有法律和行政法规能够设置罚则。《种子法》规定，生产经营假种子的，由县级以上人民政府农业、林业主管部门责令停止生产经营，没收违法所得和种子，吊销种子生产经营许可证并处罚款。但生产经营假种子，分为主观故意和无意过失。在实践中发现，少数种子企业，亲本繁殖时年年"优中选优"，经过几年的选择后，销售的品种与审定时品种的典型特征已经有了显著差异，属于"以此品种冒充其他品种"，是"假种子"的一种情形。但这种情形不是主观故意，也没有侵犯他人的权利。

三　相关建议

经过 20 年的市场化发展，我国种业取得长足进步，"十四五"时期种业管理面临以下形势：**一是**种子市场已经基本告别"劣种子"时代，高质量发展成为主题。**二是**育种研发正在由模仿育种为主走向原始创新，全社会知识产权保护意识增强，知识产权保护将成为种业管理的核心。**三是**"放管服"改革要求持续深入，种业市场更加开放，市场管理"双随机、一公开"、证照分离、事中事后监管成为常态。

在此，笔者对"十四五"时期种业法律法规建设提出如下建议：**一是**整体上提高种子出芽率等国家强制性质量标准，落实种子质量认证制度，促进种业高质量发展。我国多数作物种子质量标准在 20 年前制定，随着生产加工水平的提高，已落后于行业实际，亟须调整。**二是**以激励原始创新为出发点，进一步完善植物新品种权保护制度。全面对接《国际植物新品种保护公约》（1991 年文本），建立实质性派生品种制度，建立品种权保护部门间协作制度。根据《种子法》的新规定，修订新品种保护条例配套规章，将品种权执法权限下放至县级以上部门。**三是**尽快制定、修订转基因种子管理相关制度，明确基因编辑管理制度，抢占种业科技制高点。**四是**在法律制定、修订过程中，注意加强部门协作，争取制定多部门联合出台的制度规定。参考金融部门监管措施，制定警告、公开约谈等梯度化的处罚措施，提高罚则的可执行性。逐步建立适合种业"走出去"的制度体系。

本文写于 2020 年 10 月 2 日

参考文献

［1］农业农村部种业管理司,农业农村部管理干部学院.种业法律法规汇编(2019 年版)
　　［M].北京：法律出版社,2019.

对种业简政放权的思考

吕小明

改革开放初期，我国已基本掌握玉米和水稻杂交制种技术，但种子供应还处于自发状态，全国没有正规的种子公司。1978 年，农业部成立了中国第一家种子公司——中国种子公司。此后，全国逐步走向计划供种体制。2000 年前后，国家推进供种体制改革，确立了市场化的发展方向。2015 年之后，农业部继续推进种业"放管服"改革，激发种业发展活力。实践证明，简政放权是我国种业发展进步的重要驱动力量。

一 《种子管理条例》为种业市场化发展留下空间

邓小平同志对种子问题十分关注，提出了"培育优良品种""建立种子公司""建立种子基地"等主张。1978 年 9 月 15 日，在听取时任黑龙江省委书记李力安等关于国有农场情况的汇报时，邓小平强调："农场不要只搞粮食，要完成工农联合企业，搞农产品加工、农业技术改造。农场可以搞种子基地、种子公司，国家收购它的种子，拿去供应其他地方。"1980 年 7 月 23 日，邓小平再次申明："农村要发展，要注意两点，一是政策正确。政策威力大，有了正确的农村政策，可以调动农民的生产积极性。二是科学种田。要抓种子，搞优良品种，要搞好种子公司，繁育良种。"

在邓小平同志的亲切关怀下，党的十一届三中全会前后，全国各地纷纷成立国有种子公司，形成了县、市、省、国家四级供种体系。以县种子公司为供种基本单元，地级市和省种子公司负责区域调剂，中国种子公司负责全国种子调剂和种子进出口业务。国有科研院所进行品种研发、国有企业为主进行种子生产经营的"计划供种"模式,较好地适应了改革开放初期的农业生产关系,促进了粮食连年丰收,国家解决了温饱问题。

1989年5月1日起施行的《中华人民共和国种子管理条例》(简称《种子管理条例》)第二十条规定,"主要农作物杂交种子由县级以上人民政府指定的单位组织经营,并纳入同级农作物种子管理部门的计划"。首次以法律形式明确了主要农作物杂交种子的计划供种体制。

虽然《种子管理条例》确立了以计划为主的供种体制,但同时为种子多元化经营留下了空间。《种子管理条例》第二十条规定,"农作物常规种子实行多渠道经营"。根据《种子管理条例》,民营企业既可以从事小麦、常规稻、大豆等主要农作物种子的生产经营,也可以从事蔬菜、瓜果等非主要农作物种子的生产经营。因此,从改革开放特别是《种子管理条例》实施到2000年《种子法》颁布,我国种业一直处于"半计划"状态。这一阶段,只要不从事杂交稻、杂交玉米种子经营,种子生产经营许可的门槛不高,很多民营种子企业在这一阶段成立。

二 《种子法》确立了种业市场化发展方向

1999年的《植物新品种保护条例》和2000年的《种子法》确立了我国种业市场化的发展方向,基本确立了种子管理框架和格局。为什么种业选择了市场化发展道路? **一是**随着我国市场经济体制建设步伐的加快,全国性的种子大市场逐渐建立起来,种子作为商品已经突破了地域界限,在全国范围内流通,不宜再用计划的方式进行管理。**二是**农作物种类繁多,不可能也没有必要对所有作物都进行审定等严格管理,应当明确品种管理的范围。**三是**国有企业责权不清的弊端逐步显现,一些国有种子公司严重亏损甚至出现资不抵债等严重问题。同时,一些民营企业挂靠国有公司从事杂交稻或杂交玉米生产经营,逐步发展壮大,急于突破制度限制。**四是**建立知识产权保护制度(即《植物新品种保护条例》),这是加入WTO时的承诺,产权制度是市场经济的基石。

《种子法》和《植物新品种保护条例》打开了我国种业市场化发展的大门,种业进入黄金发展期。但政企不分、地方保护等问题逐步显现。当时,种子生产经营与管理还在一起，一个机构既是种子站又是种子公司。杂交稻、杂交玉米等市场价值较高作物的生产经营，还基本掌握在国有种子公司手里。

2006年，《国务院办公厅关于推进种子管理体制改革加强市场监管的意见》(国办发〔2006〕40号)进一步放活市场。40号文件一方面要求政企分开，农业行政主管部门及其工作人员不得参与和从事种子生产、经营活动；种子生产经营机构不得参与和从事种子行政管理工作。政企分开工作必须在2007年6月底之前完成。另一方面，要求加快国有种子企业改组、改制步伐，促进了种子产业生产要素的合理配置。绝大多数国有种子企业民营化或退出种子生产经营，为民营种子企业腾出了发展空间。种子管理部门专心从事市场监管，促进合法企业发展壮大，有效促进了种子产业化发展进程。至2010年前后，全国注册的种子生产经营企业有8700多家，培育出了丰乐种业、隆平高科、登海种业等上市公司和一批"育繁推一体化"种子企业。

三 国发〔2011〕8号文件和国办发〔2013〕109号文件对种业科研体制改革进行探索

2010年前后，育种科研体制与种业市场化进程不相适应的矛盾逐步显现，种业体制改革涉入深水区。

在欧美等发达国家和地区，国家科研院所在种业发展初期也承担了大部分的育种科研任务。随着民营企业的发展壮大，市场化投资将逐步取代国家投资，国家科研院所退出商业化育种。20世纪50—60年代，美国公益性科研单位承担了大部分育种科研任务，到了80—90年代，玉米、大豆的科研基本由企业承担。长期以来，我国高度重视农业科研，育种又是农业科研的主要部分。科研院所掌握了绝大多数的种质资源，科学家又有话语权，没有制度安排，国家科研院所很难主动退出商业化育种领域。

2011年，国务院发布划时代的8号文件，即《国务院关于加快推进现代农作物种业发展的意见》(国发〔2011〕8号)，明确了国家科研院所与种子企业育种科研分工的要求。文件明确提出："引导和积极推进科研院所和高等院校逐步退出商业化育种,力争到'十二五'末科研院所和高等院校与其开办的种子企业基本实现'事企脱钩'。"

2013 年,《国务院办公厅关于深化种业体制改革提高创新能力的意见》(国办发〔2013〕109 号)要求建立种业科技成果公开交易平台和托管中心,制定交易管理办法,确定种业科研成果机构与科研人员权益比例,禁止私下交易,为充分发挥市场在种业资源配置中的决定性作用进行了有益探索。

四　种业"放管服"改革进一步释放制度红利

为提高种业竞争力、适应国际化竞争新局势,解决品种管理过程中存在的突出问题,符合"放管服"改革要求,2015 年《种子法》进行了较大幅度修改,配套规章也逐步制修订。此后,"放管服"改革成为种业监管放权的主基调。5 年多来,种业"放管服"改革主要措施如下:① 放宽品种准入渠道。开通品种审定绿色通道,开展品种联合体试验,拓宽品种审定试验通道,优化品种审定指标,加快品种审定速度,实行非主要农作物品种登记制度。② 放宽市场准入要求。修改《农作物种子生产经营许可管理办法》,实行"两证合一",取消了申请生产经营许可时的注册资金和先证后照等要求。③ 取消和下放一批行政许可事项,特别是将全国范围内经营的"育繁推一体化"种子企业经营许可证下放到省级发放。④ 取消新品种保护收费,激发了育种者申请品种权的积极性。

综上,党的十一届三中全会之后,为快速解决市场空白问题,我国实行了以计划为主的国有供种体制。1989 年,《种子管理条例》使计划供种体制合法化,但为种业市场化发展留下了制度空间。2000 年,《种子法》确立了种业市场化发展的方向。2006 年国办 40 号文件进一步拓展了种业市场化发展空间。2011 年国发 8 号文件和 2013 年国办 109 号文件提出了种业科研体制改革的正确方向,改革进入深水区。2015 年之后,以新《种子法》落实为中心,种业"放管服"改革为种业进一步发展壮大增添了活力。改革是自我革命,是利益的再分配。种子管理部门持续的简政放权释放了改革红利,促进了种业发展。但种业科研体制改革难度很大,牵涉到国家科研体制的整体布局,不是农业农村部门一家的事情。种业制度改革的红利已经基本释放,"十四五"时期种业简政放权和"放管服"改革的难点是科研,重点也将聚焦在科研体制改革上。

本文写于 2020 年 10 月 24 日

参考文献

[1] 农业农村部种业管理司,农业农村部管理干部学院.种业法律法规汇编(2019 年版)[M].北京:法律出版社,2019.

高粮价恐难以持久

吕小明

最近一段时间,国内粮食价格上涨。但高粮价能否持久? 从需求和生产两端分析,支撑高粮价持续发展的基础不牢。

一 生猪存栏量回升,但饲料消费并未恢复到常年水平

现阶段,饲料消费占我国玉米总消费量的 50% 以上。粮价上升,很大程度基于对生猪生产恢复所带来的饲料需求上升的预期。非洲猪瘟对我国养殖业带来巨大冲击。2018 年 8 月,我国首次发生非洲猪瘟疫情,造成猪养殖数量大幅下降,饲料玉米消费总量下降 960 万吨,同比下降 5.61%。2019 年非洲猪瘟疫情更加严重,但可能因为鸡、鸭等禽类养殖量增加,饲料玉米总需求基本持平。

农业农村部监测,2020 年二季度末,全国生猪存栏 33 996 万头,比 2019 年三季度末增加 3 321 万头,增幅为 10.8%。2019 年生猪存栏量因非洲猪瘟影响,是近年来最低值。2020 年,生猪存栏量虽有所回升,猪价下降,但生猪养殖量并未恢复到非洲猪瘟发生之前,推测相应的饲料消费需求并没有达到 2017 年的水平。同时,非洲猪瘟客观上促进了生猪养殖规模化发展。温氏、正邦、牧原新建的牧场动辄万头起步。规模化养殖有利于促进饲料利用率提升,有利于节粮增效。

二 油价持续走低,玉米工业消费需求不旺

现阶段的农业生产为"石化农业",生产过程的动力需要柴油、汽油,化

肥、农药也是石化产品。玉米还可以直接加工为乙醇,作为能量来源。粮食市场和能源市场长期以来交织在一起,粮食价格倾向于与原油价格同向变动。美国人韦斯特霍夫在《粮价谁决定》一书中说,如果你告诉我石油价格,我就能告诉你粮食价格。新冠肺炎疫情的爆发,让石油行业遭受重创,石油供过于求,因此油价持续下降,国际原油市场价格在每桶 40 美元左右徘徊了相当长一段时间。欧美对石油的消费需求将持续走低。因此,国际石油将保持较低价格,预计玉米工业消费难有过大增长。

三 受疫情影响,食品消费需求不振

收入水平越低,对粮食初级产品的消费量越大。随着收入水平的提高,粮食初级产品的消费量降低,但饮食构成中的肉、禽、蛋、奶等富有营养价值的产品消费将不断增加,而肉、禽、蛋、奶的生产需要更多的饲料。因此,经济发展情况,特别是城乡居民收入水平,决定粮食消费需求。

四 全球及我国粮食生产并未受到实质性影响

我国是人口大国,中共中央、国务院高度重视粮食生产。新冠肺炎疫情发生后,国家及时采取措施确保粮食等主要农产品有效供给。早稻面积扭转多年连续下降的局面,2020 年面积回升。我国夏粮已获丰收,秋粮已经收获,多省已宣布秋粮丰收。今年的粮食生产虽然受到多种自然灾害的考验,但雨水较丰沛,这是丰收的关键因素。相信全年粮食生产不会有大的滑坡。

从常识上分析,新冠肺炎疫情对城市的影响大于农村,农业生产受新冠肺炎疫情影响较小。美国、巴西、阿根廷等主要农产品出口国粮食生产并没有受到新冠肺炎疫情的实质性影响。新冠肺炎疫情防控前期,少数国家限制粮食出口,目前均已取消限制措施。中国海关数据显示,2020 年 1—7 月中国粮食进口数量为 7 451 万吨,同比增长 22.7%;2020 年 1—7 月中国粮食进口金额为 26 671 696 千美元,同比增长 16.2%。我国进口量同比显著增长,表明国际粮食市场供应较为充足;粮食进口金额增幅低于数量增幅,表明国际粮价没有明显上涨。

综上,在新冠肺炎疫情及非洲猪瘟影响下,我国及全球粮食生产没有受到实质性影响,但饲料及粮食需求是萎缩或减少的。我国粮食价格上涨,主要原因有以下几个方面:一是农民受经验的影响,粮食惜售心理较强;二是各种自然灾害不断发生,社会对粮食生产高度关注,粮食减产预期增强;三是粮食收购主体已经多元化,中国储备粮管理集团有限公司等国家粮食收购系统因粮价较高补库困难,国家很难掌握社会存粮情况。因此,粮价保持高位可能只是暂时现象,不应过度焦虑。

本文写于 2020 年 11 月 23 日

参考文献

[1]农业农村部.年度数据[DB/OL].[2020 - 11 - 23].http://zdscxx.moa.gov.cn:8080/nyb/pc/frequency.jsp.

加强种苗管理的三条建议

吕小明

一 种子"种苗化"是发展趋势

农作物种子的传统形态是籽粒。改革开放特别是 20 世纪 90 年代以来,设施园艺迅猛发展,蔬菜瓜果逐步实现周年供应,蔬菜瓜果的种子越来越多以"种苗"的形态流通交易,种子"种苗化"成为一种发展趋势。

蔬菜育苗可以节约用种量、提高土地利用率、增加复种指数和有效控制病虫害发生,便于集约化管理及批量生产,还有利于减少种子质量纠纷。近年来,蔬菜育苗发展迅猛。我国常年生产的蔬菜有 14 大类、150 余个品种,约 2/3 的蔬菜采用育苗移栽,种苗年需求量超过 4 000 亿株。

根据上海市农业机械研究所朱春燕等的研究,截至 2019 年,我国已建立蔬菜规模化育苗中心、基地、专业合作社等近 1 500 个。行业专家介绍,设施蔬菜生产较为集中的山东、辽宁、河北、江苏、浙江等地区,蔬菜专业化育苗企业逐步发展壮大,涌现出山东安信种苗等新三板挂牌企业。保守估计,山东寿光市就有各类蔬菜种苗场 200 多家。但蔬菜集约化育苗仍有很大的发展空间。集约化育苗量仅占全年蔬菜种植总需苗量的 30%,剩余 2/3 的蔬菜商品苗仍然依靠传统的育苗方式完成。

近几年,我国设施蔬菜生产面积每年增加 200 万亩左右,专业化的马铃薯、甘薯脱毒育苗场和水稻育秧场纷纷涌现。随着农业供给侧结构性改革的深入推进、设施园艺产业的发展以及工厂化育苗技术的快速进步,种子"种苗化"已经成为发展趋势,在我国有广阔的发展前景。

二　种苗管理已经具备较好基础

总体上看,目前玉米、水稻等大田作物的种子管理仍然以籽粒形态的种子为主,但经过多年积累,蔬菜种苗管理已经具备较好的基础。

(一)部分省(区、市)明确了种苗生产经营许可条件

《种子法》规定,种苗属于种子,蔬菜、果树种苗管理,应当属于农业农村部门职责权限。根据农业农村部 2016 年《农作物种子生产经营许可管理办法》第三十六条,"生产经营无性繁殖的器官和组织、种苗、种薯以及不宜包装的非籽粒种子的,应当具有相适应的设施、设备、品种及人员,具体办法由省级农业主管部门制定,报农业部备案"。据查询,截至 2021 年 1 月 13 日,全国有山东、河北、湖南、甘肃、宁夏、广东、福建、北京等省(区、市)根据《农作物种子生产经营许可管理办法》明确了种苗企业许可条件。

(二)部分国家和行业标准颁布实施

据不完全统计,我国目前在种苗方面有 30 个有效的国家和行业标准,有些已实施多年,为种苗标准化管理积累了一定经验。国家强制性标准方面,已有 7 个强制性国家标准,包括人参种苗、苹果苗木、茶树种苗、桑树种子和苗木、猕猴桃苗木、桃苗木、主要花卉种苗产品等级。推荐性行业标准方面,已有 23 个标准,包括香蕉组培苗、槟榔种苗、番荔枝嫁接苗、黄皮嫁接苗、番木瓜种苗、剑麻种苗、龙眼种苗、木菠萝种苗、益智种苗、切花月季脱毒种苗、甘蔗种苗、葡萄无病毒母本树和苗木、油棕种苗、菠萝种苗、椰子种果和种苗、荔枝种苗、咖啡种子种苗、红掌种苗,以及香石竹、满天星、菊花、非洲菊、月季切花种苗等级规格。这些标准主要集中在果树、花卉和热带作物上,尚无蔬菜种苗方面的标准。

(三)农业综合执法队伍进一步健全

2018 年 11 月 23 日,中共中央办公厅、国务院办公厅印发了《关于深化农业综合行政执法改革的指导意见》,明确了农业领域综合执法的改革方

向。按照要求,全国各农业县正在抓紧成立综合执法队伍,大部分县已基本完成。多数农业县的农业执法队伍中,植保和种子管理队伍力量较强,特别是农业植物检疫员队伍,是较为系统和完备的,基本覆盖了省、市、县各级,每县均有人从事植物检疫工作。农业植物检疫员队伍的学历、技术职称等专业技术背景也比较强。《植物检疫条例》对包括种苗在内的产地环境、调运检疫进行了明确规定。植物检疫与种子管理结合,是加强蔬菜种苗管理的可行途径。

三　加强种苗管理的建议

虽然种苗管理已经具备一定基础,但多数育苗企业并未办理种子生产经营许可证,育苗场情况参差不齐,众多小规模蔬菜育苗专业户育苗成本高、幼苗质量差,与大型育苗企业形成了无序竞争,制约了蔬菜集约化育苗产业的健康发展。同时,蔬菜育苗没有统一的行业标准,培育出的幼苗质量没有保证,全国已经开始出现种苗质量纠纷。中共中央、国务院高度重视种业发展,种苗是种业管理的薄弱环节,建议加强种苗管理。

(一) 解决种苗生产单位的资质问题

建议农业农村部督促相关省(区、市)农业农村主管部门按照《农作物种子生产经营许可管理办法》的要求,尽快明确种苗企业生产经营许可条件。已经明确许可条件的省(区、市),引导苗场办理许可证。争取利用2～3年的时间,取缔无证生产经营的苗场。对于小型苗农户较为集中的地区,可以引导育苗专业户联合成立专业合作社,由专业合作社统一办理生产经营许可证,加强对社员的管理和服务。

(二) 加强种苗标准体系建设

充分利用社会力量,组织大型育苗企业加快制定番茄、辣椒、黄瓜、西甜瓜等重点蔬菜作物种苗标准,适当将企业成熟的标准上升为团体标准或行业标准。研究制定蔬菜重点作物种苗分级、苗盘、包装和流通等标准,为促进行业健康发展和加强种苗管理提供支撑。

（三）统筹农业农村管理部门内部执法力量，加强种苗管理

建议由县级以上农业农村主管部门或农业综合执法机构统筹植物检疫和种业管理力量，在蔬菜种苗调运检疫过程中，开展种苗质量抽查，逐步将种苗管理纳入农业农村主管部门的日常工作。

参考文献

［1］朱春燕,岳东杰.中国蔬菜育苗产业生产现状及技术趋势［J］.农业工程技术,2019,39(13)：34-38.

加强管理种业标准体系，实现种业高质量发展

吕小明

标准体系影响国家科学技术创新能力，影响国家整体发展全局，在国民经济和社会发展中有着越来越重要的战略地位。具体而言，强制性标准是法制建设和制度体系的组成部分；推荐性标准是促进社会和谐与社会进步的基石；团体标准是形成产业联盟和产业发展的核心；企业标准是产品质量和规范管理的灵魂；地方标准是发展区域产业和特色经济的基础。

种业领域也是如此。科学完善的种子质量标准体系，是实现种业高质量发展的基础。种业是农业的基础，国家一贯高度重视，种业标准体系建设取得显著成效。据农业农村部杜晓伟发表的文章《以新发展理念为统领 加强种子质量标准体系建设》，截至 2019 年 4 月，我国农作物种子领域的标准共有 376 项，内容涵盖种子质量、种子检验、品种管理（包括品种审定、登记、DUS 测试）、原种生产、种子包装加工储藏等多个方面。杜晓伟等还分析了种业标准体系建设存在的问题，提出了有针对性的建议，具有很强的指导意义。在企业调研、标准查阅学习过程中，笔者认为，我国种业标准体系建设管理还存在宣传贯彻滞后、标准清理不够、团体标准和地方标准滞后、国际标准参与不够等问题，建议加强相关工作，为实现种业高质量发展做出贡献。

一 加强标准宣传贯彻

种业标准体系建设中存在的主要问题是标准宣传贯彻滞后，主要原因是标准文本因"知识产权"问题，种子企业等种业从业人员接触不到或接触

不全相关标准。《中华人民共和国标准化法》第十七条规定，"强制性标准文本应当免费向社会公开。国家推动免费向社会公开推荐性标准文本"。目前，国家市场监督管理总局官方网站设有"国家标准全文公开系统"（http://openstd.samr.gov.cn/bzgk/gb/index），可查阅全部强制性国家标准（GB）和推荐性国家标准（GB/T）。种业国家标准方面，有些标准可以下载，但多数标准只能在线阅览而不能下载和打印。种业行业标准尚没有免费的公开系统。因此，建议在公布国家标准的基础上，会同农业农村部全文公布农业行业标准。种业是农业的基础，可优先公布相关标准全文。

二　开展标准清理

目前，种业方面标准的清理不够，这导致行业标准繁杂，有些标准已经失去指导意义。例如，隔离是杂交玉米种子质量的重要保障，2011 年公布的推荐性国家标准《玉米种子生产技术操作规程》（GB/T 17315—2011）要求，制种空间隔离，制种基地与其他玉米花粉来源地应不少于 200 m；屏障隔离时，在空间隔离距离达到 100 m 的基础上，制种基地周围应设置屏障隔离带，隔离带宽度不少于 5 m、高度不少于 3 m，同时另种宽度不少于 5 m 的父本行；时间隔离时，春播制种播期相差应不少于 40 天，夏播制种播期相差应不少于 30 天。而随着玉米制种产区越来越向西北集中，在我国甘肃、新疆等玉米制种主产区，目前基本上没有制种地块能够达到以上隔离条件。建议主管部门每 3 年对种业标准进行一次清理，增强其行业指导意义。

三　加强团标地标建设

科学的标准体系应该是国家标准、行业标准与团体标准、地方标准以及企业标准相互配合。目前，种业国家标准、行业标准较为健全，但团体标准、地方标准建设较为薄弱。团体标准方面，因多数种子行业协会与管理部门"脱钩"时间不长，团体标准建设基本没有开展。我国生态多样、物种资源丰富，具有明显的特色作物发展优势，但相当多的地方品种标准还处于空白状态。建议加强引导，优化标准建设流程，支持团体标准和地方标准建设，将实施效果较好的团体标准和地方标准上升为行业标准或国家标准并给予后补助等奖励。这样一方面可以补齐团体标准和地方标准建设短板;另一方面可以提高国家标准和行业标准质量,增强其行业指导意义。

四 积极参与国际标准制修订

贸易是马车,标准是驭手。技术标准是支援法规、配合法规对市场主体行为进行调整和限制的工具,也成为保护消费者利益和公平竞争秩序的技术保障。在市场日益全球化和高科技化的今天,国际标准有形无形地起着国际市场中公认的游戏规则的作用,已经成为国际经济活动必须遵守的准则。美国商务部统计,超过80%的全球贸易受到标准化的影响,每年金额超过13万亿美元。中共十八大提出以全球视野谋划和推动创新,最重要的一点是提出自主的标准,改变我们在国际竞争中处于相对被动和依附的状态,让走出去的中国企业和产品在全球经济中占有一席之地。当前,我国种业正处于从"引进来"向"引进来""走出去"并重的阶段,应积极参与国际标准制修订,力争为种业"走出去"保驾护航。

参考文献

[1]杜晓伟.以新发展理念为统领 加强种子质量标准体系建设[J].中国种业,2019(4):
    1-4.

"假种子"认定中的矛盾与建议

吕小明　张子非

一 "假种子"有四种情形

《种子法》第四十九条对"假种子"的认定进行了规定。一共有四种情形：一是以非种子冒充种子；二是以此种品种种子冒充其他品种种子；三是种子种类、品种与标签标注的内容不符；四是没有标签。

（一）以非种子冒充种子

以非种子冒充种子，就是我们平时所说的"以粮代种"。如果存在"以粮代种"情况，杂交作物的危害性要明显高于常规作物。目前，经过多年的市场化规范管理，杂交玉米、杂交稻等杂交种"以粮代种"情况已经很少出现，而小麦、大豆、常规稻等作物，优质的粮食与种子差别性不大，"以粮代种"情况虽时有发生，但多为种植大户、专业合作社自留种剩余的"串换"种子，生产危害性不大，也很难被认定为"非种子"，一些基层管理部门没有将此作为执法重点。一旦被发现且对农业生产造成实质性损失且不包赔损失，一般可被直接认定为没有标签的"假种子"。

（二）以此种品种种子冒充其他品种种子

这种情况较普遍，是当前种子市场的主要问题。这里也可分为两种情况：① 自我仿冒。拿自己已经审定品种的名义销售自己研发但没有审定或登记的新品种，行业内称为"老瓶装新酒"，这在 2016 年品种审定制度改革之前大量存在，目前已经减少。② 拿自己已经审定品种的名义生产销售他人审定或者受保护的品种。如果他人的品种已经授权，这还是一种侵权行为。对于第一种情况，或者因为审定难，或者因为生产方式落后，在亲本或种子生产时连年"优中选育"，经过几年，与原来备案的标样有显著区别。这种情况虽然是"假种子"，但情有可原，应当减轻甚至免于处罚。第二种情况，应该严厉打击。

（三）种子种类、品种与标签标注的内容不符

什么是种子种类？《种子法》并未做相应说明。《农作物种子标签和使用说明管理办法》第八条规定，"作物种类明确至植物分类学的种。种子类别按照常规种和杂交种标注。类别为常规种的按照育种家种子、原种、大田用种标注"。结合法律和部门规章，《种子法》对假种子认定中要求的种子种类，指的应该是《农作物种子标签和使用说明管理办法》中的种子类别。在现实情况中，有些种子企业在市场销售给农民的大豆、常规稻等作物大田用种标注为"原种""原原种"。但常规作物的育种家种子、原原种、原种与大田用种本来仅有纯度上的差别，而无其他本质差别，如种子标签无其他明显问题，种子纯度、发芽率等差异不大，农业农村行政执法部门一般慎重认定为"假种子"。

种子的品种与标签标注的内容不符，情况与"以此种品种种子冒充其他品种种子"情况类似。在执法过程中，"以此种品种种子冒充其他品种种子"既要鉴定此品种，又要鉴定其他品种。如果不考虑问题品种是否侵权，根据种子的品种与标签标注的内容不符，可以简化假种子的认定过程。

（四）没有标签

没有标签，就是行业内俗称的"白皮袋"种子。这里面也有两种情况，一种是小麦、大豆、常规稻等常规种子。近年来，粮食生产专业合作社、家庭农场等新型经营组织逐步发展壮大，一些合作社与不守法的中小种子企业合作，生产和销售名为"自用"的"白皮袋"种子，打擦边球，成为影响行业健康发展新的不法形式，有些合作社甚至自购种子加工精选设备。此外，东北等地还存在杂交玉米"白皮袋"种子，企图逃避市场监管，对此应予严厉打击。

二 "假种子"的行政处罚与刑事处罚的矛盾

综上,《种子法》对假种子的认定是清晰的,一旦被认定为"假种子",将面临严厉的处罚。《种子法》第七十五条规定,"生产经营假种子的,由县级以上人民政府农业、林业主管部门责令停止生产经营,没收违法所得和种子,吊销种子生产经营许可证;违法生产经营的货值金额不足一万元的,并处一万元以上十万元以下罚款;货值金额一万元以上的,并处货值金额十倍以上二十倍以下罚款"。

《中华人民共和国刑法》第一百四十七条对生产、销售伪劣农种子罪规定以下罚则:销售明知是假的或者失去使用效能的种子,或者生产者、销售者以不合格的种子冒充合格的种子,使生产遭受较大损失的,处三年以下有期徒刑或者拘役,并处或者单处销售金额百分之五十以上二倍以下罚金;使生产遭受重大损失的,处三年以上七年以下有期徒刑,并处销售金额百分之五十以上二倍以下罚金;使生产遭受特别重大损失的,处七年以上有期徒刑或者无期徒刑,并处销售金额百分之五十以上二倍以下罚金或者没收财产。同时,《刑法》第一百四十条规定,销售金额五万元以上不满二十万元的,处二年以下有期徒刑或者拘役,并处或者单处销售金额百分之五十以上二倍以下罚金。

对比"假种子"的行政处罚与刑事处罚,行政处罚似乎更为严厉。如果有 A 公司被查实销售 5 万元"自我仿冒"的"假种子",根据《种子法》,可能面临 50 万元至 100 万元的行政罚款并且要吊销种子生产经营许可证。5万元是行政处罚与刑事处罚衔接的红线,如果销售假种子的金额超过 5 万元不满 20 万元的,且没有造成生产损失,可根据《刑法》第一百四十条的规定单处销售金额(5 万元)百分之五十以上二倍以下罚金,远远低于行政处罚的罚金。

根据《行政执法机关移送涉嫌犯罪案件的规定》,行政执法机关在依法查处违法行为过程中,发现违法事实涉及的金额、违法事实的情节、违法事实造成的后果等,涉嫌构成犯罪,依法需要追究刑事责任的,必须依照本规定向公安机关移送。当前,公安机关一般会依据违法事实造成的后果判断是否立案查处。A公司自我仿冒,且并没有给生产造成损失,公安机关大概率不会同意立案。那么A公司大概率只能接受高额的罚款且被吊销生产经营许可证。

三 进一步完善"假种子"认定的建议

种子是关系粮食生产安全的重要农业生产资料。《种子法》规定的严厉罚则有利于打击生产经营假种子的违法行为,也表明国家希望规范种子市场秩序的决心。然而,我国是农业大国,生态类型多样,种子企业发展高度不平衡,基层执法水平不一,过于严厉的罚则以及行政与刑事罚则的矛盾容易导致在现实中很难操作。建议农业农村部联合司法机关,制定更为严密、更易操作的"假种子"认定规定。

本文写于2021年6月

奋进中的中农种业

王　欢

2011 年，随着全球化进程加快、生物技术发展和改革开放的不断深入，保障国家粮食安全和建设现代农业，对我国农作物种业发展提出了更高要求，但我国农作物种业发展仍处于初级阶段。为提升我国农业科技创新水平，增强农作物种业竞争力，满足建设现代农业的需要，国务院下发了《国务院关于加快推进现代农作物种业发展的意见》(国发〔2011〕8号)，提出"支持大型企业通过并购、参股等方式进入农作物种业；鼓励种子企业间的兼并重组，尤其是鼓励大型优势种子企业整合农作物种业资源，优化资源配置，培育具有核心竞争力和较强国际竞争力的'育繁推一体化'种子企业"。

隶属于中华全国供销合作总社的中农集团是全国性的集生产、流通、服务为一体的专业经营农业生产资料的大型企业集团。为积极贯彻落实《国务院关于加快推进现代农作物种业发展的意见》的精神，2012 年 4 月，中农集团出资在北京市西城区成立了中农集团种业控股有限公司(简称"中农种业")，作为农作物种子业务的主体和平台。这是继中国农业发展集团、中国中化、中粮集团之后又一家进入种业的中央类企业。中农种业作为中华全国供销合作总社下属的全资种业公司，于 2020 年与中国种子集团、中农发种业集团携手成为"国字号"国家救灾备荒种子承储企业。

中农种业成立之初，就秉承"根植大地、服务三农"的宗旨，以保障国家粮食安全为己任，以作物种子改良和优质、高产、广适新品种"育繁推服"为主线，打造"供销"品牌种业产业体系。通过资本手段，快速整合、并购种业核心资源，先后投资、并购了山东汇德丰种业、内蒙古金山种业和江西现代种业,在黄淮海(山东聊城)、东华北(内蒙古通辽)和长江中游南方稻区(江西南昌)进行布局。宝剑锋从磨砺出,梅花香自苦寒来。经过十年的发展,中农种业业务已涵盖水稻种、小麦种、玉米种、杂粮种、蔬菜种五大品类。

十年来,中农种业遵循"市场为导向,科研为依托"的经营思路,秉承"科技兴农、种子先行"的发展理念,致力打造优质种子芯片工程。中农种业创办了现代种业科学研究院。作为江西省农科院牵头的国家重点实验室成员单位、江西省水稻种业技术创新战略联盟理事长单位,现代种业科学研究院是国家、江西省等科技项目实施和推广单位之一。2011年赣南育种基地被列为国家水稻区试点,中农种业子公司2016年以江西省唯一的一家种子企业身份参加农业部、中国农科院组织的"水稻良种重大科研联合攻关项目"。中农种业子公司还是内蒙古自治区中晚熟、晚熟预试、区试、生试及饲用玉米区域试验、生产试验承担单位,是山东省玉米和小麦生产试验、引种试验、品种展示以及新品种试验的承担单位,以及国家玉米产业体系黄淮海企业试验主持单位。

此外,中农种业与中国农业科学院、广东省农业科学院、浙江省农业科学院、山东省农业科学院、北京农林科学院、吉林省农业科学院、赤峰市农牧业科学院、中国农业大学、江西农业大学、湖南农业大学、江西省超级稻研究中心等科研院校建立了战略合作关系,科企合作致力于新品种研发。

中农种业发挥种子在融通农业产业链中的基础作用,在安徽、江西、山东、内蒙古建立集新品种研发、推广、种子生产、农资产品销售、农机服务、农技服务、农业金融服务、土地托管服务于一身的现代化农业服务中心,以"9+N"服务模式为依托,向农户提供农资菜单式供应等新服务。

未来,中农种业将以习近平总书记关于"解决好种子问题""藏粮于地、藏粮于技""立志打一场种业翻身仗"的重要指示精神为指导,深入贯彻2020年中央经济工作会议提出的"解决好种子问题"、2021年中央一号文件提出的"打好种业翻身仗"的要求,按照中华全国供销合作总社"十四五"规划提出的发挥好农资流通主渠道作用,逐步提升种子市场份额,中农种业将立足大三农、大服务、大产业,围绕水稻、玉米、小麦、杂粮、马铃薯等粮食作物和蔬菜、棉花、花生、油菜等主要经济作物,联合科研院所、高校,搭建新品种联合创新主体,发挥供销系统组织和服务优势,以土地托管规模化服务为载体,构建系统引导、市场主导、多方参与的经营服务体系,建设以"供销"品牌良种推广、耕、种、收、管、储、加、销为一体的生产经营服务供销模式,打造成为农服务的生力军和综合平台,为"三农"发展做出新贡献!

本文写于 2021 年 6 月